DIRITTO PRIVATO : una sintesi chiara.
Il Riassunto per esami e concorsi.

COLLANA : IL RIASSUNTO PER ESAMI E CONCORSI

AUTORI : dott. SILVIO LI DONNI e collaboratori

EDIZIONE : prima (settembre 2011)

AGGIORNATO A : settembre 2011

La lista dei libri dell' autore è consultabile sul sito internet www.lulu.com ,
ove è anche possibile visualizzare una breve anteprima dei testi pubblicati.

INTRODUZIONE

Questa guida rapida nasce dalla collaborazione tra diversi amici, ormai tutti laureati e avviati all'esercizio di varie professioni attinenti alle facoltà di ECONOMIA e/o di GIURISPRUDENZA. La nostra amicizia nasce durante gli studi universitari, da un dibattito sul modo in cui purtroppo oggi si studia nelle scuole e nelle università italiane : i libri consigliati o obbligatori sono quasi sempre enormi manuali con un numero esagerato di pagine (500 o più), con un linguaggio troppo difficile e tecnico, con una esposizione contorta, per cui lo studente non riesce ad entrare rapidamente nel cuore della disciplina e si perde tra mille dettagli accumulando ritardi nel percorso di studio.

E allora perché non scrivere un nuovo tipo di libri con delle caratteristiche nuove .....? Lo abbiamo fatto ! Inizialmente abbiamo deciso di renderli disponibili a noi stessi e a pochi altri conoscenti/amici (cioè le nostre guide rapide sono in circolazione presso varie università italiane già da qualche anno), ma ad un certo punto abbiamo deciso di produrre dei veri e propri progetti editoriali al fine di farci conoscere dal grande pubblico, quindi eccoci qua !

IL presente volumetto, come gli altri già creati e quelli che gradualmente pubblicheremo, ha le seguenti caratteristiche: 1) tratta l'intero programma della disciplina; 2) utilizza un linguaggio semplice e di immediata comprensione; 3) è una vera e propria sintesi della disciplina (non vengono trattati quei dettagli che nella realtà servono solo agli "addetti ai lavori" o "professionisti"), per cui consente di impararla in tempi rapidi; 4) è adatta sia a studenti delle scuole superiori che a quelli universitari; 5) è la base ideale per tutti coloro che si avvicinano alla disciplina per la prima volta e devono affrontare esami e concorsi, e per coloro che vogliono semplicemente organizzare/ordinare le pregresse conoscenze; 6) è aggiornato, cioè non appena è necessario, provvediamo ad aggiornare i nostri libri !

Buono studio !

INDICE

Autore : dott. Silvio Li Donni - www.lulu.com

Indice

Autore : dott. Silvio Li Donni - www.lulu.com

Indice

Autore : dott. Silvio Li Donni - www.lulu.com

Indice

Autore : dott. Silvio Li Donni - www.lulu.com

Indice

Autore : dott. Silvio Li Donni - www.lulu.com

Indice

Autore : dott. Silvio Li Donni - www.lulu.com

Indice

Autore : dott. Silvio Li Donni - www.lulu.com

Indice

Autore : dott. Silvio Li Donni - www.lulu.com

1

NOTE VARIE

2

NOTE VARIE

Autore : dott. Silvio Li Donni - www.lulu.com

3

NOTE VARIE

4

NOTE VARIE

Autore : dott. Silvio Li Donni - www.lulu.com

5

NB : Gli articoli richiamati senza nessuna ulteriore specificazione
si intendono riferiti al codice civile

CAPITOLO PRIMO

IL DIRITTO PRIVATO E LE SUE FONTI

1. L'ORDINAMENTO GIURIDICO E LA NORMA GIURIDICA

La vita dell'uomo, dalla nascita alla morte e in ogni momento del suo svolgimento,
si attua attraverso una serie infinita di relazioni poste in essere con altri uomini.
Per sua natura l'uomo è un essere politico, cioè *"naturalmente destinato alla vita
associata"*; la relazionalità ovvero il necessario rapporto con gli altri esseri umani si rivela, pertanto, carattere essenziale all'uomo. Da qui nasce l'esigenza di
una regolamentazione di tali rapporti: è questo il fenomeno del diritto, che si traduce nell'insieme delle regole di condotta e di organizzazione di una collettività
umana *(ubi societas, ibi ius)*.
Tuttavia, vi sono alcune regole, che sebbene disciplinino i comportamenti degli
uomini allo scopo di attuare una civile convivenza, non fanno capo al diritto, e
quindi non possono considerarsi *"norme giuridiche"*: si tratta delle norme dell'eti-
chetta, dell'onore, i precetti morali e religiosi.
Il criterio distintivo delle norma giuridica è da ravvisarsi nelle funzione essenziale
del diritto, che è quella di stabilire le regole dell'azione dell'uomo nei rapporti
sociali con gli uomini. Caratteristiche proprie del comando giuridico sono:

— la **statualità**: in quanto esse derivano dallo Stato;
— l'**obbligatorietà**: in quanto se ne assicura il rispetto anche mediante il ricorso
alla forza;
— la **generalità**, in quanto le norme sono rivolte alla comunità nella sua generalità;
— l'**astrattezza**: in quanto la norma non prende in considerazione un singolo caso
particolare, ma una situazione tipo.

Autore : dott. Silvio Li Donni - www.lulu.com

6   Capitolo Primo

Il *diritto* si manifesta sotto due differenti profili:

— *diritto oggettivo*: cioè come l'insieme delle regole (*normae agendi*) che disciplinano in astratto la condotta dei consociati;

— *diritto soggettivo*: come potere di agire (*facùltas agendi*) che in concreto viene
riconosciuto ad un soggetto per la soddisfazione dei suoi specifici interessi. Ad
esempio, il diritto oggettivo garantisce la proprietà, il proprietario ha il diritto
soggettivo di godere del suo bene.

Il *diritto oggettivo*, a sua volta, si distingue in:

— *diritto pubblico*: che concerne l'*organizzazione della collettività* e regola la formazione e l'organizzazione dello Stato e degli altri enti pubblici nei suoi rapporti con i cittadini (rapporti nei quali lo Stato si trova in posizione di supremazia);

— *diritto privato*: che è il complesso di norme che disciplinano i *rapporti giuridici*
tra i membri della collettività, mediante la fissazione di presupposti e di limiti agli
interessi dei singoli, i quali vengono a trovarsi tra di loro in condizione di parità.

Il diritto oggettivo deve essere distinto dal *diritto naturale*, che è il complesso delle norme
che, secondo gli uomini di una certa nazione, dovrebbero essere vigenti sul loro territorio,
in ossequio alla loro ragione e senso di civiltà.

2. LE FONTI DEL DIRITTO OGGETTIVO

Si dicono *fonti di produzione* del diritto quegli atti o fatti abilitati dall'ordinamento a creare le norme giuridiche; si dicono *fonti di cognizione*, gli atti che contengono e divulgano le norme giuridiche (es. Gazzetta Ufficiale) per consentirne la
conoscenza da parte dei destinatari e l'applicazione da parte del giudice.

Tradizionalmente si usa distinguere tra:

— **fonti atto**, costituite dagli *atti scritti* promananti dagli organi (es.: parlamento,
governo, etc.) cui l'ordinamento attribuisce espressamente il potere di produrre
norme giuridiche;

— **fonti fatto**, costituite da quei comportamenti umani o fatti sociali che, sebbene
non esplicitamente previsti da fonti normative o da atti scritti, sono tuttavia considerati rilevanti e capaci di produrre norme giuridiche (si pensi alla consuetudine).

Più in particolare, l'art. 1 delle disposizioni sulla legge in generale sancisce che
sono *fonti di produzione* del diritto:

— le *leggi:* innanzitutto, la *Costituzione* che contiene le norme fondamentali relative all'organizzazione dello Stato e ai rapporti tra Stato e cittadino; quindi le
leggi della Repubblica, ossia gli atti approvati dal Parlamento secondo il procedimento imposto dalla Costituzione; i *decreti legislativi*, atti del Presidente della
Repubblica emanati con il concorso del Governo in seguito ad una delega di
poteri fatta dal Parlamento; i *decreti legge*, atti emanati dal Governo, in caso di
necessità ed urgenza; le *leggi regionali* ex art. 117 Cost.;

— i *regolamenti*: atti del potere esecutivo che pongono norme nei limiti di potestà
conferita dalla legge;

Autore : dott. Silvio Li Donni - www.lulu.com

Il diritto privato e le sue fonti   7

— *consuetudini* o *usi:* consistono in regole non scritte che la generalità dei soggetti osserva in modo costante ed uniforme, per un congruo periodo di tempo, con il convincimento della loro giuridica doverosità.

Essi possono regolare solo materie non disciplinate dalla legge o per le materie regolate dalla legge soltanto quando questa ne faccia espresso richiamo. Non è ammesso l'uso *contra legem.*

Tra le fonti nazionali riveste fondamentale importanza la Costituzione, quale fonte primaria dell'ordinamento giuridico: essa è *fonte di produzione,* poiché vi si trovano enunciati i principi fondamentali su cui l'ordinamento poggia, ed è *fonte sulla produzione,* in quanto disciplina il procedimento legislativo e fissa i parametri politici, economici e sociali cui il legislatore deve ispirarsi anche nel dettare le norme di diritto privato (cd. costituzionalizzazione del diritto privato).

Le fonti di produzione sono ordinate secondo i seguenti criteri:

— il criterio gerarchico, per cui vi sono fonti di grado superiore alle altre (es.: la Costituzione prevale sulla legge, e a sua volta quest'ultima prevale sui regolamenti);

— il criterio cronologico, per il quale la legge emanata successivamente abroga la legge precedente che risulti in contrasto con essa (*lex posterior derogat priori*);

— il criterio di specialità, per il quale in caso di contrasto tra due norme si deve preferire la norma speciale a quella generale, anche se quest'ultima è successiva alla prima (*lex specialis derogat generali*).

Alle fonti nazionali occorre aggiungere le fonti comunitarie:

— i *regolamenti comunitari* che sono efficaci nel territorio degli Stati membri direttamente (*self executing*);

— le *direttive* che vincolano gli Stati a cui sono rivolte a emanare norme interne che recepiscono il contenuto della direttiva.

Il processo di formazione dell'Unione europea, iniziato negli anni cinquanta, ha subito di recente un impulso fortissimo con il Trattato di Lisbona (in vigore dall'1-12-2009). Esso conferma sostanzialmente il contenuto della cd. Costituzione europea (Carta di Nizza), enunciando i principi fondamentali che ispirano l'ordinamento comunitario e i diritti dei cittadini europei, tra i quali vale la pena di ricordare il diritto di cittadinanza, i diritti della persona, le libertà, il principio di uguaglianza e di solidarietà, il divieto di discriminazioni.

Particolare importanza, fra tutte le leggi, rivestono i **codici.**

Il *Codice Civile Italiano* si compone di un complesso di norme (31 articoli) dette *disposizioni sulla legge in generale* e di 6 libri, ciascuno dei quali suddiviso in *titoli, capitoli, sezioni, paragrafi* ed, infine, in *articoli.*

3. LE NORME GIURIDICHE E LA LORO CLASSIFICAZIONE: LA SANZIONE

In base al contenuto, si distinguono:

— *norme precettive:* che contengono un comando rivolto ai destinatari (art. 433);

Autore : dott. Silvio Li Donni - www.lulu.com

8   Capitolo Primo

— *norme programmatiche*, che non sono direttamente precettive nei confronti dei consociati (si pensi alle norme costituzionali che fissano principi e obiettivi per il legislatore);
— *norme proibitive:* che contengono un divieto (art. 1471);
— *norme permissive:* che concedono o garantiscono ai soggetti determinate facoltà.

In base al tipo di comando, si distinguono:

— *norme imperative:* sono quelle la cui applicazione è imposta dall'ordinamento, prescindendo dalla volontà dei soggetti;
— *norme relative:* la cui applicazione può essere evitata dai soggetti. Esse si distinguono ulteriormente in: *norme dispositive* ossia che regolano un certo rapporto, ma consentono di disciplinarlo diversamente; *norme suppletive*, ossia che intervengono a disciplinare il rapporto solo nell'ipotesi di inerzia delle parti.

La **sanzione** è la punizione prevista per chi non osserva la norma giuridica, e si manifesta in una delle seguenti forme:

— l'*esecuzione*: in cui rientrano per TRABUCCHI «sia l'esecuzione forzata che la nullità dell'atto compiuto in violazione delle norme»;
— la *pena*: che infligge al violatore un male che non è in rapporto diretto con la lesione compiuta;
— il *risarcimento* e la *riparazione,* volte ad ottenere un equivalente di ciò che si sarebbe ottenuto mediante l'obbedienza spontanea alla norma (si pensi all'obbligazione di risarcire il danno *ex* art. 2043);
— la nullità, l'annullabilità, l'invalidità e l'inefficacia dell'atto giuridico.

Esistono norme giuridiche sprovviste di sanzioni, le c.d. norme *imperfette* (art. 315), e norme per le quali è prevista una sanzione non adeguata, dette norme *meno che perfette.*

4. L'EFFICACIA DELLA NORMA GIURIDICA

A) Efficacia nel tempo

La norma giuridica entra in *vigore* dopo:

— la pubblicazione nella Gazzetta Ufficiale;
— il decorso di un certo periodo di tempo (di regola, 15 giorni) dalla pubblicazione (c. d. *vacatio legis):* trascorso tale periodo, la legge diviene obbligatoria per tutti e nessuno può invocare l'ignoranza per sottrarsi ai suoi comandi.

L'*abrogazione* della norma giuridica, ossia la cessazione della sua efficacia, si realizza per:

— dichiarazione espressa del legislatore;
— dichiarazione tacita del legislatore (per incompatibilità con una nuova disposizione o per successiva nuova regolamentazione dell'intera materia);
— referendum popolare;
— decisione di illegittimità costituzionale pronunciata dalla Corte costituzionale;
— cause intrinseche, come accade ad es. in caso di norme con efficacia limitata nel tempo o emanate per disciplinare circostanze particolari.

L'abrogazione differisce dalla deroga che si ha quando una norma fa eccezione a regole contenute in un'altra norma la quale resta pienamente efficace nel suo ambito.

Autore : dott. Silvio Li Donni - www.lulu.com

Il diritto privato e le sue fonti

9

L'art. 11 delle disposizioni preliminari sancisce il principio fondamentale di *irretroattività* delle norme giuridiche: «la legge non dispone che per l'avvenire: essa non ha effetto retroattivo». La legge, cioè, non estende la sua efficacia a rapporti verificatasi nel tempo antecedente alla sua emanazione.

B) L'efficacia nello spazio

Il legislatore, al fine di risolvere i conflitti di norme giuridiche nello spazio, detta le c.d. *norme di diritto internazionale privato*. Tali norme sono, quindi, norme interne allo Stato, volte a stabilire quale legge vada applicata nel caso in cui un rapporto giuridico presenti elementi di estraneità rispetto all'ordinamento giuridico: per l'analisi concreta si veda la legge 31-5-1995, n. 218 (Riforma del sistema italiano di diritto internazionale privato).

5. L'INTERPRETAZIONE DELLA NORMA GIURIDICA

L'**interpretazione** consiste nella ricerca del significato di una norma come risulta — ai sensi dell'art. 12 disposizioni preliminari al codice civile (dette anche preleggi) — dal significato delle parole in base alla connessione di esse e all'intenzione del legislatore.

L'interpretazione può essere:

— *autentica*, ossia posta in essere dallo stesso legislatore mediante una legge volta a chiarire il significato o i modi di attuazione di una norma preesistente;
— *dottrinale*, ossia svolta dagli studiosi del diritto, senza alcuna forza vincolante;
— *giudiziale*, ossia data dai giudici nell'applicare le norme ai casi concreti al fine di risolvere le controversie: essa vincola solo le parti.

Per determinare il significato della norma, l'interprete deve riferirsi:

— allo scopo della norma: *criterio teleologico*;
— al sistema giuridico complessivo: *criterio sistematico;*
— ai precedenti storici della norma: *criterio storico.*

In relazione ai risultati, l'interpretazione può essere:

— *dichiarativa:* i risultati dell'interpretazione grammaticale coincidono con quelli dell'interpretazione logica;
— *estensiva:* l'ambito di applicazione della norma è più esteso di quanto si ricava dalla formulazione letterale;
— *restrittiva:* nel caso contrario.

6. L'INTEGRAZIONE DELL'ORDINAMENTO GIURIDICO: L'ANALOGIA

Può capitare che al giudice vengano sottoposte fattispecie concrete non previste né disciplinate direttamente da alcuna norma positiva (c.d. lacune dell'ordinamento).

In tali ipotesi, il giudice sopperisce alle deficienze legislative, applicando la disciplina giuridica dettata per un caso simile o per una materia analoga (c.d. *analogia legis*) ovvero, se mancano norme dettate per fattispecie analoghe, facendo ricorso ai principi generali dell'ordinamento giuridico dello Stato (c.d. *analogia iuris*) (art. 12, 2° comma, delle preleggi).

Autore : dott. Silvio Li Donni - www.lulu.com

10   Capitolo Primo

I principi generali incorporano i valori e le scelte politiche fondamentali di un ordinamento; a titolo esemplificativo possono ricordarsi le seguenti disposizioni: autonomia privata (art. 1322 c.c.), libertà delle forme negoziali (art. 1325 c.c.), buona fede (artt. 1337, 1375 c.c.), diligenza del buon padre di famiglia (art. 1176 c.c.), *neminem laedere* (art. 2043 c.c.), tutela dell'affidamento.

Il ricorso all'*analogia* è ammissibile solo se poggia sui seguenti presupposti:

— che il caso in questione non sia previsto da alcuna norma;

— che vi siano somiglianze tra la fattispecie prevista dalla legge e quella non prevista;

— che il rapporto di somiglianza concerna elementi della fattispecie che hanno costituito la giustificazione stessa della disciplina dettata dal legislatore.

A norma dell'art. 14 delle preleggi il ricorso alla *analogia* non è ammesso:

— rispetto alle *leggi penali sfavorevoli* al reo: per il principio di *legalità*, per cui non si può essere incriminati per un fatto che, al momento in cui è stato compiuto, non era considerato reato in base alla legge;

— rispetto alle *leggi eccezionali* in quanto il tenore eccezionale delle stesse ne sconsiglia l'applicazione in altre circostanze.

┌─ *Differenze* ───

L'*analogia* non va confusa con l'**interpretazione estensiva**: con quest'ultima, infatti, si resta sempre nell'ambito della norma, che viene intesa nel suo significato più ampio; con l'*analogia*, invece, si è al di fuori dei confini della norma, perché il caso da regolare non rientra nella norma medesima, anche se a questa si attribuisce il più ampio significato possibile.

7. L'EQUITÀ

Nel nostro ordinamento il giudice è tenuto ad applicare la legge, e dunque a pronunciarsi applicando la norma astratta al caso concreto. La fondamentale esigenza di certezza del diritto può spingersi, tuttavia, fino al punto di sacrificare la giustizia delle decisioni (*summum Ius, summa iniuria*).

Per questo la stessa legge talvolta stabilisce espressamente che il giudice possa decidere le sorti della controversia in virtù di quanto dettato dalla sua coscienza, ossia pronunciandosi secondo *equità* (ciò è previsto per le controversie di minor valore attribuite al giudice di pace: cfr. art. 113 c.p.c.), o ammette che le parti, di comune accordo, attribuiscano autonomamente al giudice tale potere (sempre che si verta in materia di diritti disponibili: cfr. art. 114 c.p.c.).

Si tenga però presente che il giudice, anche quando decide secondo equità, deve evitare ogni possibile interpretazione arbitraria. In particolare, egli deve fondare la sua decisione sui principi accolti dall'ordinamento giuridico, comportandosi come avrebbe fatto il legislatore se avesse previsto il caso concreto (c.d. divieto di *equità cerebrina*).

Autore : dott. Silvio Li Donni - www.lulu.com

Il diritto privato e le sue fonti   11

8. LE SITUAZIONI SOGGETTIVE ATTIVE E PASSIVE: IL RAPPORTO GIURIDICO

Il *diritto oggettivo* conferisce ai soggetti cui si rivolge particolari situazioni di vantaggio o di svantaggio che assumono, a loro volta, una differente gamma di sfumature.

A) Le situazioni soggettive attive

Il **diritto soggettivo**: è il potere di agire per il soddisfacimento del proprio interesse, protetto dall'ordinamento giuridico. Il suo contenuto è costituito da facoltà e da pretese.

L'**aspettativa**: è la situazione garantita dalla legge in cui si trova il soggetto a favore del quale viene maturando un diritto soggettivo.

Le **potestà**: costituiscono dei poteri attribuiti ad un soggetto per la realizzazione di interessi che non fanno capo direttamente a lui.

Il **diritto potestativo**: è il potere di modificare, con un atto unilaterale, la situazione giuridica di un altro soggetto che, rispetto al primo, è in una posizione di soggezione.

L'**interesse legittimo**: è un interesse che, pur non costituendo un diritto soggettivo, è tutelato nella misura in cui coincide con un interesse pubblico.

Gli **interessi diffusi**: sono interessi della comunità nel suo complesso tutelati dall'ordinamento.

Gli **interessi collettivi**: sono interessi appartenenti ad un vasta comunità di soggetti, interessi tutti identici rispetto ad analoghi interessi di altri membri, talora anche considerati per una gestione organizzata di molte posizioni individuali.

B) Le situazioni soggettive passive

L'**obbligo giuridico**: consiste nel dovere di tenere un comportamento di contenuto specifico, che risulti funzionalmente rivolto alla realizzazione di un interesse altrui;

Il **dovere generico di astensione**: consiste nella situazione giuridica di chi si deve limitare a rispettare una situazione di supremazia altrui (es.: la situazione di chi deve rispettare l'altrui diritto di proprietà).

L'**onere** consiste nel sacrificio di un interesse proprio, imposto ad un soggetto come condizione per ottenere o conservare un vantaggio giuridico (es.: si richiede la trascrizione di alcuni atti per ottenere la tutela dei propri diritti rispetto ad altri soggetti).

La **soggezione** consiste nella sottoposizione di un soggetto alle conseguenze dell'altrui diritto potestativo senza potervisi sottrarre.

Il **rapporto giuridico** è la relazione tra due soggetti regolata dal diritto: *soggetto attivo* è colui al quale l'ordinamento attribuisce il *potere* o il *diritto soggettivo; soggetto passivo* è, invece, colui a carico del quale sta il *dovere* o *l'obbligo.*

Il rapporto giuridico *sorge* (per legge, o con un contratto, o a seguito di un atto illecito), *si modifica* (es.: cessione del credito) *o si estingue* (es.: remissione del debito) al verificarsi di determinati fatti giuridici previsti dalla legge.

Il fatto giuridico che determina la nascita del diritto soggettivo è detto *titolo* del diritto medesimo. A sua volta, il titolo può essere *originario*, quando l'acquisto del diritto non dipende dal diritto di un precedente titolare (es.: il pescatore acquista a titolo originario i pesci caduti nella rete), ovvero *derivativo* quando il diritto viene trasmesso da un soggetto (*autore* o *dante causa*) ad un altro (*successore* o *avente causa*). In tal caso si realizza un fenomeno di successione nel rapporto giuridico, che a sua volta può essere:

— a *titolo universale*, se il successore subentra in tutti i rapporti facenti capo ad un'altra persona (es.: successione *mortis causa*);

— a *titolo particolare*, se invece il successore subentra solo in determinati rapporti (es.: legato).

Autore : dott. Silvio Li Donni - www.lulu.com

12   Capitolo Primo

9. LA CLASSIFICAZIONE DEI DIRITTI

A) Diritti assoluti - Diritti relativi

Diritti assoluti: sono quelli che garantiscono al titolare un *potere* che questi può far valere indistintamente verso tutti gli altri soggetti, a carico dei quali sussiste un generico obbligo negativo di non turbare il diritto stesso (es. diritto di proprietà).

Diritti relativi: sono quelli che assicurano al titolare un *potere* che si può far valere solo verso una o più persone determinate, a carico delle quali sussiste l'obbligo di dare, non dare, fare o non fare qualcosa (es.: il diritto del creditore di ottenere la prestazione del debitore).

B) Diritti patrimoniali - Diritti non patrimoniali

Diritti patrimoniali: sono i diritti che tutelano interessi economici dei soggetti e, pertanto, sono suscettibili di valutazioni in denaro.

Diritti non patrimoniali: sono diritti che realizzano interessi prevalentemente di natura morale.

C) Diritti trasmissibili - Diritti non trasmissibili

Diritti trasmissibili: sono quelli normalmente trasferibili ad altri soggetti.

Diritti intrasmissibili: sono quelli che non possono essere trasferiti ad altri soggetti come i *diritti personalissimi* ed alcuni *diritti patrimoniali*.

10. L'AUTOTUTELA

Normalmente la tutela dei diritti e degli interessi dei singoli è garantita, nel nostro ordinamento giuridico, dalle leggi e dagli organi dello Stato.

Il concetto di *autotutela* individua, nell'ambito del diritto privato, quelle ipotesi eccezionali in cui i singoli soggetti dell'ordinamento possono tutelare i propri interessi *in via stragiudiziale* (ossia senza bisogno di ricorrere al giudice), reagendo *autonomamente* agli altrui comportamenti che ledono o che mettono in pericolo un proprio diritto.

Si pensi all'*eccezione di inadempimento*, con cui una parte può rifiutarsi di adempiere la propria obbligazione nel caso in cui l'altra parte rifiuti di compiere la controprestazione, o al *diritto di ritenzione*, che consente al creditore di rifiutare la consegna della cosa in suo possesso al debitore finché non venga soddisfatto il suo credito.

TERMINI

Aspettativa: è la posizione in cui si trova il soggetto a favore del quale viene maturando un diritto soggettivo. L'aspettativa, dunque, si caratterizza come posizione di interesse iniziale giuridicamente riconosciuta non come tale, ma in vista del suo successivo evolversi in una situazione finale corrispondente ad una posizione di diritto soggettivo.

Fonti atto: costituite da manifestazioni di volontà normativa espresse da organi dello Stato-soggetto, o di altri enti a ciò legittimati dalla Costituzione, che trovano, di norma, la loro formazione in un testo normativo.

Fonti fatto: consistenti in un comportamento oggettivo cui il nostro ordinamento riconosce, nella sussistenza di determinate condizioni, l'idoneità a porre in essere norme rilevanti per l'ordinamento giuridico (es.: la consuetudine).

CAPITOLO SECONDO

PERSONA FISICA E CAPACITÀ GIURIDICA

1. PERSONALITÀ GIURIDICA, CAPACITÀ GIURIDICA E STATUS

L'uomo è riconosciuto dall'ordinamento quale **soggetto** del mondo giuridico, *capace,* cioè, di *essere* o *divenire titolare di ogni situazione di diritto o dovere giuridico* (situazioni giuridiche soggettive).

L'attitudine (riconosciuta dalla legge) di un soggetto a divenire titolare di diritti e doveri giuridici viene indicata con il termine di *personalità* (o **soggettività**) *giuridica.*

Sulla scia delle idee di uguaglianza affermate dalla Rivoluzione francese, la nostra Costituzione, in materia di *persona fisica,* sancisce due fondamentali principi:

— tutti gli esseri umani (persone fisiche) sono considerati dall'ordinamento soggetti di diritto;

— tutti gli uomini hanno uguale grado di soggettività giuridica.

Nel nostro ordinamento, soggetti dell'attività giuridica sono, oltre l'uomo definibile come persona fisica, anche le *persone giuridiche* e gli *enti di fatto.*

La **capacità giuridica** è *l'attitudine della persona ad essere titolare di rapporti giuridici,* cioè di diritti e di doveri e — come tale — mette il soggetto giuridico in condizione di vivere ed operare nel mondo del diritto. Essa spetta anche allo *straniero*, che tuttavia è ammesso al godimento dei diritti civili in *condizioni di reciprocità* (art. 16 preleggi), ossia soltanto a condizione che il cittadino italiano possa godere dei medesimi diritti nel Paese in cui lo straniero ha la cittadinanza.

In giurisprudenza è pacifico che la condizione di reciprocità valga soltanto per i diritti civili diversi da quelli riconosciuti ad ogni individuo dalla Costituzione, non potendo, per il principio gerarchico, una norma delle *preleggi* prevalere sulle norme costituzionali.

— *Differenze*

Il concetto di capacità giuridica, come si vede, corrisponde a quello di personalità giuridica, con una differenza:

— la personalità giuridica è l'astratta idoneità a diventare titolare di situazioni giuridiche soggettive;

— la capacità giuridica è la misura di tale astratta idoneità.

Così mentre sia gli enti che le persone fisiche hanno personalità giuridica, i primi hanno una capacità giuridica più limitata (ad es. un ente non può essere titolare di diritti inerenti ai rapporti di famiglia).

Autore : dott. Silvio Li Donni - www.lulu.com

14   Capitolo Secondo

Lo **status** (stato giuridico soggettivo) di una persona è la *situazione giuridica soggettiva, fonte di diritti, doveri e poteri,* nascente dalla relazione di questa persona con determinati gruppi sociali. Es.: dall'acquisto dello *status* di figlio derivano diritti e doveri specifici verso i genitori.

La status non è solo un raggruppamento di diverse situazioni giuridiche soggettive (attive e passive) ma è esso stesso un diritto.

I diritti di stato sono *assoluti* (ossia possono essere fatti valere *erga omnes*), *inalienabili, imprescrittibili* e di *ordine pubblico* (come tali non possono essere oggetto di transazioni o compromessi).

2. L'ACQUISTO DELLA CAPACITÀ GIURIDICA

Ai sensi dell'art. 1, la capacità giuridica si acquista al momento della **nascita** con la separazione del feto dal corpo materno. Il feto separato deve però essere (anche se per pochi istanti) vivo; il nato morto, infatti, non acquista la personalità.

Attualmente si considera nato vivo, il feto che abbia, anche per pochi attimi, iniziato la respirazione polmonare. Non è invece più richiesto un vagito, come per il diritto romano.

Benché l'acquisto della capacità giuridica coincida, per la persona fisica, con la nascita, la legge riconosce eccezionalmente alcuni diritti a soggetti non ancora venuti ad esistenza, *subordinatamente all'evento della nascita.* In particolare:

— ai *nascituri concepiti,* la legge riconosce la piena capacità di succedere a causa di morte (art. 462, 1° comma) e la capacità di ricevere per donazione (art. 784);

— ai *nascituri non concepiti* la legge riconosce la capacità di succedere a causa di morte, ma solo in caso di vocazione testamentaria (art. 463, 3° comma), e la capacità di ricevere per donazione (art. 784).

Sono previste alcune ipotesi di incapacità speciale che precludono al soggetto la titolarità di determinati rapporti giuridici (ad es. il minore di sedici anni non può concludere il contratto di lavoro).

3. LA PERDITA DELLA CAPACITÀ GIURIDICA. LA COMMORIENZA

La capacità giuridica cessa solo con la **morte** del soggetto: *ex* art. 22 della Costituzione, infatti, «nessuno può essere privato, per motivi politici, della propria capacità giuridica».

Non sempre è agevole stabilire il momento esatto nel quale si verifica la morte dell'individuo, circostanza peraltro rilevante a diversi fini (si pensi alla normativa in materia di espianto di organi). Il criterio legale è stato dettato dalla L. 578/1993, al cui art. 1 è stabilito che la morte si verifica con la *cessazione irreversibile di tutte le funzioni cerebrali.*

La morte estingue anche la personalità giuridica.

In seguito alla morte di una persona, determinati soggetti (gli eredi per l'acquisto dell'eredità, il vedovo per poter contrarre nuovo matrimonio etc.) possono avere interesse a dimostrarne la morte. Questa di regola viene accertata e provata con *l'atto di morte.*

Autore : dott. Silvio Li Donni - www.lulu.com

Persona fisica e capacità giuridica   15

In alcuni casi può essere importante anche determinare il momento esatto della morte.

Si pensi al caso in cui in una sciagura ferroviaria periscano, senza che si possa stabilire la priorità delle morti, due coniugi senza discendenti diretti. In tal caso gli eredi di ciascuno hanno interesse a dimostrare che il loro parente, essendo morto dopo, ha ereditato le sostanze dell'altro.

La legge risolve questi casi con l'art. 4 che presume la **commorienza**. Si ha commorienza quando:

— più persone muoiono a causa dello stesso evento *(es.*: naufragio, incidente automobilistico);
— e non si può stabilire la priorità della morte dell'una o dell'altra.

In base all'*ex* art. 4, i soggetti, in questi casi, si *presumono morti tutti nello stesso istante:* spetta alle parti interessate, così come dispone l'art. 2697 sull'onere della prova, provare la sopravvivenza di un soggetto rispetto ad un altro.

4. GLI ATTI DELLO STATO CIVILE

I registri dello stato civile, tenuti in ogni comune, rendono conoscibili le vicende fondamentali relative alle persone fisiche. In particolare, essi documentano:

— la *nascita*;
— la *cittadinanza*;
— il *matrimonio*;
— la *morte.*

Quanto alla forza probatoria degli atti dello stato civile, trattandosi di atti pubblici essi fanno prova, fino a querela di falso, di ciò che il pubblico ufficiale attesta essere avvenuto alla sua presenza o sia stato da lui compiuto. Essi costituiscono, dunque, la prova della nascita, del matrimonio, della morte, etc.

L'atto di stato civile viziato da errori o da omissioni può essere rettificato, ma solo previo decreto motivato del tribunale.

Qualunque interessato può ottenere estratti, certificati e copie degli atti.

5. LA SCOMPARSA DELLA PERSONA

Può verificarsi il caso che non si sappia se una persona sia morta o viva. Tale dubbio è rilevante giuridicamente in quanto la legge ricollega ad esso l'esistenza di 3 diversi istituti:

— **scomparsa**: la scomparsa è una *situazione di fatto,* derivante dall'allontanamento della persona dal suo ultimo domicilio o residenza unitamente alla mancanza di notizie intorno alla persona stessa.

A questo fatto sono collegate due conseguenze giuridiche:

— lo scomparso non può ricevere eredità, né può acquistare altro diritto;
— qualunque interessato (o il Pubblico Ministero) può fare istanza al Tribunale dell'ultimo domicilio dello scomparso, per la nomina di un curatore che provveda alla conservazione del suo patrimonio (art. 48).

Autore : dott. Silvio Li Donni - www.lulu.com

16   Capitolo Secondo

— **assenza**: l'assenza è una *situazione di diritto,* in quanto è dichiarata con provvedimento giudiziale.
Qualora la scomparsa di una persona si protragga per *due anni,* chiunque vanti diritti sui beni lasciati da chi è scomparso, può, con ricorso al Tribunale competente, ottenere la dichiarazione di assenza dello scomparso (art. 49).
In seguito a ciò, il patrimonio dell'assente viene devoluto *provvisoriamente* a coloro ai quali sarebbe spettata l'eredità dell'assente se fosse stata accertata la sua morte. Si tratta, peraltro, di possesso temporaneo su tali beni: titolare di essi rimane comunque l'assente. L'erede testamentario o legittimo ha solo l'amministrazione dei beni, la rappresentanza dell'assente in giudizio e il godimento delle rendite.

L'assenza opera solo nel campo dei *diritti patrimoniali.* Di conseguenza, il coniuge dell'assente non può contrarre nuovo matrimonio: tuttavia se gli riesce comunque a sposarsi, il nuovo matrimonio non viene annullato finché dura l'assenza (art. 117).

L'assenza cessa:
— con l'*accertamento della morte dell'assente*;
— con la *dichiarazione di morte presunta*;
— con il *ritorno dell'assente* (o con la prova che egli è vivente): in tal caso, è ripristinato ogni diritto dell'assente e cessano gli effetti della dichiarazione di assenza;

— **dichiarazione di morte presunta**: il Tribunale, su istanza del P.M. o di qualunque interessato, dichiara la morte presunta di una persona, se la sua scomparsa si è protratta per dieci anni.

Gli effetti della dichiarazione di morte presunta sono analoghi agli effetti della morte accertata e riguardano tanto il campo patrimoniale, quanto quello personale. Quindi:
— gli aventi diritto possono disporre liberamente dei beni del presunto morto;
— il coniuge può contrarre nuovo matrimonio.

In caso di ritorno o di prova dell'esistenza del presunto morto, gli effetti della dichiarazione cessano *ex nunc* (dal momento cioè del ritorno). Infatti:
— i beni sono restituiti al presunto morto nello stato in cui si trovano al momento del suo ritorno (e non come li aveva lasciati: art. 66);
— l'eventuale matrimonio contratto dal coniuge è nullo ma sono fatti salvi i suoi effetti civili (art. 68).

┌── *Differenze* ───
La distinzione fra queste tre figure ha grande importanza pratica soprattutto in materia di successioni *mortis causa.*
La dichiarazione di assenza è una situazione di diritto che concede, ai soggetti cui spetta, solo l'esercizio temporaneo dei diritti ed è limitata ai soli diritti patrimoniali.
La dichiarazione di morte presunta, invece, conferisce carattere definitivo alle situazioni che l'assenza aveva temporaneamente determinato e si estende anche ai diritti personali.
Entrambe le figure si distinguono dalla scomparsa che è una situazione di fatto, in quanto essa non modifica la posizione giuridica dello scomparso.

Autore : dott. Silvio Li Donni - www.lulu.com

Persona fisica e capacità giuridica
17

TERMINI

Soggetto di diritto: con tale termine si fa riferimento a tutti i *centri di imputazione giuridica*, cioè a tutti gli organismi che hanno la capacità di essere titolari di *situazioni giuridiche soggettive*.
Si distingue tra soggetto di diritto:
— *attivo*, che è colui a cui l'ordinamento attribuisce posizioni giuridiche di vantaggio (diritti, potestà);
— *passivo*, che è il titolare di una posizione giuridica passiva (dovere, soggezione).
Nel nostro ordinamento, *soggetti* dell'attività giuridica sono:
— le *persone fisiche*;
— le *persone giuridiche*;
— gli *enti di fatto*.

Status: è la posizione complessiva di un soggetto nell'ambito della collettività o in un corpo sociale minore, caratterizzata da una particolare sfera di capacità, diritti, doveri etc.
Si parla così di *status* di cittadino o di straniero, riguardo allo stato di cittadinanza; di figlio naturale o legittimo, di celibe, vedovo, o coniugato, con riguardo allo stato di famiglia etc.
Gli *status*, non rappresentano, quindi, delle posizioni soggettive, ma le implicano.
Lo *status* di padre di famiglia comporta determinati *doveri* verso i figli (istruzione, educazione, mantenimento) e particolari *diritti* (es.: il diritto agli assegni familiari in aggiunta alla paga base etc.).
Lo *status* di cittadino comporta, invece, la *titolarità* dei *diritti politici* (voto, elettorato passivo, diritto di petizione), e dei *doveri pubblici* (obbligo di partecipare alla spesa pubblica, pagando le tasse).

CAPITOLO TERZO
___

LA CAPACITÀ DI AGIRE
E LA TUTELA DEGLI INCAPACI

1. CAPACITÀ GIURIDICA E CAPACITÀ DI AGIRE

La **capacità giuridica** è *l'attitudine a divenire titolare di situazioni giuridiche soggettive.*
La **capacità di agire** è, invece, *la capacità di modificare, mediante manifesta-zioni di volontà, tali situazioni giuridiche soggettive.*

Ad es.: il bambino ha capacità giuridica dal momento che può ben essere titolare di un diritto di proprietà, ma non ha capacità di agire, ossia non può disporre autonomamente di tal diritto (non può, per es.: venderlo) dovendo provvedere a ciò altro soggetto (genitore o tutore).

Presupposto della capacità di agire è l'esistenza di una piena *capacità di inten-dere e di volere,* che la legge presume raggiunta all'età di diciotto anni (c.d. maggio-re età).

Da notare che per la legge (art. 2046), solo nel caso in cui si debba rispondere di *fatti illeciti,* non rileva la capacità di agire, bensì la capacità di intendere e di volere al momento del compimento del fatto dannoso.

La capacità di agire (art. 2) si acquista con il compimento del *diciottesimo anno.* Con il raggiungimento della maggiore età la legge presume che l'individuo possa consapevolmente curare i propri interessi e sia in grado di valutare la portata degli atti da porre in essere (capacità di intendere e di volere).

Raggiunta la maggiore età, tutti i soggetti sono pienamente capaci di agire: la capacità di agire si perde infatti, solo con la morte. Essa è, comunque, legata all'ido-neità del soggetto a curare i propri interessi.

Di conseguenza in tutti i casi in cui tale idoneità viene meno o è limitata, anche la capacità di agire subisce la stessa sorte.

La capacità di agire pertanto, è limitata o esclusa se un soggetto si trova in con-dizioni psicofisiche che lo rendano (in tutto o in parte) incapace di provvedere ai propri interessi (incapacità di intendere e/o di volere) ovvero abbia subìto particolari condanne penali.

L'incapacità costituisce un'eccezione e quindi le norme che ad essa si riferisco-no non si estendono per analogia.

Autore : dott. Silvio Li Donni - www.lulu.com

La capacità di agire   19

2. LE FIGURE DI INCAPACITÀ TOTALE DI AGIRE

A) La minore età

Il minore di anni 18 è del tutto incapace di agire, ma per il compimento di alcuni atti, la legge ammette anche un'età inferiore. Ad esempio:

— per operare il riconoscimento di un figlio naturale, basta l'età di 16 anni (art. 250);
— la capacità in materia di lavoro si acquista al compimento del sedicesimo anno di età.

Gli altri atti compiuti dal minore sono *annullabili* su istanza del minore stesso, dei suoi eredi o aventi causa e del rappresentante legale (annullabilità relativa), a meno che non sia stato il minore stesso con artifizi e raggiri ad ingannare la controparte sulla sua vera età. In questo caso il contratto rimane valido (art. 1426).

B) L'interdizione giudiziale

L'interdizione giudiziale si ha quando colui che si trova affetto da *abituale* (ovvero permanente) *infermità di mente* è dichiarato, con sentenza, incapace di provvedere ai propri interessi, su richiesta del coniuge, dei parenti entro il 4° grado, degli affini entro il 2°, del tutore o del P.M.

Con la L. 9-1-2004, n. 6 (*Amministrazione di sostegno*) l'interdizione non è più obbligatoria, ma deve essere disposta solo qualora ciò si riveli necessario ai fini dell'adeguata protezione dell'incapace. Ed infatti, qualora il giudice, nel corso del giudizio di interdizione, ritenga opportuno applicare il diverso istituto dell'*amministrazione di sostegno*, dispone, a tal fine, la trasmissione degli atti al giudice tutelare.

Due sono i presupposti per l'interdizione:

— il vizio di mente abituale, la cui determinazione è valutata da una perizia psichiatrica;
— il vizio di mente deve essere tale da far derivare una totale inettitudine ad attendere ai propri interessi.

Il provvedimento d'interdizione consiste in una sentenza «costitutiva» (si parla di interdizione «giudiziale» proprio perché la incapacità dell'interdetto deriva esclusivamente dalla sentenza che la stabilisce). Dalla *pubblicazione* della sentenza decorrono gli effetti dell'interdizione (art. 421). La sentenza viene poi annotata dal cancelliere nel registro delle tutele e dall'ufficiale dello stato civile a margine dell'atto di nascita, in modo da renderla conoscibile da parte di ogni interessato.

Lo stato di incapacità dell'*interdetto* è più grave di quello del minore. *L'interdetto,* infatti, non può stipulare da solo alcun *negozio patrimoniale* (ma potrà farsi rappresentare dal tutore) ed inoltre non può, nemmeno per mezzo del rappresentante legale, *far testamento, contrarre matrimonio, riconoscere figli naturali* etc.

In sostanza *l'interdetto giudiziale* non può compiere da solo alcun negozio giuridico.

Tale principio, tuttavia, a seguito dell'emanazione della L. 6/2004 non è più inderogabile: la nuova formulazione dell'art. 427 c.c. prevede infatti che il giudice, nella sentenza che pronuncia l'interdizione, possa dispensare l'incapace dall'intervento del tutore per il compimento di *taluni atti di ordinaria amministrazione.*

Autore : dott. Silvio Li Donni - www.lulu.com

20   Capitolo Terzo

Tutti gli eventuali atti giuridici compiuti dall'interdetto posteriormente al provvedimento d'interdizione sono annullabili su istanza del suo tutore o dei suoi eredi o
aventi causa *(annullabilità relativa)*.

La modificazione o la cessazione dell'interdizione si ha con:

— la *revoca dell'interdizione*, pronunziata con sentenza dal tribunale, su istanza delle stesse
persone legittimate a chiedere l'interdizione, quando viene a mancare l'incapacità; ove il
giudice ritenga opportuno che, successivamente alla revoca, il soggetto sia assistito dal-
l'amministratore di sostegno, dispone la trasmissione degli atti al giudice tutelare;

— la *trasformazione dell'interdizione in inabilitazione*, quando il giudice, pur revocando l'interdizione, pronunzi l'inabilitazione ritenendo l'interdetto non più gravemente infermo,
ma nemmeno pienamente capace.

C) L'interdizione legale

L'interdizione «legale» è quella prevista dalla legge (art. 32 c.p.) come *pena
accessoria* per effetto della condanna all'ergastolo o alla reclusione per un tempo
non inferiore ai cinque anni per reato doloso.

L'incapacità dell'*interdetto legale* concerne tutti gli atti di natura patrimoniale,
ma non si estende agli atti aventi carattere personale o familiare (per es.: l'interdetto
può contrarre matrimonio o riconoscere il figlio naturale). Con la legge 689/1981
può anche fare testamento.

— *Differenze* —

L'interdizione **legale** differisce da quella **giudiziale** perché:

— quest'ultima è dichiarata con sentenza mentre l'interdizione legale deriva *ipso iure*
dalla condanna penale quale pena accessoria;

— l'interdizione giudiziale è istituto per la protezione dell'incapace, mentre l'interdizione legale è una pena a carico di un soggetto capace.

Gli atti compiuti dall'interdetto legale sono annullabili: trattasi però di *annullabilità assoluta*.
Infatti, mentre l'annullamento degli atti compiuti dall'interdetto giudiziale può essere chiesto solo dai soggetti legittimati dalla legge, per gli atti compiuti dell'interdetto legale l'annullamento può essere chiesto da chiunque ne abbia interesse.

3. LE FIGURE DI INCAPACITÀ PARZIALE DI AGIRE

A) L'emancipazione

Il Tribunale può autorizzare (per gravi motivi) al matrimonio, il minore che abbia compiuto i 16 anni (art. 84). Con il matrimonio il coniuge minorenne ottiene
l'**emancipazione**, ossia acquista una limitata capacità di agire che comporta:

— cessazione della potestà parentale;
— possibilità di compiere da solo atti non eccedenti l'ordinaria amministrazione.

Qualora l'emancipato sia autorizzato dal Tribunale all'esercizio di una impresa commerciale, acquista la piena capacità di agire in quanto può compiere, senza l'assistenza del curatore, anche gli atti eccedenti l'ordinaria amministrazione ed anche se non inerenti all'impresa.
Rimane però l'incapacità di compiere donazioni (art. 774).

Autore : dott. Silvio Li Donni - www.lulu.com

La capacità di agire   21

B) L'inabilitazione

Quattro sono i casi in cui può pronunciarsi l'**inabilitazione** (art. 415):

— nel caso di colui che sia affetto da una *infermità mentale abituale, non così grave* da giustificare l'interdizione;
— nel caso di colui che per *prodigalità* (abitudine a spendere in modo disordinato e smisurato, dovuto alla non conoscenza del valore del danaro) esponga il soggetto o la sua famiglia a gravi pregiudizi economici;
— nel caso di colui che per *abuso di bevande alcooliche* o di *stupefacenti,* esponga se stesso o la sua famiglia a gravi pregiudizi economici;
— nel caso di *sordo* o *cieco* dalla nascita che non abbia ricevuto un'educazione tale da assicurargli una sufficiente autonomia.

L'inabilitazione può essere chiesta dall'inabilitando, dal coniuge, dai parenti entro il 4° grado, dagli affini entro il 2°, o dal P.M. Essa è dichiarata con sentenza costitutiva. Da tale provvedimento deriva una **incapacità parziale di agire** dell'*inabilitato.*

A differenza dell'interdetto, l'*inabilitato* conserva un margine di capacità di agire limitata (che ha lo stesso contenuto di quella di cui gode il minore emancipato per matrimonio), in base alla quale:

— l'*inabilitato* può compiere, da solo, gli atti di ordinaria amministrazione;
— per gli atti eccedenti l'ordinaria amministrazione, invece, sono necessari l'autorizzazione del giudice tutelare e il consenso del curatore;
— per gli atti di disposizione di cui all'art. 375, sono necessari sia l'autorizzazione del tribunale (su parere del giudice tutelare) che l'assistenza del curatore.

Gli atti eventualmente compiuti senza l'osservanza delle formalità prescritte, sono annullabili su istanza dell'inabilitato o dei suoi eredi o aventi causa.

4.   INCAPACITÀ NATURALE O DI FATTO (ART. 428)

È **incapacità naturale** l'incapacità di intendere e di volere, dovuta a qualsiasi causa, anche transitoria (infermità di mente, sonnambulismo, suggestione ipnotica, delirio febbrile, ubriachezza etc.). Essa consiste nell'*effettiva inettitudine psichica,* in cui viene a trovarsi un soggetto, normalmente capace, nel momento in cui compie un determinato atto.

Essendo l'incapacità naturale uno stato dell'individuo non preventivamente accertato mediante sentenza (come nel caso dell'interdizione o dell'inabilitazione) si pone il problema di tutelare la persona che in buona fede ha contrattato con *l'incapace naturale.*

Al riguardo il legislatore ha differentemente disciplinato diverse ipotesi:

— per *gli atti unilaterali,* l'annullabilità è ammessa solo nel caso in cui dall'atto possa derivare un grave pregiudizio per colui che ha contrattato in stato di incapacità naturale;
— per i *contratti,* l'annullabilità è ammessa quando sussiste la malafede, cioè quando il contraente era a conoscenza delle anomale condizioni in cui si trovava l'altra parte. Si discute se sia richiesto anche il grave pregiudizio;

Autore : dott. Silvio Li Donni - www.lulu.com

22   Capitolo Terzo

— per *gli altri atti* (matrimonio, testamento, donazione) l'annullamento è ammesso in ogni caso.

L'azione per l'annullamento si prescrive in 5 anni dal giorno nel quale l'atto è stato compiuto.

Volendo sintetizzare, le *differenze* tra l'incapacità legalmente riconosciuta ed incapacità naturale sono:

— qualunque atto compiuto dall'incapace legale (minore o interdetto) è annullabile indipendentemente dal pregiudizio subito dall'incapace; il danno è invece indispensabile per impugnare l'atto in caso di incapacità naturale;

— l'annullamento del contratto derivante da incapacità legale è sempre opponibile ai terzi, mentre nel caso di incapacità *ex* art. 428 c.c. sono salvi i diritti acquistati a titolo oneroso dal terzo in buona fede; sono cioè annullabili i contratti stipulati con il terzo in malafede;

— è irrilevante lo stato di effettiva incapacità di intendere e di volere dell'incapace legalmente riconosciuto, cosa che invece è oggetto di prova nel caso di incapacità naturale.

5. LA POTESTÀ DEI GENITORI

La «potestà dei genitori» (o **potestà parentale**) consiste nel potere-dovere, spettante ai genitori, di «proteggere, educare, istruire i figli minorenni non emancipati e di curarne gli interessi patrimoniali»

Vi sono sottoposti i *figli legittimi, legittimati, naturali riconosciuti* e gli *adottati*.

Detta potestà è esercitata nell'interesse del figlio, dai genitori di comune accordo e, in caso di contrasto, su questioni di particolare importanza, ciascuno dei genitori può ricorrere al giudice (Tribunale dei minorenni), il quale suggerisce la soluzione più utile nell'interesse dei figli e della famiglia.

La potestà parentale ha un *contenuto:*

— di *natura personale:* comprende il dovere di «custodire, allevare, educare ed avviare ad una professione il minore»;

— di *natura patrimoniale:* comprende, in particolare:

— la *rappresentanza legale* del minore;

l'amministrazione dei suoi beni. Gli atti di ordinaria amministrazione possono essere compiuti disgiuntamente da entrambi i genitori, mentre quelli di amministrazione straordinaria devono essere compiuti congiuntamente e con l'autorizzazione del giudice tutelare (art. 320);

— l'*usufrutto legale* sui beni del minore (esclusi quelli di cui all'art. 324). Detto usufrutto è inalienabile.

La potestà comune dei genitori cessa quando a seguito di separazione, di scioglimento, di annullamento o di cessazione degli effetti civili del matrimonio, i figli vengono affidati ad uno di essi.

6. LA TUTELA

Ai minori, i cui genitori siano morti o per altre cause non siano in grado di esercitare la potestà sui loro figli, nonché agli interdetti giudiziali o legali, deve essere immediatamente nominato un *tutore,* dal giudice tutelare.

Autore : dott. Silvio Li Donni - www.lulu.com

La capacità di agire   23

La **tutela** si configura come un ufficio di diritto privato gratuito ed irrinunciabile diretto alla realizzazione di un interesse pubblico. Possiamo avere i seguenti tipi di tutela:

— **volontaria:** quando la designazione del tutore è compiuta dallo stesso genitore;
— **legittima:** quando la tutela è affidata a parenti prossimi o affini del minore, cominciando dagli ascendenti;
— **dativa:** quando la tutela è affidata ad altre persone, che non siano parenti, scelte liberamente dal giudice tutelare;
— **assistenziale:** quando è affidata ad un ente di assistenza (354).

Alla funzione tutoria sovraintende il giudice tutelare che fornisce al rappresentante legale le direttive circa l'amministrazione dei beni e l'educazione del pupillo.

Accanto al tutore è nominato un *protutore* che ha una duplice funzione:

— rappresenta il minore quando l'interesse di costui è in contrasto con l'interesse del tutore;
— compie, quando viene a mancare il tutore, gli atti conservativi e gli atti urgenti di amministrazione.

In ordine all'amministrazione dei beni del pupillo si noti che:

— il tutore compie da solo gli atti di ordinaria amministrazione del patrimonio e quelli necessari per il mantenimento del pupillo;
— compie gli atti eccedenti l'ordinaria amministrazione con l'autorizzazione del giudice tutelare (art. 374 c.c.);
— compie tutti gli atti di disposizione con l'autorizzazione del Tribunale, sentito il giudice tutelare (art. 375 c.c.).

Gli atti compiuti senza l'osservanza di tali formalità sono *annullabili*.

7. LA CURATELA

La volontà dell'inabilitato e del minore emancipato viene integrata, come si è detto, dall'intervento di un *curatore*.

La **curatela** si distingue dalla tutela perché:

— il curatore non ha funzioni di rappresentanza ma di assistenza, cioè non sostituisce ma integra la volontà dell'emancipato e dell'inabilitato;
— l'attività del curatore non viene in rilievo per tutti gli atti, ma *solo per gli atti eccedenti l'ordinaria amministrazione;*
— il curatore (contrariamente al tutore) cura solo interessi di natura patrimoniale.

Per gli atti eccedenti l'ordinaria amministrazione, oltre al consenso del curatore, è necessaria l'autorizzazione del giudice tutelare. Per gli atti di disposizione indicati nell'art. 375, oltre al parere del giudice tutelare, è richiesta l'autorizzazione del Tribunale.

8. L'AMMINISTRAZIONE DI SOSTEGNO

Al fine di tutelare le persone prive in tutto o in parte di autonomia, e temperando la rigidità delle disposizioni relative all'interdizione ed inabilitazione, è stato intro-

Autore : dott. Silvio Li Donni - www.lulu.com

24   Capitolo Terzo

dotto nel *corpus* del codice civile l'istituto dell'*amministrazione di sostegno* (L. 9-1-2004, n. 6).

Per effetto della nuova disciplina, colui il quale sia incapace di provvedere ai propri interessi a causa di **infermità anche parziale o temporanea** (pur non versando, dunque, in stato di «abituale infermità di mente»), ovvero di **menomazione fisica o psichica** (intesa in senso ampio, ivi comprese patologie quali l'autismo o la demenza senile), può ricorrere al giudice tutelare affinché nomini con decreto un «amministratore di sostegno» indicato dall'interessato ovvero, in mancanza di tale indicazione o in presenza di gravi ragioni che impongano una diversa designazione, scelto dal giudice nell'interesse esclusivo dell'interessato medesimo.

A differenza dell'interdetto, il beneficiario dell'amministrazione di sostegno **conserva la capacità di agire** per *tutti gli atti che non richiedono la rappresentanza esclusiva o l'assistenza necessaria dell'amministratore di sostegno* (art. 409). Quest'ultimo, per converso, nel provvedere alla cura ed agli interessi dell'assistito ha l'obbligo di informarlo tempestivamente degli atti da compiere.

Gli *atti compiuti dall'amministratore di sostegno* in violazione delle disposizioni dettate dalla legge, ovvero oltrepassando i limiti fissati dal giudice nel conferimento dell'incarico, o che siano comunque in contrasto con l'interesse del beneficiario, possono essere annullati su istanza dell'amministratore medesimo, del pubblico ministero, del beneficiario, degli eredi o aventi causa di quest'ultimo. Parimenti annullabili sono gli *atti personalmente compiuti dal beneficiario* in violazione della legge o delle prescrizioni del giudice.

Autore : dott. Silvio Li Donni - *www.lulu.com*

La capacità di agire   25

TERMINI

Atti di amministrazione: sono gli atti compiuti per il buon governo di un patrimonio al fine di conservare l'integrità e l'efficienza produttiva dei beni che lo compongono.

Atti di disposizione: determinano una diminuzione del patrimonio del soggetto che li pone in essere; non rileva che agli stessi consegua o meno un'attribuzione a favore di un altro soggetto.

Giudice tutelare: è il giudice che sovraintende alle attività di coloro che esercitano la potestà dei genitori, la tutela e la curatela. Fra i suoi compiti: nomina del tutore e del curatore, rilascio delle autorizzazioni per gli atti di disposizione.

Negozio giuridico: è ogni atto giuridico consistente in una manifestazione di volontà diretta alla produzione di effetti giuridici riconosciuti e garantiti dall'ordinamento.

Presunzione: la presunzione è la conseguenza che la legge o il giudice trae da un fatto noto per risalire alla conoscenza di un fatto ignoto.

Pubblico Ministero: è un organo dello Stato istituito presso la *Corte di Cassazione*, le *Corti di Appello*, i *Tribunali ordinari e per i minorenni*.
Il P.M. vigila sull'osservanza delle leggi, sulla pronta e regolare amministrazione della giustizia.
In materia *civile* il P.M. può esercitare l'azione civile nei casi di legge.
In materia *penale* ha l'obbligo di esercitare l'azione penale (art. 112 Cost.).

Sentenza costitutiva: è la sentenza che costituisce un rapporto giuridico dando luogo ad una modificazione della situazione giuridica preesistente.

Tribunale per i minorenni: è un organo giudiziario con funzioni di giudice di primo grado per tutti gli affari penali, civili e amministrativi riguardanti i minori.

Usufrutto: (artt. 978 ss.) è un diritto reale di godimento su cosa altrui. Consiste nel diritto riconosciuto all'usufruttuario di godere ed usare della cosa altrui, traendo da essa tutte le utilità che può dare, compresi i frutti che produce, con l'obbligo di non mutarne la destinazione economica.

CAPITOLO QUARTO

I DIRITTI DELLA PERSONALITÀ

1. NOZIONE E CARATTERI

La Costituzione riconosce e garantisce i diritti dell'uomo, sia come singolo, sia nelle formazioni sociali ove si svolge la sua personalità, sancendone l'inviolabilità (art. 2).

L'interpretazione della norma costituzionale non è univoca: secondo un primo orientamento, i diritti della personalità sono molteplici e singolarmente individuati dalla legge, ed hanno perciò caratteristiche peculiari e una propria autonomia (teoria pluralistica); al contrario, vi è chi ritiene che non esistono singoli diritti della personalità, esistendo piuttosto un *unico diritto* della personalità consacrato nell'art. 2 Cost. (teoria monistica). Tale ultima tesi è preferibile perché apre la porta alla tutela dei diritti che gradualmente affiorano nella società; si parla in tal senso di fattispecie aperta (o di *norma a clausola aperta*) e di *atipicità* dei diritti della personalità.

I *diritti della personalità* sono:

— **essenziali**, in quanto garantiscono le ragioni fondamentali della vita e dello sviluppo dell'uomo e, quindi, non possono mai mancare;

— **personalissimi**, in quanto hanno come oggetto un modo di essere della persona;

— **non patrimoniali**, in quanto, alla stregua della coscienza sociale, tali diritti non possono assumere un valore di scambio;

— **assoluti**, in quanto possono essere fatti valere nei confronti di tutti *(erga omnes);*

— **inalienabili**, in quanto al soggetto non è consentito alcun potere dispositivo su di essi;

— **intrasmissibili**, in quanto si estinguono con la morte del titolare;

— **imprescrittibili**, in quanto non si estinguono per non uso;

— **irrinunziabili**, in quanto non sono suscettibili di essere dismessi mediante un atto di rinuncia.

2. PRINCIPALI TIPI

A) Diritto alla vita e all'integrità fisica

Tale diritto è protetto sia dal diritto penale (che punisce l'omicidio e le lesioni personali), sia dal diritto civile: l'art. 2043, infatti, per tutti gli atti lesivi di questo bene fondamentale, prevede l'obbligo al risarcimento del danno.

Autore : dott. Silvio Li Donni - www.lulu.com

I diritti della personalità   27

La Costituzione (art. 32) riconosce inoltre il diritto alla salute come «fondamentale diritto dell'individuo», da intendere sia come diritto al rispetto dell'integrità fisica, sia come diritto all'assistenza sanitaria, che si fa valere nei confronti della Pubblica Amministrazione.

Il riconoscimento del diritto all'integrità fisica quale diritto personalissimo comporta che in generale non siano ammessi *atti di disposizione del proprio corpo*. *Ex* art. 5 tali atti sono però vietati solo in quanto comportino una diminuzione permanente o quando siano contrari alla legge, al buon costume o all'ordine pubblico. In base a tale principio è, ad esempio, ammessa la donazione del sangue.

È da ricordare che la legge 164/1982 ha sostanzialmente autorizzato i trattamenti medico-chirurgici diretti al mutamento del sesso. In particolare, il mutamento del sesso è ammissibile solo quando siano intervenute modificazioni (anche soltanto psichiche) dei caratteri sessuali, e solo previa autorizzazione (data con sentenza) del Tribunale.

B) Diritto all'onore e all'integrità morale. La tutela della riservatezza

Il *diritto all'onore ed all'integrità morale* tutela sia il sentimento della propria dignità personale sia la considerazione di cui una persona gode. Esso è garantito dal codice penale (che prevede come reati l'ingiuria, la diffamazione etc., per i quali è prevista la risarcibilità del danno morale) e dal codice civile (che prevede il risarcimento del danno, *ex* art. 2043): costituiscono diffamazione, e sono illecite, le comunicazioni di notizie, voci, apprezzamenti che offendono la reputazione altrui.

Si riconosce oggi, più in generale, un autonomo *diritto alla riservatezza* (diritto alla *privacy*) che assicura una zona al riparo dalle indiscrezioni altrui, per cui i terzi hanno il dovere di astenersi dal riferire fatti relativi alla vita privata di un soggetto.

Il problema di una tutela della riservatezza è sempre più sentito nella società moderna che oscilla tra l'esigenza di garantire il diritto al riserbo ad ogni persona e l'esigenza di garantire la trasparenza dei traffici che necessitano (anche facendo ricorso a banche-dati) la divulgazione di notizie attinenti ai singoli privati. Tale problema è stato affrontato dal legislatore attraverso diversi interventi normativi, culminati, da ultimo, nel D.Lgs. 30-6-2003, n. 196 (*Codice in materia di protezione dei dati personali*).

Limite alla garanzia del riserbo è dato dalla notorietà pubblica della persona, sempre che l'informazione abbia un'*utilità sociale,* risponda a *verità oggettiva* e sia *esposta in forma appropriata.*

Quanto al *diritto all'immagine*, esso tutela l'interesse di ogni individuo a che il proprio ritratto non sia diffuso o pubblicato senza consenso o quando dalla pubblicazione può derivare pregiudizio.

C) Diritto alla libertà e alla esplicazione della propria attività

La Costituzione protegge la libera esplicazione dell'attività e della personalità dell'individuo, riconoscendo ai cittadini molteplici libertà tra le quali ricordiamo: la *libertà* di *locomozione; la *libertà di residenza; la *libertà di comunicazione* e di *corrispondenza,* la *libertà di riunione; la *libertà di associazione; la *libertà* di *professare la propria fede religiosa; la *libertà di pensiero* e *di parola; la *libertà matrimoniale; la *libertà contrattuale* e *commerciale.*

Pertanto sono nulli tutti quei negozi con i quali si sacrifichino in modo assoluto queste libertà.

D) Diritto al nome e alla ditta (nome commerciale)

Il *nome* rappresenta il segno legale distintivo della persona e si compone del «prenome», o nome individuale (che è dativo, viene cioè imposto da colui che fa la

Autore : dott. Silvio Li Donni - www.lulu.com

28   Capitolo Quarto

dichiarazione di nascita, in genere il padre) e del «cognome», che designa l'appartenenza alla famiglia (che è invece imposto dalla legge, ed è generalmente quello del padre).

Una volta assegnato, il nome non può più essere modificato se non nei casi espressamente previsti dalla legge.

Anche lo **pseudonimo** o nome d'arte gode della stessa tutela del diritto al nome, sempre che, però, tale pseudonimo abbia acquistato l'importanza del nome (art. 9).

Il *diritto al nome commerciale* è riconosciuto al fine di differenziare l'attività commerciale di un imprenditore da quella di altri. In particolare distinguiamo:

— la *ditta* che, secondo alcuni autori, è il nome che l'imprenditore singolo «spende» nel commercio;

— la *ragione sociale,* che è il «nome» delle società commerciali; in particolare, essa:

— per le società personali, deve contenere l'indicazione almeno di uno dei soci;
— per le società di capitali, può anche essere di fantasia.

3. FORME DI TUTELA

I diritti della personalità vengono tutelati in vario modo dall'ordinamento sia in sede civile sia in sede penale, e in particolare attraverso:

— l'*azione inibitoria*, mediante la quale si chiede al giudice la cessazione di una condotta lesiva (si pensi all'usurpazione del nome, ossia all'uso indebito che venga fatto del nome altrui);
— il *risarcimento del danno* ex artt. 2043 e 2059;
— la *condanna penale* (es.: condanna per omicidio, lesivo del diritto alla vita);
— la *pubblicazione della sentenza di condanna*;
— la *rettifica della notizia non veritiera* mediante pubblicazione sugli organi di stampa, a tutela del diritto all'immagine.

TERMINI

Banca dati: complesso di dati organizzato secondo criteri tali da facilitarne il «trattamento», cioè il compimento di una serie di operazioni quali la raccolta, la registrazione, l'organizzazione, la selezione, l'estrazione, il raffronto, l'utilizzo, l'interconnessione, la cancel lazione e la distruzione.

La disciplina delle banche dati contenenti dati cd. *personali*, cioè relativi a persone fisiche o giuridiche identificate o identificabili, è contenuta nel D.Lgs. 196/2003 (*Codice in materia di protezione dei dati personali*) che, nell'intento di rafforzare la tutela del diritto alla *riservatezza*, dispone che il trattamento dei dati personali deve svolgersi nel rispetto dei diritti, delle libertà fondamentali e della dignità dell'interessato, con particolare riferimento alla riservatezza, all'identità personale e al diritto alla protezione dei dati personali.

Il danno cagionato per effetto del trattamento dei dati personali è risarcibile ai sensi dell'art. 2050 c.c.

Autore : dott. Silvio Li Donni - www.lulu.com

I diritti della personalità 29

Trapianto di organi: prelievo di organi da viventi o da un cadavere, per innestarli poi in un soggetto vivente. Il codice civile prevede, all'art. 5, limitazioni alla possibilità di trapianti: gli atti di disposizione del proprio corpo sono *consentiti* solo quando non determinano una *diminuzione permanente dell'integrità fisica* del donatore. Sono da ritenersi lecite le donazioni di sangue o lembi di pelle, mentre sono vietate quelle di organi doppi.

A tale regola generale fanno eccezione i trapianti *del rene fra viventi*, ma solo se i donanti siano genitori, figli o fratelli del beneficiato; ciò a meno che questi non abbia consanguinei o nessuno di essi sia idoneo o disponibile, in quanto in tali casi la donazione è ammessa anche da parte di altro parente o di persona non legata da vincoli di parentela col paziente.

Il *consenso* prestato dal donatore può essere in qualsiasi momento revocato e non fa sorgere in capo al soggetto interessato alcun diritto.

Per quanto attiene al trapianto da cadavere a vivente, la L. 91/1999 introduce, come principio cardine delle procedure di espianto, il *silenzio-assenso informato*.

Al cittadino spetta decidere sulla sorte dei propri organi dopo la morte, esprimendo il proprio manifesto assenso o diniego nelle forme individuate da apposito emanando regolamento.

Se non esprime la propria volontà il silenzio sarà interpretato come tacito assenso.

Questa disciplina però non ha ancora trovato attuazione poiché non sono stati emanati i regolamenti. Attualmente pertanto per poter procedere all'espianto occorre il consenso del soggetto o dei suoi congiunti.

CAPITOLO QUINTO

LA SEDE GIURIDICA DELLA PERSONA

1. NOZIONE

La sede in cui le persone vivono e svolgono la loro attività è rilevante giuridicamente, perché è necessario conoscere il luogo in cui un soggetto opera e può essere reperito.

2. DIMORA, RESIDENZA E DOMICILIO

Le *relazioni territoriali della persona* sono:

A) La dimora (da «morari» rimanere)

È il luogo nel quale il soggetto si trova *occasionalmente;* ha *scarso rilievo giuridico* e viene presa in considerazione solo quando non si conosca la residenza, per la notifica di alcuni atti giudiziari (art. 139 c.p.c.).

B) La residenza: nozione e rilevanza

La residenza è, come la dimora, una **situazione di fatto** *(«res facti»),* ma implica *l'effettiva e abituale presenza del soggetto* in un dato luogo, quindi il luogo di *abituale dimora* (art. 43). La residenza può essere scelta e mutata liberamente, ma il trasferimento deve essere denunciato nei modi prescritti dalla legge.

La residenza ha *autonomo rilievo giuridico* in materia di pubblicazioni, celebrazione del matrimonio e adozione (artt. 94, 106, 311).

Si può avere anche più di *una residenza,* se la dimora abituale è in più luoghi.

C) Il domicilio: nozione, rilevanza e distinzioni

È il luogo ove il soggetto stabilisce la *sede principale dei* propri *affari ed interessi* (art. 43). Due sono, pertanto, gli elementi di individuazione:

— *elemento oggettivo:* caratterizzato dalla presenza in un luogo *dei prevalenti interessi economici* della persona;

— *elemento soggettivo:* costituito dall'intenzione di fissare nel luogo scelto la sede principale dei propri affari.

Il domicilio, a differenza della residenza e della dimora, è una *«res iuris»:* pertanto non è necessario che il soggetto, di fatto, dimori nel luogo di domicilio. Mentre possono aversi più residenze, il *domicilio generale* di un soggetto deve essere *solo uno.* Il domicilio, in particolare, *ha rilievo:* per l'apertura della successione per causa di morte (456); per la dichiarazione di fallimento dell'imprenditore commerciale (art. 9 legge fallimentare).

Autore : dott. Silvio Li Donni - www.lulu.com

La sede giuridica della persona   31

Per le persone giuridiche non si parla di domicilio, ma di sede.

In dottrina si distinguono i seguenti tipi di domicilio:

a) *domicilio volontario*: è quello *scelto liberamente* dal soggetto, risultato della sua determinazione e volontà;

b) *domicilio necessario* e *legale*: è invece espressamente stabilito dalla legge. Cosi, ad esempio, il domicilio del minore è nel luogo di residenza della famiglia o del genitore con il quale convive;

c) *domicilio generale*: si riferisce a *tutti* i diritti ed a tutti gli affari facenti capo ad una persona;

d) *domicilio speciale o eletto*: si riferisce a *determinati* atti o affari di una persona e dura per la sola durata del compimento dell'atto o dell'affare.

CAPITOLO SESTO

LE PERSONE GIURIDICHE
E GLI ENTI NON RICONOSCIUTI

1. NOZIONE

Oltre alle persone fisiche, l'ordinamento giuridico riconosce come soggetti di diritto le c.d. **persone giuridiche**, ossia quelle organizzazioni di persone e di beni costituite per la realizzazione di uno scopo collettivo.

Elementi costitutivi delle persone giuridiche sono:

— *le persone:* l'ente deve necessariamente essere costituito da almeno due persone fisiche (tuttavia, per quanto riguarda le società è stata ammessa la costituzione di una società a responsabilità limitata con un solo socio). *Ex* art. 27 l'associazione si estingue se sono venuti a mancare tutti gli associati;
— *lo scopo:* deve essere comune, determinabile e lecito;
— *il patrimonio:* deve essere sufficiente alla realizzazione dello scopo;
— *il riconoscimento giuridico,* in seguito al quale gli enti acquistano la personalità giuridica.

2. DISTINZIONI TRA LE PERSONE GIURIDICHE

La più importante distinzione nell'ambito delle persone giuridiche è quella tra associazioni (corporazioni) e fondazioni.

L'associazione è il complesso organizzato di persone fisiche riunite per il conseguimento di uno scopo e nelle quali predomina l'elemento personale.

Sono associazioni: lo Stato, i comuni, le società, i sindacati.

Fondazione è, invece, il complesso organizzato di beni in cui predomina l'elemento patrimoniale.

Sono esempi di fondazione alcuni ospedali, le fondazioni di studio, enti a scopo di beneficenza etc.

Le maggiori differenze tra associazioni e fondazioni riguardano.

— *il patrimonio* che per le fondazioni è elemento costitutivo, mentre per le associazioni costituisce solo un mezzo (strumento) per il raggiungimento dello scopo;
— *lo scopo,* che nelle fondazioni è esterno, in quanto consiste nella realizzazione di un vantaggio per altre persone (diverse dai fondatori), mentre nelle associazioni è interno, in quanto consiste nell'arrecare un dato vantaggio agli associati;

Autore : dott. Silvio Li Donni - www.lulu.com

Le persone giuridiche e gli enti non riconosciuti   33

— la *volontà*, che nelle fondazioni è esterna, in quanto proviene dal fondatore, mentre nelle associazioni è interna, in quanto è manifestata dagli stessi soci attraverso gli organi competenti;

— gli *organi direttivi*, i quali nelle fondazioni sono sottoposti alla volontà del fondatore (espressa nell'atto costitutivo) mentre nelle associazioni sono dominanti.

Una seconda distinzione è quella tra:

— *persone giuridiche pubbliche*, che hanno uno scopo di carattere pubblico (Stato, enti autarchici territoriali etc.);

— *persone giuridiche private* che hanno uno scopo privato (associazioni di mutuo soccorso, società commerciali etc.).

Si distinguono *inoltre le persone giuridiche ecclesiastiche* (enti ecclesiastici quali parrocchie, conventi etc.) dalle *persone giuridiche civili* che non perseguono uno scopo di culto.

3. IL RICONOSCIMENTO

Gli elementi costitutivi della persona giuridica, anche se *necessari* per la sua esistenza, *non sono sufficienti* all'acquisto della personalità giuridica; a tal fine occorre un ulteriore elemento formale: il *riconoscimento*.

In seguito all'emanazione del d.P.R. 10-2-2000, n. 361, il riconoscimento non è più concesso con decreto del Presidente della Repubblica, ma è attribuito dalla *Regione* per le persone giuridiche private che operano nelle materie delegate *ex* d.P.R. 616/1977 e le cui finalità si esauriscono nell'ambito di una sola Regione e dal *Prefetto* in tutti gli altri casi. Di conseguenza, è stato soppresso il registro delle persone giuridiche tenuto dal Tribunale e sono stati istituiti un registro regionale ed uno prefettizio.

Nel registro devono essere indicati:

— la data dell'atto costitutivo;

— la denominazione della persona giuridica;

— lo scopo perseguito;

— il patrimonio;

— la durata, se determinata;

— la sede;

— i dati identificativi degli amministratori, con indicazione di quelli cui è attribuita la rappresentanza.

L'organo competente provvede all'iscrizione entro 120 giorni dalla presentazione della relativa istanza.

Se sussistono ragioni ostative alla concessione dell'iscrizione o la domanda è incompleta, l'autorità competente ne dà comunicazione agli istanti, che nei successivi 30 giorni possono presentare memorie o documenti. Decorsi altri 30 giorni, se l'autorità non ha ancora provveduto all'iscrizione questa si intende negata.

L'iscrizione nel registro ha effetto costitutivo: ai sensi dell'art. 1 del Regolamento citato, le associazioni, le fondazioni e le altre istituzioni di carattere privato acquistano la personalità giuridica «mediante il riconoscimento determinato dall'iscrizione nel registro delle persone giuridiche».

Autore : dott. Silvio Li Donni - www.lulu.com

34   Capitolo Sesto

Le *società commerciali*, invece, acquistano la personalità giuridica con l'*iscrizione nel registro delle imprese*.

4. LA CAPACITÀ DELLE PERSONE GIURIDICHE

Ottenuto il riconoscimento e quindi acquisita la personalità giuridica, l'ente ha una capacità giuridica affine a quella delle persone fisiche.

È ovvio che la persona giuridica subisce, peraltro, delle limitazioni di capacità in relazione alla sua particolare natura soprattutto nel campo dei diritti personali. Così ad es.: essendo priva di un organismo fisico, non può far valere tutti quei diritti che trovano il loro presupposto nelle relazioni di coniugio o di parentela.

La persona giuridica ha comunque diritto al nome, ad una sede giuridica etc.

Effetto pratico principale dell'acquisto della personalità giuridica è l'autonomia patrimoniale perfetta.

Si intende per **autonomia patrimoniale perfetta** il fatto che il patrimonio della persona giuridica rimane nettamente distinto dal patrimonio dei suoi componenti.

Conseguentemente:

— i *beni* della persona giuridica appartengono ad essa e non ai singoli componenti;
— il *creditore* del *singolo socio non è* anche *creditore verso la persona giuridica* e, in caso di inadempienza, non può normalmente rivalersi neanche attaccando la parte del patrimonio sociale versata dal socio suo debitore.

Il creditore di una persona giuridica non può vantare le sue ragioni di credito nei confronti dei singoli soci, i quali rispondono solo nei limiti della quota conferita.

5. LE VICENDE DELLE PERSONE GIURIDICHE

A) La costituzione

Affinché la persona giuridica possa entrare a far parte del mondo del diritto, il riconoscimento deve esser preceduto dalla «*costituzione*» o «*formazione*» dell'ente. Anche riguardo alla *costituzione* occorre distinguere tra *associazioni* e *fondazioni*.

Associazioni (in senso lato) Si ha costituzione attraverso:

— l'**atto costitutivo**: che è il *negozio formale* (da stipulare nella forma dell'atto pubblico) in forza del quale si costituisce l'associazione;
— lo **statuto**: che è, invece, il *documento*, redatto nella forma dell'atto pubblico, che contiene le norme che regoleranno la vita dell'ente.

Lo statuto impegna all'osservanza non solo gli attuali componenti, ma anche quelli che, in futuro, vi entreranno a far parte.

Fondazioni Si ha costituzione attraverso *due atti separati*, uno di natura personale e l'altro di natura patrimoniale (oltre lo statuto):

— il **negozio di fondazione**, che ha come contenuto «*la volontà del fondatore a che sorga la fondazione*», e può essere racchiuso sia in *un atto (pubblico) tra vivi che in un testamento*. In ogni caso esso è un *negozio unilaterale di diritto personale*;

Autore : dott. Silvio Li Donni - www.lulu.com

Le persone giuridiche e gli enti non riconosciuti   35

— l'**atto di dotazione**, che opera invece l'attribuzione dei beni, a titolo gratuito, al futuro ente da costituire; trattasi di *negozio unilaterale a contenuto patrimoniale*;
— lo **statuto**: per esso vale quanto detto per la costituzione delle associazioni.

B) L'estinzione

Fra le cause di estinzione distinguiamo:

a) *cause* **comuni** *ad ogni persona giuridica*:

— *cause previste dalla volontà degli associati o del fondatore*, es.: scadenza del termine di durata;
— *venir meno dello scopo*, per il raggiungimento o per sopravvenuta impossibilità di esso;

b) *cause di estinzione* **proprie** *delle sole* **associazioni**, che sono:

— il *venir meno degli associati*;
— lo *scioglimento disposto dall'assemblea*.

Una volta dichiarata l'estinzione si passa alla **fase di liquidazione**, cioè alla fase in cui si definiscono i rapporti giuridici pendenti e si provvede alla sorte dei beni.

La successiva fase è quella di *devoluzione dei beni*, consistente nel trasferimento ad un nuovo soggetto dell'eventuale residuo netto del patrimonio, dopo la *liquidazione* della persona giuridica.

C) L'ammissione, il recesso e l'esclusione degli associati

La qualità di associato può essere acquistata *simultaneamente* alla costituzione dell'associazione o *successivamente* ad essa. Lo statuto o l'atto costitutivo dell'associazione devono infatti indicare «le condizioni per l'ammissione degli associati» (art. 16).

L'associato può sempre recedere dall'associazione, cioè sciogliersi unilateralmente dal rapporto associativo, se non ha assunto l'obbligo di farne parte per un tempo determinato (la facoltà di recesso è espressione del *principio* costituzionale *di libertà di associazione*), ma in tal caso, a conferma dell'autonomia patrimoniale dell'associazione, non ha alcun diritto sul patrimonio di essa.

L'*esclusione* dell'associato non può essere invece deliberata dall'assemblea se non per gravi motivi.

Contro la deliberazione di esclusione l'interessato può ricorrere all'autorità giudiziaria, adducendo la violazione di regole legali o statutarie, l'insussistenza dei motivi addotti come causa di esclusione o il carattere discriminatorio della deliberazione.

6. GLI ORGANI DELLE PERSONE GIURIDICHE

Le persone giuridiche hanno piena capacità di agire: tuttavia, esse non sono idonee, per la loro natura, a formare ed esprimere una loro volontà se non attraverso le persone fisiche preposte ai loro **organi**.

L'organo è un elemento intrinseco della persona giuridica che agisce attraverso di esso, direttamente in nome proprio e per proprio conto.

Il fenomeno in base al quale la volontà di una pluralità di individui sostituisce la volontà di un altro soggetto che altrimenti non potrebbe esprimersi, è definita come *rappresentanza organica*. Questo tipo di rappresentanza va tenuto distinto dalla rappresentanza vera e propria in cui il rappresentante agisce in nome e per conto del rappresentato (ci sono dunque due soggetti); laddove nella rappresentanza organica l'amministratore agisce rispetto alla persona giuridica in un rapporto di *compenetrazione* o di *immedesimazione*.

Gli organi più importanti delle persone giuridiche sono:

— gli **amministratori** che sono organi esecutivi comuni ad ogni persona giuridica (normalmente dotati di rappresentanza), mediante i quali la persona giuridica manifesta la propria volontà ed entra in relazioni giuridiche con gli altri soggetti. Il contenuto dei loro poteri è sottoposto ad un particolare regime pubblicitario; gli amministratori sono responsabili verso l'associazione secondo le regole del mandato (art. 18).

— l'**assemblea** che è l'organo deliberativo delle sole associazioni; ad essa spetta ogni decisione relativa all'esistenza, alla disciplina ed all'attività dell'ente. Essa delibera secondo il principio maggioritario: la decisione, anche se proveniente da più associati, è unica in quanto costituisce un atto complesso, il cd. atto collegiale.

7. LE ASSOCIAZIONI NON RICONOSCIUTE

Il riconoscimento giuridico è essenziale per il conseguimento della personalità giuridica, ma non per la vita dell'ente.

Le **associazioni non riconosciute** costituiscono un fenomeno molto diffuso nella vita moderna (vedi partiti politici, sindacati etc.). Esse godono, nel nostro sistema, di una particolare condizione giuridica. Si tratta di complessi di soggetti i quali, pur essendo dotati dello stesso substrato delle persone giuridiche (persone, patrimonio, scopo), non hanno chiesto un formale riconoscimento dell'Autorità Statale, ma la cui realtà non può essere tuttavia disconosciuta dall'ordinamento.

A tali enti di fatto l'ordinamento giuridico riconosce una certa *soggettività giuridica*: si riconosce loro la natura di centri di imputazione di situazioni giuridiche soggettive e una certa autonomia patrimoniale ed amministrativa.

Anche relativamente a tali enti si parla di *autonomia patrimoniale,* perché il patrimonio delle associazioni non riconosciute si distingue e differenzia da quello degli associati. Tale autonomia è però **imperfetta,** perché pur esistendo un fondo comune (costituito dai contributi degli associati e dai beni acquistati dall'ente e su cui in primo luogo i creditori fanno valere i loro diritti) per soddisfare le obbligazioni dell'associazione, sono responsabili solidalmente e personalmente coloro che hanno agito in nome e per conto dell'associazione medesima (art. 38). L'acquisto della personalità giuridica da parte dell'ente comporta, invece, l'assunzione di un'autonomia patrimoniale perfetta, cioè totale: delle obbligazioni dell'ente risponde solo questo con il suo patrimonio e non anche i singoli associati.

Secondo le disposizioni della L. 22-6-2000, n. 192, che ha abrogato gli artt. 600 e 786, le associazioni non riconosciute possono accettare eredità, legati o donazioni senza necessità di richiedere il riconoscimento entro un anno, come precedentemente previsto.

L'ordinamento interno e l'amministrazione delle associazioni non riconosciute sono regolati dagli accordi degli associati (art. 35). Anche tali associazioni, quindi, hanno la loro fonte in un atto costitutivo e sono organizzate mediante uno statuto. La legge inoltre riconosce la legittimazione attiva e passiva in giudizio ai presidenti o direttori (art. 36).

Autore : dott. Silvio Li Donni - www.lulu.com

Le persone giuridiche e gli enti non riconosciuti   37

8. I COMITATI

Il **comitato** è un ente di fatto composto da un gruppo di persone (promotori) che, attraverso un'aggregazione di mezzi materiali, si propone il raggiungimento di uno scopo, generalmente di interesse pubblico, e all'uopo cerca contributi per mezzo di pubbliche sottoscrizioni o inviti ad offrire. Esempi sono i comitati di soccorso, beneficenza, di promozione di opere pubbliche etc.

Anche il comitato ha una certa *autonomia patrimoniale (imperfetta),* anche se tali fondi, una volta che sono stati raccolti, non appartengono né agli oblatori né ai singoli appartenenti al comitato ma sono irrevocabilmente destinati allo scopo per cui sono stati raccolti.

Circa la responsabilità dei membri del comitato distinguiamo:

— *responsabilità verso gli oblatori:* i componenti del comitato sono responsabili personalmente e solidalmente verso gli oblatori della conservazione del patrimonio e della sua destinazione allo scopo stabilito;

— *responsabilità verso i terzi creditori:* tutti i componenti del comitato (non solo quelli che hanno agito, come nelle associazioni non riconosciute), sono responsabili solidalmente e personalmente delle obbligazioni assunte dal comitato. In ogni caso non sono mai responsabili gli oblatori.

9. LE ORGANIZZAZIONI DI VOLONTARIATO

A norma dell'art. 3 della L. 266/1991, si considera *organizzazione di volontariato* ogni organismo liberamente costituito al fine di svolgere l'attività di volontariato che si avvalga in modo determinante e prevalente delle *prestazioni personali, volontarie e gratuite* dei propri aderenti.

L'assunzione di lavoratori dipendenti e il ricorso al contributo di lavoratori autonomi è consentito esclusivamente nei limiti necessari al regolare funzionamento dell'organizzazione, oppure quando è necessario per qualificare o specializzare l'attività svolta.

La gratuità delle prestazioni fornite dagli aderenti deve essere espressamente indicata, insieme all'*assenza del fine di lucro*, nell'atto costitutivo o nello statuto dell'organizzazione.

Le organizzazioni di volontariato possono assumere la forma giuridica ritenuta più adeguata al perseguimento dei loro fini, salvo il limite di compatibilità con lo *scopo solidaristico.*

10. LE ONLUS

Si definiscono organizzazioni non lucrative di utilità sociale (ONLUS) le associazioni, i comitati, le fondazioni, le società cooperative e gli altri enti di carattere privato, con o senza personalità giuridica, il cui statuto o atto costitutivo prevede espressamente lo svolgimento di attività in uno dei settori indicati dall'art. 10, D.Lgs. 460/1997 (es.: assistenza sociale, assistenza sanitaria, beneficenza, istruzione, etc.).

Tra le organizzazioni che non possono essere considerate Onlus figurano, oltre alle società commerciali, i partiti politici e i sindacati; rientrano invece nella nozione

Autore : dott. Silvio Li Donni - www.lulu.com

38   Capitolo Sesto

le organizzazioni non governative e le organizzazioni di volontariato di cui alla L. 266/1991.

11. L'IMPRESA SOCIALE

Si definisce **impresa sociale** (D.Lgs. 24-3-2006, n. 155) un'organizzazione privata, compresi gli enti di cui al Libro V del codice civile, che esercita in via stabile e principale un'attività economica organizzata al fine della produzione o dello scambio di beni o servizi di utilità sociale, diretta a realizzare finalità di interesse generale.

Per aversi impresa sociale è necessaria la presenza di alcuni elementi, tra cui:

— operatività esclusiva in settori di particolare rilievo sociale (es. settore sanitario, socio-sanitario, socio-assistenziale, istruzione anche extra-scolastica, tutela del patrimonio ambientale ed artistico, inserimento lavorativo di soggetti svantaggiati o disabili ecc.);

— destinazione degli utili e degli avanzi di gestione allo svolgimento dell'attività statutaria e conseguente divieto di ridistribuzione degli utili.

L'impresa sociale deve costituirsi per atto pubblico nel quale deve essere esplicitamente indicato il carattere sociale dell'impresa stessa.

Le organizzazioni che esercitano attività di impresa sociale, con patrimonio superiore ai ventimila euro, godono di **autonomia patrimoniale**, per cui delle obbligazioni assunte risponde soltanto l'organizzazione con il suo patrimonio.

Autore : dott. Silvio Li Donni - www.lulu.com

Le persone giuridiche e gli enti non riconosciuti   39

TERMINI

Atto collegiale: è quell'atto giuridico in cui le dichiarazioni di volontà di più persone si fondono e formano la volontà di un soggetto diverso quale la persona giuridica (es. deliberazione dell'assemblea di una società).

Atto pubblico: è il documento redatto con le richieste formalità, da un notaio o da altro pubblico ufficiale autorizzato ad attribuirgli pubblica fede nel luogo dove l'atto è formato. Costituisce una *prova legale*, vincolante per il giudice.

Prefetto (ora Ufficio territoriale del Governo): organo periferico con competenza generale e funzioni di rappresentanza governativa a livello provinciale, ma che esercita anche funzioni amministrative.

Rapporto organico: è un rapporto non giuridico, esprime solo la relazione interna (organizzatoria) e l'immedesimazione tra organo (o ufficio) e soggetto preposto ad esso.

Trascrizione: mezzo di pubblicità relativo agli immobili ed ai beni mobili registrati, che assicura la conoscibilità delle vicende relative a tali beni.
La sua funzione si ricollega direttamente ad una precisa esigenza di mercato, che è quella della circolazione dei beni e della conoscibilità di tale circolazione.

CAPITOLO SETTIMO

I FATTI E GLI ATTI GIURIDICI. PRESCRIZIONE E DECADENZA

1. DEFINIZIONE DEI FATTI GIURIDICI

Fatti giuridici sono gli accadimenti cui l'ordinamento ricollega la *costituzione, la modificazione* e l'*estinzione dei rapporti giuridici.*

Occorre distinguere fra:

— *fattispecie astratta:* è la situazione tipo cui il legislatore si riferisce nel dettare precetti e divieti;
— *fattispecie concreta:* è il fatto concreto che viene raffrontato con la fattispecie astratta.

Il fatto che determina la nascita del diritto ne costituisce il *titolo.* Al riguardo si distingue tra:

— *acquisto a titolo originario:* l'acquisto del diritto è indipendente dal diritto di un precedente titolare;
— *acquisto a titolo derivativo:* il diritto si collega all'esistenza di un precedente titolare da cui è trasferito.

La trasmissione della titolarità di un diritto da una persona all'altra è detta **successione:** essa può essere *particolare* (se concerne un solo rapporto) o *universale* (se concerne l'intera posizione giuridica patrimoniale), e può essere *per atto tra vivi* o *mortis causa.*

2. CLASSIFICAZIONE DEI FATTI GIURIDICI

I fatti giuridici si distinguono in:

— *fatti giuridici in senso stretto:* sono quei fatti in cui manca del tutto la volontà dell'uomo, anche se concernono la sua persona (ad es.: nascita, morte);
— *atti giuridici* (o atti umani): sono caratterizzati da un'attività umana consapevole cui l'ordinamento attribuisce il potere di modificare la realtà esterna.

3. Segue: ATTI E NEGOZI GIURIDICI

Gli atti giuridici, innanzitutto, si distinguono in:

— *atti leciti:* se non contrastano con l'ordinamento;
— *atti illeciti:* se, invece, contrastano con esso.

Autore : dott. Silvio Li Donni - www.lulu.com

I fatti e gli atti giuridici. Prescrizione e decadenza   41

Ancora, in relazione al rapporto intercorrente tra la volontà dei soggetti agenti e le conseguenze giuridiche dell'atto, gli atti giuridici si distinguono in:

— **atti giuridici in senso stretto** (o *meri giuridici):* sono tali quei comportamenti consapevoli e volontari i cui effetti sono determinati dalla legge, indipendentemente dalla volontà dell'autore.

Gli atti giuridici in senso stretto si suddividono in:

— *atti materiali* (o operazioni) che consistono in una modificazione materiale del mondo esterno (ad es.: la scoperta di un tesoro);

— *dichiarazioni di scienza,* che hanno lo scopo di informare o intimare;

— **negozi giuridici:** sono quegli atti, consapevoli e volontari, le cui conseguenze giuridiche sono volute e determinate dai soggetti agenti, nel limite del rispetto delle norme imperative.

4. LO SPAZIO E IL TEMPO E LA LORO INFLUENZA SUI RAPPORTI GIURIDICI

Il **tempo** e lo **spazio** rappresentano concetti di relazione dei quali ci serviamo per individuare le vicende umane. Essi vanno considerati come modi di essere dei fatti giuridici.

Il luogo costituisce la dimensione spaziale in cui un fatto giuridico si colloca.

Il tempo può rilevare come periodo che intercorre tra due momenti *(durata)* o come momento nel quale una situazione giuridica nasce, si modifica e si estingue *(data).*

Il computo del tempo avviene sulla base del calendario comune.

Nel computo non si calcola il giorno iniziale, ma si calcola il giorno finale.

Il *tempo utile* è quello fuori del quale non è possibile esercitare un diritto o compiere un atto giuridico: in esso non si computano i giorni festivi.

Il *tempo continuo* è comprensivo anche dei giorni festivi: tuttavia, se il giorno di scadenza è festivo, il termine si proroga al primo giorno successivo non festivo.

Il decorso di un determinato periodo di tempo, unitamente ad altre circostanze, può determinare:

— acquisto di un diritto (o usucapione);

— estinzione di un diritto *(prescrizione);*

— perdita di un *potere (decadenza).*

Premesso che l'usucapione è disciplinata tra i modi di acquisto a titolo originario della proprietà, esaminiamo gli istituti della prescrizione e della decadenza.

5. LA PRESCRIZIONE

A norma dell'art. 2934 «ogni diritto si estingue per prescrizione quando il titolare non lo esercita per un periodo di tempo determinato dalla legge».

Sono, tuttavia, imprescrittibili, i diritti indisponibili (ad es.: diritti della personalità) o che rispondono ad un interesse generale (ad es.: il diritto di proprietà).

Autore : dott. Silvio Li Donni - www.lulu.com

42   Capitolo Settimo

Presupposti dell'istituto sono:

— un *diritto soggettivo* che può essere esercitato;
— il *mancato esercizio* di tale diritto;
— il *decorso del tempo* previsto dalla legge.

Il fondamento di questo istituto è sicuramente ravvisabile nella esigenza di certezza del diritto.

Considerato tale fondamento, la prescrizione è un istituto di ordine pubblico e la sua disciplina è inderogabile: le parti non possono, pertanto, rinunciare alla prescrizione prima che essa sia compiuta.

Quanto alla durata, occorre distinguere tra:

— *prescrizione ordinaria:* si realizza col decorso di 10 anni ed è applicabile a tutti gli istituti per i quali la legge non disponga diversamente;
— *prescrizione dei diritti reali su cosa altrui:* si realizza col decorso di 20 anni;
— *prescrizioni brevi:* si realizzano col decorso di un periodo di tempo più breve dei dieci anni (ad es.: in cinque anni si prescrive il diritto di credito per le pigioni e i titoli).

Anche per i diritti con prescrizione breve, l'azione diretta all'esecuzione del giudicato (*actio iudicati)* è soggetta al termine ordinario di 10 anni (art. 2953).

La prescrizione *presuntiva* si verifica quando la legge presume che, decorso un dato periodo di tempo, il diritto si sia estinto.

Unica possibilità per il creditore al quale essa è stata opposta in giudizio è quella di deferire al debitore il giuramento decisorio, invitandolo a confermare, sotto giuramento, che l'obbligazione è estinta.

Sono soggetti a prescrizione presuntiva, innanzitutto, gli emolumenti dovuti ai liberi professionisti.

La norma intende tutelare il debitore nei casi in cui, in considerazione dell'esiguità del debito o del rapporto di fiducia che intercorre tra le parti (si pensi al rapporto tra medico e paziente), egli non si faccia rilasciare dal creditore una quietanza di pagamento.

Il termine di prescrizione comincia a decorrere dal giorno in cui il diritto può essere fatto valere.

6. Segue: LA SOSPENSIONE E L'INTERRUZIONE DELLA PRESCRIZIONE

a) La prescrizione presuppone un'*inerzia ingiustificata* del titolare del diritto; se, invece, il mancato esercizio è giustificato si ha **sospensione** della prescrizione: giustificata è, però, soltanto l'inerzia determinata da situazioni espressamente previste dalla legge concernenti o la situazione soggettiva del titolare (minore, interdetto etc.) o i particolari rapporti tra le parti interessate.
Per effetto della sospensione, il periodo in cui perdura la causa impeditiva dell'esercizio del diritto non viene computato ai fini del periodo prescrizionale.

b) Si ha invece **interruzione** della prescrizione quando l'inerzia del titolare del diritto viene a mancare: o perché compie un atto col quale esercita il suo diritto

Autore : dott. Silvio Li Donni - www.lulu.com

I fatti e gli atti giuridici. Prescrizione e decadenza   43

oppure perché il diritto stesso viene riconosciuto dal soggetto passivo del rapporto.

L'effetto è che solo dal momento dell'interruzione decorre eventualmente un nuovo periodo prescrizionale, a nulla rilevando il periodo già trascorso (art. 2945).

7. LA DECADENZA

È un istituto anche esso fondato sul decorso del tempo al pari della prescrizione, rispetto alla quale si pongono, altresì, delicati problemi di distinzione.

La decadenza può definirsi come perdita della possibilità di esercitare un diritto per il mancato compimento di un'attività o di un atto nel termine perentorio previsto dalla legge.

Nella prescrizione il decorso del tempo porta, a vantaggio di un altro titolare, la perdita di un diritto già acquistato ma non esercitato per un certo tempo.

Nella decadenza, poiché ci si riferisce al compimento di un'attività che il soggetto deve svolgere entro un dato termine, il decorso del tempo porta impedimento all'esercizio del relativo potere da parte del suo titolare.

Il tempo si guarda, dunque, nella decadenza, come distanza, cioè l'atto deve essere esercitato entro un certo tempo, a non troppa distanza dal fatto che ne è a fondamento; mentre nella prescrizione il tempo si guarda come durata, e le conseguenze derivano dal fatto che l'inerzia abbia avuto una certa durata.

Nella decadenza, dunque, rileva, non già il fatto soggettivo dell'inerzia del titolare, ma il fatto oggettivo del mancato compimento di quanto prescritto nel tempo previsto e, dunque, il *mancato adempimento di un onere*.

Il carattere oggettivo della **decadenza** giustifica la non applicabilità alla stessa degli istituti della sospensione ed interruzione, fondati, come visto, sulla situazione soggettiva del titolare.

La decadenza può essere:

— *legale*: quando è stabilita dalla legge;

— *convenzionale:* quando è stabilita dalla volontà privata.

┌── *Differenze tra decadenza e prescrizione* ──────────────────────

Le principali differenze tra decadenza e prescrizione sono:

a) nella *prescrizione* si ha riguardo alle *condizioni soggettive* del titolare del diritto, mentre nella *decadenza* si ha riguardo solo al *fatto obiettivo* del mancato esercizio del diritto per cui non trova applicazione la *sospensione* e l'*interruzione*;

b) la *prescrizione* ha la sua unica *fonte nella legge*, le cui norme sono inderogabili, mentre la *decadenza* può anche essere stabilita dalla *volontà delle parti*;

c) la *prescrizione* comporta la perdita di un diritto che era nella sfera del soggetto, mentre la *decadenza* impedisce l'acquisto di un nuovo diritto e, cioè, comporta la perdita della possibilità di acquistarlo.

Dalla diversità degli istituti deriva che uno stesso *diritto* che è esposto a decadenza può essere, in un secondo momento, soggetto a prescrizione (v. art. 1495).

CAPITOLO OTTAVO

IL NEGOZIO GIURIDICO E LA RAPPRESENTANZA

1. IL NEGOZIO GIURIDICO E L'AUTONOMIA NEGOZIALE

Il **negozio giuridico** è ogni manifestazione di volontà diretta alla costituzione, modificazione o estinzione di una situazione giuridicamente rilevante.

Ogni soggetto può curare i propri interessi attraverso atti e negozi giuridici: attraverso essi si realizza l'autonomia dei soggetti.

Il concetto di **autonomia negoziale** ha una valenza positiva di realizzazione della libertà individuale, ed una valenza negativa, nella misura in cui il soggetto rimane vincolato alle conseguenze del proprio agire.

L'autonomia «privata» contrattuale o negoziale, cioè riferita ai contratti o agli atti unilaterali, spetta non solo ai singoli, ossia appunto ai «privati», ma anche agli enti pubblici quando agiscono negli ambiti e secondo le regole del diritto privato, sia pure per perseguire scopi di interesse pubblico.

Il contenuto di libertà di tale autonomia, che si ricollega al principio costituzionale della libertà di iniziativa economica (art. 41 Cost.) e risponde alle esigenze di speditezza dei traffici commerciali, da un lato è compresso dalla imposizione di numerosi e penetranti vincoli da parte dalla legge per prevalenti interessi di carattere sociale (si pensi alla legislazione in materia di locazione di immobili urbani, dove i vincoli sono dettati a tutela del contraente più debole), dall'altro concede un'ampia gamma di facoltà ai privati.

In sostanza, ai privati compete:

— la libertà di compiere o meno il negozio (eccetto il caso dell'obbligo legale di contrarre);
— la libertà di compiere negozi non appartenenti alle categorie previste dalla legge (cd. negozi atipici o innominati) purché siano diretti a realizzare interessi meritevoli di tutela secondo l'ordinamento giuridico;
— la libertà di determinare il contenuto del negozio;
— la libertà di scegliere la forma da dare al negozio (principio di libertà della forma, non valido tuttavia quando per il negozio sia prescritta dalla legge una determinata forma);
— la libertà di apporre al negozio elementi accidentali (termine, condizione, modo) che ne condizionano la validità o l'efficacia (eccetto che nei cd. *actus legitimi*);
— la libertà di scegliere la persona dell'altro contraente (salvo i casi del diritto o del patto di prelazione);
— la libertà di agire a mezzo di sostituti (tranne che per gli atti personalissimi, che non ammettono rappresentanza).

Autore : dott. Silvio Li Donni - www.lulu.com

Il negozio giuridico   45

2. CLASSIFICAZIONE DEI NEGOZI GIURIDICI

A) Negozi inter vivos e mortis causa

Sono *mortis causa* i negozi della cui efficacia la morte costituisce presupposto. Nel nostro ordinamento è previsto un solo negozio *mortis causa:* il testamento.

Sono *inter vivos,* tutti gli altri negozi che prescindono dal presupposto della morte.

B) Negozi unilaterali, bilaterali, plurilaterali

A seconda del numero delle parti (ossia del numero, non dei soggetti, ma dei *centri di imputazione di interessi* ciascuno dei quali può comprendere più soggetti) distinguiamo:

— *negozi unilaterali*: la dichiarazione proviene da un'unica parte che può essere unipersonale (testamento) o pluripersonale;

— *negozi bilaterali*: le dichiarazioni di volontà provengono da due parti distinte (contratto di mandato);

— *negozi plurilaterali*: le dichiarazioni di volontà provengono da più parti distinte (contratto di società).

C) Negozi solenni e non solenni

In relazione alla forma si distingue tra:

— *negozi solenni*: sono quelli per la cui validità è richiesta una forma determinata;

— *negozi non solenni*: sono quelli per i quali è sufficiente una forma qualsiasi di manifestazione, vigendo il principio della libertà della forma.

D) Negozi gratuiti ed onerosi

In relazione al corrispettivo si distingue tra:

— *negozi gratuiti*: sono tali quelli diretti ad incrementare il patrimonio altrui senza corrispettivo;

— *negozi onerosi*: sono quelli nei quali, all'attribuzione a favore di un soggetto faccia riscontro un corrispettivo a carico dello stesso.

E) Negozi di ordinaria e straordinaria amministrazione

I *negozi di ordinaria amministrazione* sono quelli che non intaccano la consistenza del patrimonio.

I *negozi di straordinaria amministrazione* sono quelli che incidono, mutandola, sulla consistenza giuridica ed economica del patrimonio.

3. ELEMENTI DEL NEGOZIO GIURIDICO

Tradizionalmente, gli elementi del negozio si distinguono in:

— **elementi essenziali**, indispensabili per l'esistenza di ogni negozio; se ne manca uno il negozio non vale. Essi sono: uno o più soggetti; la volontà; una forma di manifestazione della volontà; la causa. Essi devono riscontrarsi in ogni negozio,

Autore : dott. Silvio Li Donni - www.lulu.com

46   Capitolo Ottavo

mentre altri sono richiesti per alcuni soltanto, come ad esempio per i negozi patrimoniali è essenziale l'oggetto;
— **elementi naturali**: sono previsti dalla legge per determinati negozi al fine di completarne la disciplina. Si tratta dunque di effetti giuridici che derivano dalla natura del negozio e che possono essere limitati o esclusi dalle parti;
— **elementi accidentali**: sono quegli elementi che, in ossequio all'autonomia negoziale, possono essere liberamente apposti dalle parti: essi non incidono sul piano della completezza dell'atto ma ne condizionano l'efficacia e sono il *termine*, la *condizione* e il *modo*.

Per quanto concerne il contenuto del negozio, esso può essere il più vario.

4. IL SOGGETTO E LA PARTE

Il negozio giuridico è espressione della volontà di una o più **parti**: parte, come detto, non è il singolo soggetto, ma ciascun centro di interessi.

Ciascun centro di interessi può essere semplice o unipersonale (comprendere, cioè, un solo soggetto), o complesso o pluripersonale (comprensivo, cioè di più soggetti).

Nell'ambito di tale categoria si distinguono le seguenti figure:

— **atto collettivo**: in esso le dichiarazioni di volontà, provenienti da più persone (costituenti un'unica parte), e tendenti ad un unico effetto giuridico, si fondono in un atto pur rimanendo all'interno, distinte e discernibili (ad es.: la *delibera di un condominio*);
— **atto collegiale**: in esso le dichiarazioni di volontà, provenienti da più persone si fondono e formano la volontà di un soggetto diverso (ad. es.: *deliberazione di una società per azioni*);
— **atto complesso**: in esso più manifestazioni di volontà aventi lo stesso contenuto ed espressione di un unico interesse si fondono in una sola volontà unitaria.

Ogni negozio giuridico ha una parte in senso formale con la quale si indica l'autore del negozio ed una parte in senso sostanziale che designa il destinatario degli effetti di quel negozio. Normalmente le due parti coincidono. Ci sono dei casi però in cui al soggetto interessato si affianca o si sostituisce un'altra persona.

Si parla di **cooperazione** quando il soggetto che si affianca resta estraneo al rapporto che si costituisce, non diventa cioè parte.

Si parla invece di **sostituzione** quando un soggetto ha il potere di sostituirsi ad un altro nel compimento di un negozio divenendo parte del negozio stesso ma rimanendo estraneo agli effetti che da questo scaturiscono.

5. LA RAPPRESENTANZA

L'ipotesi di sostituzione di maggiore rilievo è la **rappresentanza**: essa può definirsi come l'istituto per cui gli effetti giuridici dell'atto di volontà di un soggetto (**rappresentante**) cadono nella sfera giuridica del **rappresentato**. Rappresentante è infatti colui che ha il potere di agire in nome e per conto del rappresentato. Chi, come rappresentante di un altro soggetto, pone in essere un negozio, il c.d. *negozio rappresentativo*, rimane estraneo alle conseguenze dell'atto da lui legittimamente compiuto in forza del potere riconosciutogli.

Autore : dott. Silvio Li Donni - www.lulu.com

Il negozio giuridico   47

Non tutti i negozi possono essere compiuti per rappresentanza; essa è ammessa nell'ambito del diritto patrimoniale, mentre è esclusa per i c.d. *atti personalissimi*, ad esempio per il testamento. È importante distinguere la vera rappresentanza da una situazione che ha con essa qualche analogia e che si chiama rappresentanza indiretta o impropria.

La vera rappresentanza si manifesta anche nei rapporti tra il rappresentante e i terzi con i quali il rappresentante viene a contrarre, e dunque deve essere espressa.

L'attività del rappresentante va distinta da quella del semplice messo o *nuncius*, ossia dal mero portavoce della *volontà altrui* (si pensi al matrimonio per procura celebrato qualora uno degli sposi risieda all'estero e concorrano gravi motivi). Ciò perché il rappresentante, sebbene agisca nell'interesse altrui, esprime comunque la *propria volontà* quando entra in contatto con i terzi.

La c.d. **rappresentanza indiretta**, invece, non si manifesta ai terzi e quindi non è rappresentanza; essa ha rilievo soltanto tra il *dominus* e chi agisce per lui.

In questa ipotesi il rappresentante agisce per conto e non in nome del *dominus*, che rimane in «disparte». Pertanto egli acquista diritti e assume obbligazioni che ricadono nella sua sfera giuridica, avendo però agito nell'interesse del *dominus*.

Si viene pertanto a costituire un fenomeno di interposizione di persona, la c.d. **interposizione reale**.

Il potere di rappresentanza può trovare la sua fonte nella legge, e si parla in questo caso di **rappresentanza legale** (tale è quella degli incapaci o delle persone giuridiche), oppure nella volontà del *dominus*, per mezzo di un negozio giuridico che è la procura.

La **procura** attribuisce un potere al rappresentante; quest'ultimo agendo in nome e per conto del rappresentato lo può impegnare nei confronti di altri soggetti. La procura è quindi atto unilaterale, rivolto ai terzi, costitutivo di poteri con i quali una persona conferisce ad un'altra il potere di rappresentarla.

La procura, inoltre, non va confusa con il **mandato** che è un atto bilaterale, cioè un contratto.

Non è sempre necessario che la procura risulti da un documento: essa può essere anche tacita, cioè desumibile dalle mansioni che si fanno svolgere al rappresentante.

Nell'ipotesi che il rappresentante agisca eccedendo i limiti della procura, o in assenza della stessa (*falsus procurator*) o abbia fatto un cattivo uso del potere conferitogli l'attività da lui compiuta non vincola in alcun modo il rappresentato, piuttosto il rappresentante è tenuto a risarcire i danni che un terzo contraente abbia sofferto per aver confidato nella validità del contratto.

Tuttavia il *dominus* o rappresentato può sanare con una *ratifica* l'atto compiuto senza potere in suo nome.

La procura si distingue in:

1) *speciale*, quando riguarda un affare o soltanto una speciale categoria di affari;
2) *generale*, quando si estende a tutti gli affari del rappresentato e comprende i soli atti di ordinaria amministrazione;

Autore : dott. Silvio Li Donni - www.lulu.com

48   Capitolo Ottavo

3) *espressa*, quando è richiesta dalla legge, necessaria per compiere gli atti eccedenti l'ordinaria amministrazione.

Il *dominus* nel dare la procura deve essere capace di agire, mentre per il rappresentante, quando agisce per il rappresentato, è necessaria e sufficiente la capacità di intendere e di volere.

Poiché il rappresentante agisce a vantaggio del rappresentato, il negozio stipulato dal rappresentante in conflitto d'interesse con il rappresentato è annullabile su richiesta di quest'ultimo.

Il rappresentante non può sostituire altri a sé nell'esercizio del suo potere, per il principio *delegata potestas non potest delegari*, ma non è escluso che il rappresentante si giovi di terzi, fermo restando che chi si giova di altri risponde del loro operato.

La procura è di regola revocabile da colui che l'ha conferita; tra le cause di estinzione del potere di rappresentanza ricordiamo la morte del procuratore oppure del rappresentante, e la rinuncia dello stesso procuratore.

TERMINI

Autonomia negoziale: l'autonomia negoziale è una specificazione del più generale *principio dell'autonomia privata*: essa è il potere che l'ordinamento riconosce ai privati di auto-regolamentare i propri interessi personali e patrimoniali mediante negozi giuridici (art. 1322 c.c.).

I limiti entro i quali l'autonomia negoziale è riconosciuta dal nostro ordinamento sono: il rispetto delle norme imperative, dell'ordine pubblico e del buon costume.

La libertà di concludere contratti atipici, oltre ad essere limitata dal rispetto delle norme imperative, di ordine pubblico e del buon costume, incontra il limite della rispondenza

Autore : dott. Silvio Li Donni - www.lulu.com

Il negozio giuridico   49

dell'atto negoziale alle finalità dell'ordinamento, vale a dire il negozio atipico deve perseguire interessi che sono meritevoli di essere tutelati dall'ordinamento giuridico.

Limiti all'autonomia negoziale sono costituiti dai *contratti per adesione*, in cui il contenuto è stabilito da una sola delle parti, nonché dall'*obbligo a contrarre* per chi agisce in regime di monopolio.

Interposizione di persona: l'interposizione di persona si ha quando un soggetto *appare* o è *titolare* di una situazione giuridica, mentre in realtà tale situazione è in titolarità di un altro soggetto o a questi è, in ultimo, destinata.

• interposizione di persona fittizia

Consegue ad una *simulazione relativa soggettiva*.

Essa consiste nell'attribuzione della qualità di parte ad un soggetto estraneo al negozio che si stipula. L'interposto si limita unicamente a prestare il proprio nome mentre titolare del rapporto giuridico è, sul piano sostanziale, un soggetto diverso. È il caso di chi non volendo, per ragioni fiscali, apparire acquirente di un immobile si accordi con il venditore per fare apparire che l'acquisto è stato fatto da un terzo.

• interposizione di persona reale

Tale fattispecie viene inquadrata nella *rappresentanza indiretta* e si verifica quando una *persona agisce per conto di altra*, ma in *nome proprio*, divenendo, pertanto, titolare in proprio del rapporto conseguente al contratto stipulato, con l'obbligo giuridico di trasferire tale posizione a colui per conto del quale ha agito.

Ne consegue che nella interposizione di persona reale l'interposto, stipulando in prima persona il contratto, è parte sia in senso formale che sostanziale dello stesso. L'accordo con l'interponente, in tal caso, ha per oggetto l'obbligo di ritrasferimento.

CAPITOLO NONO

GLI ELEMENTI ESSENZIALI DEL NEGOZIO GIURIDICO

1. LA VOLONTÀ

La volontà è il *quid* essenziale che dà vita al negozio. Una volontà che rimanga all'interno dell'animo del soggetto non è rilevante per il diritto, che regola le relazioni tra gli uomini: occorre che essa venga portata all'esterno, dichiarata ad altri individui.

La legge mira a che il processo di formazione della volontà e quello di manifestazione esterna siano tenuti lontani da elementi perturbatori e quindi la dichiarazione dovrebbe rappresentare ciò che è stato voluto.

In molti casi in cui tale corrispondenza non si trova la legge reagisce con l'invalidità del negozio. Ciò accade in tre diverse ipotesi, e cioè:

— la *mancanza di volontà*: la dichiarazione è emessa senza che esista la volontà del soggetto, ad esempio nel caso della violenza assoluta (forma di costrizione fisica a dichiarare);

— *divergenza tra volontà e dichiarazione*: vi è una volontà, ma non corrisponde a quella dichiarata; si pensi all'errore ostativo (l'errore si ha quando per distrazione, o per ignoranza del significato delle parole di una lingua straniera o altro, il soggetto dice una cosa mentre ne voleva dire un'altra);

— *vizi della volontà*: la dichiarazione corrisponde alla volontà, ma questa si è formata in maniera anormale per effetto di elementi perturbatori.

2. CASI DI MANCANZA DI VOLONTÀ

Perché un soggetto sia considerato responsabile delle conseguenze della propria dichiarazione occorre, che, quanto meno, vi sia una volontà della dichiarazione. Ciò non accade nelle ipotesi di:

A) Dichiarazioni non serie

Si tratta delle dichiarazioni fatte a scopo didattico (*docendi causa*) o per scherzo (*ioci causa*): chi le recepisce è in grado di rendersi conto della totale mancanza di volontà.

B) Violenza fisica

La violenza fisica ricorre quando un soggetto emette una manifestazione di volontà negoziale perché costrettovi materialmente a viva forza da un altro soggetto. Un negozio così concluso è radicalmente nullo.

Autore : dott. Silvio Li Donni - www.lulu.com

Gli elementi essenziali del negozio giuridico   51

3. CASI DI DIVERGENZA TRA VOLONTÀ E DICHIARAZIONE

A) Dissenso

Tale forma di divergenza si verifica quando, a causa del fraintendimento delle dichiarazioni di una parte, la controparte aderisce solo apparentemente senza che in realtà si sia avuto alcun incontro di volontà. Occorre distinguere:

— se il fraintendimento non impedisce una parvenza di accordo, si avrà *errore ostativo ed annullabilità;*

— se la gravità del malinteso è tale da impedire la formazione del consenso, si *avrà nullità radicale.*

B) Riserva mentale

Il soggetto intenzionalmente dichiara cosa diversa da quella voluta, senza alcuna intesa con il destinatario: poiché la divergenza non è manifestata, il negozio è *valido* ed *efficace.*

C) Simulazione

Si ha simulazione quando le dichiarazioni delle parti non corrispondono a ciò che esse effettivamente vogliono. Il contrasto tra quanto si vuole e quanto si dichiara è conosciuto e voluto concordemente dai soggetti partecipanti al negozio, il c.d. **accordo simulatorio.**

Dunque nella simulazione più che divergenza tra ciò che si dichiara e ciò che si vuole, c'è divergenza tra l'apparenza creata concordemente dalla volontà dei contraenti ed il diverso nascosto volere dei soggetti.

Si vuole l'atto apparente ma non si vogliono i suoi effetti come risulta dal vero accordo delle parti che resta segreto.

Spesso la vera intenzione delle parti risulta da controindicazioni rilasciate alla conclusione del negozio apparente.

Vi sono due specie di simulazione:

1) **simulazione relativa**, e cioè quando le parti dichiarano di volere un negozio, il c.d. *negozio simulato,* mentre in realtà ne vogliono un altro, il c.d. *negozio dissimulato;*

2) **simulazione assoluta**, si ha quando, invece, le parti dichiarano di volere un negozio, mentre in realtà non ne vogliono alcuno.

Una particolare forma di simulazione relativa si riferisce ai soggetti, ed è la **simulazione di persona**, che serve a nascondere la vera persona con la quale si vuole contrattare. Caratteristico è pertanto l'accordo simulatorio tra tre persone, la terza è solo un prestanome, con la quale si fa apparire di volersi obbligare, è semplicemente un «uomo di paglia». Il fenomeno viene denominato **interposizione fittizia di persona**, in quanto il prestanome non assume, nei rapporti tra le parti, alcuna obbligazione.

Tale fenomeno si distingue dall'interposizione reale di persona, chiamata anche **rappresentanza indiretta.**

Autore : dott. Silvio Li Donni - www.lulu.com

52   Capitolo Nono

La simulazione produce particolare effetti giuridici sia rispetto alle parti sia rispetto a terzi estranei al negozio simulato.

Fra le parti vale la regola per cui produce effetti giuridici ciò che si è realmente e non fittiziamente voluto. Per tanto se la simulazione è assoluta il negozio non produce alcun effetto tra le parti; se la simulazione è relativa avrà valore giuridico il negozio dissimulato, se risponde ai requisiti essenziali di sostanza (cioè non proibiti) e di forma richiesti dalla legge.

Di fronte ai terzi:

a)   il terzo che abbia a ricevere pregiudizio dalla simulazione può invocare nei confronti delle parti la circostanza che il contratto è simulato, e dunque avvantaggiarsi del contratto effettivamente voluto che viene tratto fuori dall'ombra;

b)   per quanto riguarda i terzi che hanno acquistato diritti dal titolare apparente, cioè da chi ha finto di acquistare, la legge tutela il terzo che abbia contratto in buona fede, facendo salvo il suo acquisto.

Inoltre, sempre relativamente agli effetti della simulazione:

— nei confronti dei *creditori delle parti*: i creditori del simulato alienante hanno interesse a provare la simulazione che sottrae il bene alla loro garanzia patrimoniale. Essi, dunque, sono ammessi a farla valere nei confronti delle parti;

— i *creditori del simulato acquirente* hanno interesse a che la simulazione non venga alla luce e ad essi le parti non possono opporre la simulazione quando abbiano già compiuto, in buona fede, gli atti di esecuzione sul bene oggetto del contratto simulato;

— si ha *conflitto tra creditori* quando i creditori del simulato alienante e del simulato acquirente vogliono entrambi soddisfarsi sui beni oggetto del contratto simulato. In tal caso la legge tutela: i *creditori del simulato alienante* quando il loro credito è anteriore all'atto simulato; i *creditori del simulato acquirente* quando il credito dei creditori del simulato alienante è successivo alla simulazione, oppure quando sono creditori assistiti da una causa di prelazione (art. 1416).

4.   CASI DI VIZI DELLA VOLONTÀ

Va precisato che in tali ipotesi, la volontà non manca, né è difforme dalla dichiarazione, ma nasce viziata per la presenza di elementi perturbatori indicati tradizionalmente nell'*errore*, nella *violenza* e nel *dolo*.

Il negozio così viziato è *annullabile*.

A) L'errore (artt. 1428-1433)

L'**errore** costituisce una *falsa rappresentazione della realtà*: ad esso è equiparata l'ignoranza.

L'errore può essere di due specie:

— *errore ostativo*: esso, cadendo sulla trasmissione della dichiarazione, è piuttosto un'ipotesi di divergenza tra volontà e dichiarazione;

Autore : dott. Silvio Li Donni - www.lulu.com

Gli elementi essenziali del negozio giuridico   53

— *errore vizio*: è quello che incide sul processo formativo della volontà, in quanto la falsa conoscenza della realtà induce un soggetto a stipulare il negozio. L'*errore vizio* può ricadere su di una circostanza di fatto o su di una circostanza di diritto per cui si distingue in *errore di fatto* ed *errore di diritto*.

L'errore di diritto «non può essere invocato per sottrarsi al comando della legge, ma per annullare gli effetti giuridici del negozio stesso» (ad es. quando si acquista un suolo nella convinzione della sua edificabilità).

L'errore è causa di annullamento del negozio quando sia essenziale e riconoscibile.

L'errore di fatto è **essenziale** quando cade: sulla natura o sull'oggetto del negozio; sull'identità dell'oggetto della prestazione; sull'identità o qualità determinati della persona (ad esempio quando si pensava di dare in locazione ed invece si sottoscriveva un contratto di vendita).

Non è essenziale l'errore sui motivi, salvo che nel testamento e nella donazione e sempreché si tratti di motivo unico e determinante.

L'errore di calcolo non dà luogo all'annullamento del negozio ma solo a rettifica salvo, che concretandosi in un errore, sulla quantità, non sia stato determinante per il consenso.

L'errore di diritto è essenziale quando sia stato la ragione unica e principale del negozio.

Quanto al requisito della riconoscibilità, l'errore si considera **riconoscibile** quando, in relazione al contenuto, alle circostanze o alla qualità dei contraenti, una persona di normale diligenza avrebbe potuto rilevarlo (art. 1431).

Tale requisito risponde alla tutela dell'affidamento incolpevole.

B) La violenza morale (artt. 1434-1439)

La violenza, come vizio del volere, e cioè la violenza morale, consiste nella minaccia che induce a volere per timore. Parlando della divergenza tra ciò che si dichiara e ciò che si vuole, la violenza fisica o assoluta è causa di nullità del negozio giuridico, perché la coazione esclude la volontà, influendo direttamente sulla manifestazione. Invece nella violenza morale il processo formativo della volontà si altera sotto l'influsso di una minaccia e ne risulta una volontà non libera e perciò difettosa. L'atto compiuto sotto minaccia sarà pur sempre voluto e quindi sarà annullabile e non nullo. Perché si abbia il vizio di violenza occorre un soggetto attivo che eserciti la minaccia ad uno scopo preciso. La minaccia deve essere di tale gravità da far temere ad una determinata persona che essa, conseguendo l'impostazione esporrebbe sé o i suoi beni ad un male ingiusto e notevole.

Perché la violenza morale sia causa di annullamento occorre che il male sia:

a) **ingiusto**, cioè antigiuridico, cioè un male che un soggetto può infliggere soltanto ponendosi contro la legge per conseguire vantaggi ingiusti;

b) **notevole**, ed in questo caso la gravità del male si valuta secondo un duplice criterio, e cioè danno minacciato alle persone o alle cose (elemento oggettivo); valutazione che ne fa la persona che subisce la violenza (elemento soggettivo).

Autore : dott. Silvio Li Donni - www.lulu.com

54   Capitolo Nono

C) Il dolo (artt. 1433-1440)

È **dolo** ogni *artificio o raggiro* con cui un soggetto (*deceptor*) induce un altro soggetto (*deceptus*) in errore, ingannandolo e determinandolo a porre in essere un negozio che, altrimenti, non sarebbe stato concluso o lo sarebbe stato a condizioni differenti.

È causa di annullamento ogni errore indotto dal dolo: ciò spiega la previsione di questo vizio del volere accanto alla disciplina dell'errore che è causa di annullamento solo nei casi espressamente previsti.

Vizia il negozio soltanto il *dolus* c.d. *malus* e non anche la normale esaltazione pubblicitaria (c.d. *dolus bonus*) della propria merce.

Inoltre, è causa di annullamento soltanto il c.d. *dolus causam dans,* ossia il dolo che abbia determinato il soggetto a concludere un negozio che, altrimenti, non avrebbe voluto; il c.d. *dolus incidens* che, semplicemente, induca il soggetto a stipulare a condizioni più gravose di quelle volute è soltanto causa dell'obbligo di risarcimento del danno da parte del contraente in mala fede. Quanto al cd. *dolo omissivo* o reticenza, esso può rilevare quale causa di annullamento del contratto solo se l'inerzia del soggetto reticente si inserisce in una condotta complessiva più ampia, preordinata con malizia o astuzia a realizzare un inganno a danno della controparte.

Il dolo per essere rilevante ai fini dell'annullamento:

1) deve essere determinante: cioè tale che senza di esso l'altra parte non avrebbe contrattato;

2) deve provenire da uno dei contraenti, ovvero qualora provenga da un terzo, deve essere noto alla parte che ne ha tratto vantaggio.

Una disciplina particolare è dettata in materia di tutela del consumatore da pratiche commerciali scorrette poste in essere dall'imprenditore. Gli artt. 21 ss. del Codice del consumo (D.Lgs. 206/2005) sanzionano infatti le pratiche commerciali *ingannevoli*, ossia quelle congegnate in modo tale da indurre in errore il consumatore medio (ad esempio attribuendo ad un dato prodotto qualità o effetti non rispondenti al vero) e le pratiche commerciali *aggressive*, ossia quelle realizzate mediante molestie o coercizione ed idonee perciò a limitare considerevolmente la libertà di scelta del consumatore medio.

5. LA FORMA

È rilevante giuridicamente soltanto la volontà che si sia manifestata: mezzo di manifestazione è la **forma**, elemento essenziale del negozio.

Essa può essere:

— **espressa**: attuata, cioè, con ogni mezzo che renda palese agli altri il nostro pensiero.

Nell'ipotesi in cui la dichiarazione debba essere espressamente ricevuta dal destinatario, si parla di dichiarazione recettizia;

— **tacita (o per fatti concludenti)**: consistente in un comportamento che sarebbe incompatibile, secondo il comune modo di pensare e di agire, con una volontà diversa.

Autore : dott. Silvio Li Donni - www.lulu.com

Gli elementi essenziali del negozio giuridico   55

Nel nostro ordinamento, vige il principio della **libertà della forma**: in alcuni casi, però, l'ordinamento subordina la validità del negozio all'uso di una forma determinata.

La prescrizione di una forma *ad substantiam* (al fine di richiamare l'attenzione del soggetto sulla importanza dell'atto che compie) rappresenta un onere per il dichiarante e la sua inosservanza determina la nullità del negozio.

Esempi di negozi solenni sono: la compravendita di immobili, la donazione, il testamento etc.

In queste ipotesi la legge richiede un *atto pubblico* o una *scrittura privata*.

Talora, invece, la forma scritta è richiesta dalla legge solo per la prova del negozio (*ad probationem*). La mancata osservanza dell'onere non incide sulla validità del negozio ma soltanto sulla possibilità di provarlo: è esclusa, infatti, la prova per testimoni o per presunzioni semplici.

Le parti stesse possono stabilire la necessità di un forma particolare per un negozio che dovranno stipulare: tale forma si intenderà richiesta *ad substantiam*, quando non risulti espressamente che essa è prevista *ad probationem*.

Di regola la volontà del soggetto va esteriorizzata, ossia portata all'esterno affinché sia conoscibile dal destinatario della dichiarazione. Vi sono tuttavia casi in cui anche un contegno di mero silenzio può essere rilevante e dare vita alla costituzione di un negozio giuridico. Ciò avviene quando la legge, la consuetudine o la volontà delle parti attribuiscano al silenzio il significato di dichiarazione negoziale. Anche il principio di correttezza o buona fede nell'esecuzione del contratto può attribuire al silenzio, considerati i rapporti tra le parti, il significato di consenso.

Così, ad esempio, il silenzio del mandante dopo che il mandatario gli abbia comunicato l'esecuzione del mandato va interpretato come approvazione dell'opera del mandatario, anche se quest'ultimo si sia discostato dalle istruzioni ricevute (art. 1712).

Inoltre, è possibile che una consuetudine invalsa tra le parti o un esplicito accordo delle stesse stabilisca che la mancata restituzione della merce spedita equivalga all'accettazione del contratto: se ad esempio una casa editrice è solita spedire le ultime edizioni di una collana ad un cliente e questi è solito acquistarle o rispedirle al mittente entro un dato termine, la mancata restituzione del volume entro il consueto termine va interpretato come accettazione del contratto.

6. LA CAUSA

Il codice elenca all'art. 1325 la causa come uno degli elementi del contratto e quindi del negozio.

Tuttavia non definisce il concetto di **causa**: tradizionalmente e prevalentemente essa si definisce come la *funzione economico-sociale* che il negozio è obiettivamente capace di raggiungere.

Ne deriva, quindi, che la causa è elemento tipico, costante, oggettivo ed impersonale di ogni negozio giuridico: questi caratteri la differenziano dai **motivi** del negozio che rappresentano, invece, gli scopi individuali che determinano il singolo a concludere il negozio, ma che non entrano nel contenuto tipico di questo. Ad es. nella locazione la causa è data dallo scambio tra il godimento di un bene e un corri-

Autore : dott. Silvio Li Donni - www.lulu.com

56   Capitolo Nono

spettivo mentre i motivi possono essere i più diversi (es. il trasferimento da un'altra città).

D'altra parte, mentre la causa è elemento essenziale, i motivi sono generalmente irrilevanti.

L'irrilevanza dei motivi conosce due deroghe:

— l'art. 1345 sancisce la nullità del contratto quando le parti si sono determinate a concluderlo per un motivo illecito comune ad entrambe;
— l'art. 624, 2° comma e l'art. 787 sanciscono l'annullabilità, rispettivamente del testamento e della donazione se essi sono effetto di un errore sul motivo che risulti dall'atto e che sia il solo ad averlo determinato.

La causa è, dunque, requisito essenziale, però, talora, per ottenere maggiori facilità nella circolazione dei diritti, l'elemento causa è svincolato e si viene ad avere un negozio astratto, il quale produce i suoi effetti prescindendo dalla causa (es, cambiale). Ovviamente il negozio astratto non è un negozio al quale siano riconosciuti effetti senza che abbia una causa, la causa viene in rilievo solo eventualmente o successivamente.

La regola è che i negozi sono *causali*: vi sono, tuttavia, dei negozi *astratti*, i cui effetti si producono prescindendosi dalla causa che viene accantonata, pur potendo venire in rilievo successivamente.

Si tratta, però, di ipotesi espressamente previste.

A) Negozi tipici, atipici e misti

Rispetto alle cause si distingue tra:

— *negozi tipici* sono quelli corrispondenti ai *tipi* fissati dalla legge, forniti di una propria *denominazione* (e perciò detti «*nominati*») e di una specifica ed autonoma *disciplina* (es.: vendita, locazione);
— *negozi atipici* (o *innominati*) sono quei negozi posti in essere dai soggetti e non corrispondenti ai tipi previsti e particolarmente disciplinati dalla legge.

In tal caso: devono essere soggetti alle *norme ed ai principi generali* dell'ordinamento (art. 1323), per quanto riguarda sia i requisiti che gli effetti e devono essere diretti a realizzare un *interesse meritevole di tutela* secondo l'ordinamento giuridico (art. 1322, 2° comma).

I *negozi misti* (che costituiscono una categoria dei negozi atipici) sono il risultato della fusione delle *cause di due o più negozi tipici*.

Ad es. nel *contratto di posteggio*, confluisce la *causa della locazione* (per quanto attiene allo spazio occupato dall'auto) e la *causa del deposito* (per quanto attiene all'obbligo di custodia del c.d. posteggiatore).

Motivo di nullità del negozio, al pari della mancanza della causa, è la illiceità della causa.

La causa è illecita quando è contraria a *norme imperative,* all'*ordine pubblico* e al *buon costume*.

Autore : dott. Silvio Li Donni - www.lulu.com

Gli elementi essenziali del negozio giuridico   57

Norme imperative sono quelle norme inderogabili che prevedono come sanzione la nullità del negozio ad esse contrario.

L'*ordine pubblico* è quel complesso di principi fondamentali del nostro ordinamento non necessariamente espressi in norme, ma ricavabili dalle disposizioni inderogabili e della Costituzione.

Il *buon costume* è quel complesso di principi, elastici e non limitati alla sfera sessuale, che costituiscono la morale sociale corrente.

È nullo anche il negozio concluso in **frode alla legge**, cioè il negozio che costituisce il mezzo per eludere una norma imperativa (art. 1344): in questa ipotesi, si assiste all'utilizzo di uno schema contrattuale al fine di pervenire ad un risultato economico concreto, difforme da quello tipico, vietato dalla legge.

All'elemento oggettivo *dell'aggiramento del divieto*, deve accompagnarsi l'*elemento intenzionale*: si avrà allora, nullità del negozio in frode alla legge per illiceità della causa.

TERMINI

Affidamento: è uno dei principi generali del nostro ordinamento ed indica la *preferenza accordata alla buona fede del destinatario di una dichiarazione negoziale che sia viziata nella volontà*. In base a tale principio non può opporsi l'invalidità del negozio a colui che ha fatto legittimo affidamento sulla sua perfezione ed efficacia.

Annullabilità: patologia del negozio giuridico che ricorre nei soli casi espressamente previsti dalla legge. L'azione per farla valere si prescrive in cinque anni.

Buon costume: il buon costume, a differenza dell'ordine pubblico, è un criterio di giudizio la cui nozione si desume dalla realtà sociale e non dall'ordinamento giuridico: ossia va inteso come quel complesso di principi fondamentali di onestà pubblica e privata alla stregua della coscienza sociale.

Norme imperative (o cogenti): sono quelle norme la cui applicazione è imposta dall'ordinamento, prescindendo dalla volontà dei singoli (ad esempio, tutte le norme penali).

Nullità: forma di invalidità del negozio giuridico in conseguenza della quale il negozio non produce effetti né tra le parti, né nei confronti dei terzi. La relativa azione è imprescrittibile.

Ordine pubblico: per ordine pubblico si intende, in diritto civile, il complesso dei principi fondamentali del nostro ordinamento giuridico. Tali principi si rinvengono nella Carta Costituzionale e nelle norme imperative, costituendo i postulati politici, giuridici ed economici essenziali del nostro ordinamento.

CAPITOLO DECIMO

GLI ELEMENTI ACCIDENTALI DEL NEGOZIO

1. L'AUTONOMIA PRIVATA E IL REGOLAMENTO DEL NEGOZIO

In ossequio al principio dell'**autonomia privata** è concesso alle parti di scegliere tra l'utilizzazione di modelli negoziali tipici, disciplinati dal legislatore, ovvero di crearne dei nuovi che siano meritevoli di tutela secondo l'ordinamento giuridico (art. 1322).

Non in ciò solamente si esaurisce l'autonomia dei privati i quali possono, altresì, apporre ai negozi clausole che ne condizionano l'efficacia e che sono dette *elementi accidentali*: essi possono mancare, ma una volta inclusi nel contenuto del negozio, diventano vincolanti ed essenziali.

I principali elementi accidentali sono la *condizione*, il *termine* e il *modus*.

2. LA CONDIZIONE

Si intende per **condizione** un avvenimento *futuro* ed *incerto* al cui verificarsi è subordinato l'inizio o la cessazione dell'efficacia del negozio.

L'evento dedotto in condizione deve essere:

— *futuro*: non possono costituire oggetto di condizione eventi passati o presenti anche nel caso in cui se ne ignori l'accadimento;

— *incerto*: deve essere dubbio se l'evento dedotto in condizione si realizzerà o meno.

Diversa dalla condizione è la *presupposizione* che si ha quando le parti nel concludere un negozio fanno riferimento ad una circostanza esterna, attuale o futura, che senza essere menzionata nel negozio ne costituisce il presupposto oggettivo. L'esempio classico è quello di chi loca un balcone per assistere ad una certa manifestazione. Si discute se questo istituto abbia rilevanza giuridica e quindi comporti l'inefficacia del negozio, nel caso ad esempio che la manifestazione si svolga in una strada diversa. La giurisprudenza tende ad affermare l'inefficacia del negozio quando venga meno il presupposto che ha indotto una parte alla stipulazione purché l'altra parte ne sia a conoscenza.

Rispetto agli effetti distinguiamo tra:

— *condizione sospensiva*: è quella da cui dipende l'inizio di efficacia del negozio;

— *condizione risolutiva*: è quella da cui dipende la cessazione degli effetti del negozio.

Rispetto alla causa produttrice dell'avvenimento tra:

— *condizione causale:* è quella il cui verificarsi dipende dal caso o dalla volontà di terzi (es. se verrà la nave dall'Asia);

Autore : dott. Silvio Li Donni - www.lulu.com

Gli elementi accidentali del negozio   59

— *condizione potestativa:* è quella il cui verificarsi dipende dalla volontà di una delle parti (es. se aprirò un certo stabilimento ti assumerò);

— *condizione mista:* è quella il cui verificarsi dipende, in parte, dalla volontà del terzo o del caso e in parte dalla volontà di una delle due parti (es. se andrà bene l'esame).

Dalla condizione potestativa va tenuta distinta la **condizione meramente potestativa** (es. se vorrò) (l'evento posto in condizione è indifferente per la parte che lo deve compiere) che, se sospensiva, rende il negozio nullo (art. 1355) in quanto dipendente dal mero arbitrio di una parte.

La condizione deve essere **lecita** e **possibile**.

La condizione è illecita quando è contraria a norme imperative, di ordine pubblico e di buon costume (art. 1354): negli atti tra vivi, rende nullo il negozio; negli atti di ultima volontà si ha per non apposta, salvo che sia l'unico motivo determinante.

La condizione (art. 1354) impossibile: negli atti tra vivi se è sospensiva rende nullo il negozio, se è risolutiva si ha per non apposta; negli atti di ultima volontà si ha per non apposta, salvo sia stato l'unico motivo determinate.

Durante lo stato di pendenza, ossia finché dura l'incertezza, se la condizione è sospensiva, il negozio non produce effetti, ma sorge un'aspettativa tutelata dalla legge che autorizza il compimento di atti conservativi.

Se invece si tratta di condizione risolutiva, nel periodo di pendenza il diritto può essere esercitato, ma l'altra parte può compiere atti conservativi in suo favore.

Quando la condizione si verifica, la situazione diviene definitiva con **efficacia retroattiva** per cui:

— se la condizione è sospensiva, gli effetti del negozio si considerano prodotti fin dal momento del suo sorgere;

— se la condizione è risolutiva, gli effetti cadono ex *tunc,* ossia fin dal momento del sorgere del negozio.

Va, infine, ricordato che vi sono dei negozi (c.d. *actus legitimi)* che non tollerano l'apposizione della condizione (matrimonio, i negozi familiari in genere).

3. IL TERMINE

Il **termine** può definirsi come un avvenimento *futuro* e *certo* dal quale le parti fanno dipendere l'inizio o la cessazione di efficacia di un negozio.

Ciò che distingue il termine dalla condizione è il fatto che l'avvenimento futuro, debba essere certo nel suo verificarsi, anche se non nel momento del suo verificarsi.

Si distingue infatti tra *dies certus an et certus* quando (es. 1° gennaio 2010) e *dies certus an et incertus* quando (es. il giorno della morte di Tizio).

Il termine può essere:

— *iniziale:* indicare, cioè, il momento a partire dal quale devono prodursi gli effetti del negozio;

— *finale:* indicare, invece, il momento fino al quale debbono prodursi gli effetti del negozio.

Autore : dott. Silvio Li Donni - www.lulu.com

60   Capitolo Decimo

In ogni caso, la certezza del verificarsi dell'evento fa sì che chi adempia la sua obbligazione prima del termine non può chiederne la restituzione, poiché l'obbligazione esiste ed è perfetta.

Differenze

Dal termine di **efficacia** (elemento accidentale) che è quello da cui si fanno dipendere gli effetti del negozio va tenuto distinto il termine di **scadenza** che è quello che riguarda il momento in cui l'obbligazione deve essere eseguita in presenza di un negozio immediatamente efficace.

---

4. IL MODUS

Il *modus*, o onere, è un peso imposto dall'autore di un atto di liberalità (donazione, legato) a carico del beneficiario. La sua opposizione non modifica gli effetti del negozio, ma ne aggiunge degli altri. Il contenuto della disposizione modale consiste, normalmente, nel destinare parte del vantaggio della liberalità a scopi di pubblica utilità, o a favore di terze persone estranee al negozio, oppure per un interesse cui non corrisponde un destinatario con personalità giuridica, come per esempio in caso di un lascito in favore di un animale.

L'obbligazione assunta come *modus* è un'obbligazione a sé, secondaria rispetto alla liberalità di cui costituisce un limite.

Il beneficiario di una disposizione a titolo particolare (legato o donazione) *sub modo* non è tenuto, nell'esecuzione del suo obbligo, oltre il valore di ciò che ha ricevuto. Chiunque ne abbia interesse può agire per ottenere l'adempimento dell'onere.

Se l'onere non viene adempiuto, di regola l'atto di liberalità non cade, ma gli interessati agiranno per ottenere l'adempimento dell'obbligo in esso contenuto.

Il *modus* impossibile o illecito è nullo, e la disposizione di liberalità rimane valida; però se l'atto di liberalità è fatto per il solo motivo di raggiungere, per mezzo dell'onere, uno scopo illecito o impossibile, cade anche l'atto.

TERMINI

Actus legitimi o negozio puro: sono *negozi (o atti) giuridici puri (actus legitimi)* quei negozi (o atti) che, ad evitare che sorgano incertezze sulla loro esistenza e durata, stante la loro importanza sociale, non ammettono l'apposizione di *elementi accidentali*, quali la *condizione* o il *termine*.

Esempi di actus legitimi sono il matrimonio, il riconoscimento del figlio naturale, l'adozione, l'accettazione e la rinunzia all'eredità.

Taluni negozi tollerano l'apposizione solo di alcune clausole accidentali: ad esempio l'istituzione di erede sopporta la condizione, ma non il termine; alle cambiale è apponibile un termine iniziale, ma con la condizione, il *modus* è applicabile ai soli negozi di liberalità.

CAPITOLO UNDICESIMO

LA PATOLOGIA DEL NEGOZIO GIURIDICO

1. GENERALITÀ E IL PRINCIPIO DI CONSERVAZIONE

L'ordinamento attribuisce valore ai negozi stipulati dai privati se rispettano i limiti che l'ordinamento stesso pone. In particolare la *legge richiede che i negozi giuridici e gli altri atti di autonomia privata presentino determinati elementi o requisiti.*

Se uno di tali elementi (o requisiti) manca o è viziato, il negozio è *difforme dalla legge.*

Conseguenza immediata della difformità dalla legge è che il negozio non *è in grado di produrre i suoi effetti* o, se questi si producono egualmente, non possono permanere, per cui il negozio è **inefficace.**

L'inefficacia viene distinta in *due sottocategorie*:

a) **inefficacia in senso ampio**, che comprende i casi in cui la mancanza di effetti deriva da un *fattore intrinseco*, da un vizio, cioè, che inficia il negozio nella sua stessa struttura o consistenza, il negozio cioè è *manchevole* o *viziato* in uno dei suoi *elementi* o requisiti *essenziali*, nel qual caso si parla di **invalidità** che, a seconda della gravità del difetto o vizio, può assumere l'aspetto della *nullità, annullabilità* o *rescindibilità;*

b) **inefficacia in senso stretto**, che comprende i casi in cui la mancanza di effetti deriva da un *fattore estrinseco*; si tratta di quei casi in cui si ha un negozio esistente, valido ed inoppugnabile, ma che non produce effetti verso tutti o alcuni soggetti soltanto. Ad esempio un negozio sottoposto a condizione sospensiva è perfettamente valido, ma temporaneamente privo di effetti.

Peraltro, l'ordinamento tende ad evitare che l'autonomia negoziale, una volta esercitata, resti improduttiva di effetti, favorendone la conservazione.

Sintomatiche di tale orientamento sono le norme contenute negli artt. 1424 (conversione del negozio nullo), 1444 (convalida), 1419 (nullità parziale), 1367 (interpretazione del contratto).

2. L'INESISTENZA

Si ha inesistenza del negozio quando questo non è semplicemente viziato, ma *manca addirittura di quel «minimum» di elementi necessari per poter essere concepito, qualificato o identificato come «negozio giuridico».*

Ad es. è inesistente, e non soltanto nullo, il matrimonio tra due persone dello stesso sesso.

Autore : dott. Silvio Li Donni - www.lulu.com

62   Capitolo Undicesimo

3. LA NULLITÀ

La forma più grave di invalidità di un negozio è la nullità. Il negozio nullo è come se non fosse mai esistito. La nullità può essere fatta valere da chiunque vi abbia interesse. L'art. 1418 recita così: «l'atto è nullo quando manchi uno dei requisiti essenziali del negozio, oppure quando il negozio sia contrario a norme imperative, o sia comunque illecito».

Le cause che possono determinare la nullità radicale dell'atto giuridico:

1) riguardano i soggetti (mancanza di capacità giuridica);
2) riguardano la volontà (dichiarazione fatta senza intenzione o in mancanza di serietà, violenza fisica, malinteso);
3) riguardano la forma (mancanza della forma richiesta *ad substantiam*);
4) riguardano la causa (causa mancante o illecita);
5) riguardano il contenuto (oggetto mancante, impossibile, illecito).

Più in generale, si può dire che è causa di nullità la *contrarietà del negozio a norme imperative*. Si tenga presente che la nullità, oltre che testuale, cioè espressamente prevista dalla legge, può essere *virtuale*, ossia può desumersi in via interpretativa dal sistema nel suo complesso.

La nullità può inoltre essere *totale*, cioè riguardare l'intero negozio, ovvero *parziale*, ossia riferirsi ad una o più clausole del negozio.

La nullità parziale può essere a sua volta:

— *oggettiva*, quando colpisce una parte del contenuto del negozio; in tal caso, il negozio resta valido quando la clausola invalida viene sostituita di diritto da norma imperativa ovvero quando risulta che le parti avrebbero ugualmente concluso il contratto anche senza quella clausola;
— *soggettiva*, quando nei negozi plurilaterali colpisce il vincolo di una delle parti; in questo caso non vi è nullità dell'intero negozio, salvo che la partecipazione di essa debba considerarsi essenziale.

La nullità presenta determinati caratteri tipici, cioè sempre ricorrenti. Essi sono:

— l'*improduttività di effetti*;
— l'*assolutezza* (di regola, può essere fatta valere da chiunque vi abbia interesse);
— l'*imprescrittibilità* della relativa azione;
— l'*efficacia retroattiva* (*ex tunc*) nei confronti delle parti e dei terzi;
— la *rilevabilità d'ufficio* da parte del giudice;
— l'*insanabilità* (non è ammessa convalida).

Diversa dalla convalida è la *conversione* del negozio nullo, cioè il fenomeno per cui un negozio nullo può produrre gli effetti di un negozio diverso del quale contenga i requisiti di sostanza e di forma, sempre che si possa presumere che le parti avrebbero voluto il diverso negozio se avessero conosciuto la causa di nullità.

La *ratio* della conversione va individuata nel principio di *conservazione* del negozio.

Autore : dott. Silvio Li Donni - www.lulu.com

La patologia del negozio giuridico   63

4. L'ANNULLABILITÀ

L'annullabilità del negozio è l'altro aspetto che può assumere la invalidità del negozio e si ha quando la difformità del negozio dalle regole non sia così grave da giustificare la sanzione di nullità.

L'atto, nel caso dell'annullabilità, esiste e può produrre anche i suoi effetti, ma è data la facoltà ad un soggetto di chiederne l'annullamento eliminandone retroattivamente ogni conseguenza. È una specie di sospensione che si protrae, se il negozio non viene annullato o convalidato, fino a che non sia scaduto il termine di prescrizione per l'azione di annullamento. Dopo tale dato l'atto si considera valido.

L'annullabilità è sanabile. La pendenza può quindi finire con l'annullamento, e l'atto si toglie di mezzo; oppure con la prescrizione dell'azione di annullamento o con la convalida e l'atto rimane pienamente valido ed efficace.

Si tenga presente che i casi di annullabilità sono testuali: l'annullabilità sussiste solo nei casi espressamente previsti dalla legge. L'annullabilità è sancita espressamente quando uno degli elementi del negozio è viziato; inoltre si riscontra riguardo ai soggetti, per incapacità di agire; oppure riguardo alla volontà per vizi del volere.

— Differenze —

I diversi caratteri della **nullità** e dell'**annullabilità** che ora passeremo a descrivere, dipendono dalla circostanza che la prima risponde ad un'esigenza di tutela di un interesse generale dell'ordinamento, la seconda, invece, ad un'esigenza di tutela delle parti contraenti.

La nullità opera *di diritto*, mentre l'annullamento è dichiarato *su domanda* di chi sia legittimato a richiederlo. La nullità può essere invocata da chiunque vi abbia interesse. L'annullamento è, invece, proponibile *dalla sola parte* nel cui interesse è stabilito, la c.d. *annullabilità relativa*, dai suoi rappresentanti o dai suoi eredi.

Ci sono tuttavia alcuni casi di *annullabilità assoluta*, e cioè quando l'annullamento può essere fatto valere da chiunque vi abbia interesse. Ciò avviene sempre per gli atti dell'interdetto legale e per l'annullabilità del testamento ed in qualche ipotesi di annullamento del matrimonio.

L'azione per far dichiarare la nullità è *imprescrittibile*. L'azione di annullamento si *prescrive* invece in 5 anni.

Per la nullità non è ammessa convalida o conferma, mentre sono ammesse per i negozi annullabili.

Ci sono però anche regole comuni alla nullità e all'annullamento, soprattutto nei riguardi della restituzione, infatti tutto quanto sia stato dato in esecuzione di un contratto nullo o annullabile deve essere restituito.

La convalida è il negozio con cui il soggetto legittimato all'azione di annullamento rinuncia al diritto di annullamento in forma espressa o tacita, sanando il negozio.

---

5. LA TUTELA DELL'AFFIDAMENTO

Da sempre i casi in cui si verifica divergenza tra ciò che si dichiara e ciò che si vuole hanno costituito oggetto di interesse e di profondi dibattiti tra i maggiori giuristi. Tra le due tesi estreme, e cioè di chi riteneva opportuno seguire quanto effettivamente dichiarato e di chi invece riteneva opportuno indagare l'intima volontà umana, si erano venute formando delle concezioni di compromesso, e alla volontà taluno aveva sostituito la responsabilità, alla dichiarazione l'affidamento.

Modernamente si tengono distinti alcuni negozi nei quali ha prevalentemente rilievo la ricerca della volontà (il matrimonio, il testamento); come regola, invece, per tutti gli altri negozi il legislatore si è ispirato al principio dell'affidamento.

Per affidamento si intende protezione della buona fede. Oggi il principio della buona fede è diventato generale per il diritto, chi agisce in buona fede affidandosi a quanto appare secondo le altrui manifestazioni deve essere protetto. Ma buona fede non è supina ignoranza, come affidamento non significa cieca fiducia. È salvaguardato solo il terzo che sia stato diligente nell'informarsi.

Ad esempio la tutela dell'affidamento si riscontra nell'acquisto fatto da terzi in buona fede e a titolo oneroso.

6. LA RESCISSIONE (ARTT. 1447-1452)

La rescissione è un istituto che ha la funzione di tutelare gli interessi di persone che hanno posto in essere il negozio a condizioni inique a causa dello stato di pericolo o di bisogno.

Esistono due tipi di rescissione:

1) l'art. 1447 prevede l'ipotesi di chi abbia assunto obbligazioni a condizioni inique per causa di un grave stato di pericolo alla persona, note alla controparte. Ad esempio quando Tizio sta per affogare e promette tutto quello che gli viene chiesto da Caio che lo può salvare;

2) l'art. 1448 prevede l'ipotesi in cui una persona che si trova in stato di bisogno, e l'altra parte ne approfitta per trovare un indebito vantaggio, accetta di concludere un negozio nel quale il valore della sua prestazione superi del doppio il valore della controprestazione. In questo caso si richiedono tre presupposti: lesione obiettiva; abuso; stato di bisogno.

L'azione si prescrive in un anno, passato questo termine la rescissione non è ammessa neppure in via d'eccezione. La pronuncia di rescissione produce effetti equivalenti ad un annullamento e cioè libera dall'obbligo di adempiere le prestazioni non eseguite e far restituire quanto già adempiuto.

Autore : dott. Silvio Li Donni - www.lulu.com

La patologia del negozio giuridico   65

TERMINI

Illegalità del negozio: l'ordinamento giuridico tutela l'*autonomia negoziale*, purché questa non si esprima in negozi illegali, ossia contrari agli *scopi che esso persegue* ed ai *principi morali comunemente accolti*. Difatti, sono colpiti da *nullità* (art. 418 c.c.) e non producono alcun effetto, i negozi contrari a *norme imperative*, all'*ordine pubblico* e al *buon costume*.

Le *norme imperative* sono quelle norme *inderogabili* la cui inosservanza determina, anche quando non sia espressamente prevista, la *nullità* del negozio (es.: art. 458 c.c. sul divieto dei patti successori).

L'*ordine pubblico* indica quei principi non necessariamente espressi in norme, ma ricavabili dalle disposizioni inderogabili che costituiscono *postulati essenziali, adeguati elasticamente alle contingenti esigenze di vita e di sviluppo della società organizzata*, deducibili anzitutto dalle norme *costituzionali*, in cui vengono cristallizzati i valori di fondo cui s'ispira il nostro ordinamento.

Il *buon costume* va inteso come quel complesso di principi, elastici e non limitati alla sola sfera sessuale, che costituiscono la morale sociale corrente.

Il buon costume in sostanza *esprime i canoni fondamentali di onestà pubblica e privata alla stregua della coscienza sociale*.

Secondo la corrente opinione giurisprudenziale, la illegalità del negozio è un concetto generico, nel cui ambito va enucleata la più specifica ipotesi della *illiceità*, che sussiste quando la norma imperativa violata è espressione diretta o indiretta dei principi di ordine pubblico; il *negozio immorale* è, invece, quello che contrasta con il buon costume.

Tale distinzione rileva ai fini della ripetizione di quanto indebitamente pagato in esecuzione del negozio nullo: infatti, ai sensi dell'art. 2035 c.c., chi ha eseguito una prestazione che, anche da parte sua, costituisce *offesa al buon costume* non può ripetere quanto ha pagato .

Inefficacia del negozio giuridico: si ha inefficacia del negozio giuridico quando il negozio giuridico non produce effetti. Tale fenomeno può essere ricollegato all'invalidità del negozio oppure ad altre cause. In quest'ultimo caso si ha l'inefficacia del negozio giuridico *in senso stretto* che è una categoria autonoma, in quanto il *negozio inefficace* è pur sempre un *negozio valido* e quindi dotato di una propria rilevanza di fronte al diritto.

Esempi di negozi inefficaci sono quelli dei negozi sottoposti a *condizione* sospensiva o a *termine* iniziale.

Autore : dott. Silvio Li Donni - www.lulu.com

66   Capitolo Undicesimo

Una forma particolare di inefficacia del negozio giuridico è definita *inopponibilità* e si ha quando un atto è inefficace solo nei confronti di alcuni soggetti (cd. *inefficacia relativa*). Ad esempio, l'atto di disposizione del debitore, impugnato *ex* art. 2901 c.c. è inopponibile solo ai creditori che hanno agito; oppure, l'atto di alienazione immobiliare non debitamente trascritto è inopponibile nei confronti del terzo trascrivente.

Buona fede: è una *situazione psicologica* rilevante per il diritto in quanto produttiva di conseguenze giuridiche. Essa può essere intesa in un duplice senso: *soggettivo*, quale ignoranza incolpevole di ledere una situazione giuridica altrui; *oggettivo*, quale generale dovere di correttezza e di reciproca lealtà di condotta nei rapporti tra soggetti.

La buona fede rileva in numerosi istituti della teoria generale del contratto: in relazione alla *formazione* (art. 1337 c.c.), all'*interpretazione* (art. 1366 c.c.) e alla *esecuzione* (art. 1375 c.c.) del contratto. Essa è richiamata anche nei rapporti tra debitore e creditore in tema di obbligazioni (art. 1175 c.c.). Una importante conseguenza della buona fede si ha *in materia di possesso*: in base all'art. 1153 c.c., colui al quale sono alienati beni mobili da parte di chi non è proprietario, ne acquista la proprietà mediante il possesso, purché sia in buona fede al momento della consegna e sussista un titolo idoneo al trasferimento della proprietà. Ulteriore importante funzione della buona fede è quella di elemento concorrente a determinare *l'usucapione abbreviata*.

Infine, la buona fede rileva in tema di restituzione dei frutti della cosa posseduta senza titolo. Infatti, *il possessore di* buona fede deve restituire solo i frutti percepiti dal momento della domanda, nonché quelli che avrebbe potuto percepire da tale momento se avesse usato la diligenza del buon padre di famiglia; mentre *il possessore di mala fede* deve restituire tutti i frutti percepiti e percipiendi fin dal momento in cui ha cominciato a possedere.

CAPITOLO DODICESIMO

GLI ATTI ILLECITI

1. L'ILLECITO CIVILE: NOZIONE E STRUTTURA

L'art. 2043 definisce illecito «qualsiasi fatto, doloso o colposo, che cagiona ad altri un danno ingiusto», sancendo l'obbligo per colui che lo ha commesso, di risarcire il danno. In giurisprudenza (Cass. n. 500/1999) si è definito il danno ingiusto come quel danno che l'ordinamento non può tollerare che rimanga a carico della vittima, ma che deve essere trasferito all'autore del fatto, in quanto lesivo di interessi giuridicamente rilevanti.

Uno stesso fatto può costituire ad un tempo illecito civile ed illecito penale: quest'ultimo, però, è represso per finalità di difesa sociale, il primo, invece, per riparare i pregiudizi sofferti dai singoli.

La struttura dell'atto illecito è costituito da:

— un *elemento oggettivo,* consistente in un fatto che cagiona un danno.

Il fatto comprende sia il comportamento dannoso (positivo o omissivo), sia l'evento: perché sorga la responsabilità occorre che tra l'uno e l'altro corra un nesso di causalità nel senso che l'evento deve essere la conseguenza immediata e diretta del comportamento, secondo un criterio di causalità adeguata;

— dall'*antigiuridicità:* non ogni fatto dannoso genera responsabilità, ma solo il fatto che produca un danno ingiusto *(o contra ius).* È ingiusto ogni danno che lede un interesse meritevole di tutela e come tale protetto dall'ordinamento.

Talvolta per la presenza di alcune circostanze come la *legittima difesa* o lo *stato di necessità* un fatto che normalmente è considerato ingiusto non può essere ritenuto tale;

— da un *elemento soggettivo (o colpevolezza)* consistente nel dolo o nella colpa. Presupposto della colpevolezza è l'imputabilità cioè la capacità di intendere e di volere.

L'art. 2046 precisa che l'esclusione della responsabilità dell'incapace di intendere e di volere cessa nell'ipotesi in cui il soggetto si sia trovato in tale stato psichico per propria colpa (ad es.: per essersi ubriacato) o per averlo dolosamente preordinato (per procurarsi una scusa).

Il *dolo* consiste nella volontaria trasgressione del dovere giuridico; la *colpa* consiste nella violazione di un dovere di diligenza, cautela e perizia, per cui l'atto è compiuto per negligenza, imprudenza ed imperizia.

Autore : dott. Silvio Li Donni - www.lulu.com

68   Capitolo Dodicesimo

La colpevolezza è esclusa quando l'evento dannoso dipende da una causa estranea, ossia da caso fortuito o forza maggiore.

Talvolta, però, (e con tendenza in progressiva espansione) a generare la responsabilità è sufficiente l'elemento oggettivo del danno ingiusto, a prescindere dall'elemento soggettivo della colpevolezza.

2. RESPONSABILITÀ INDIRETTA (O PER FATTO ALTRUI)

Solitamente, l'obbligo di risarcire il danno incombe su colui che ha commesso il fatto: non mancano, però, ipotesi in cui, soprattutto allo scopo di rafforzare la tutela dei danneggiati, è prevista la responsabilità di un soggetto diverso dall'autore del fatto dannoso (accanto, eventualmente, alla responsabilità di quest'ultimo) o per il danno causato da animali o cose. Il soggetto chiamato a rispondere del fatto altrui potrà liberarsi dalla responsabilità solo provando a seconda dei casi, il fortuito o di aver adottato tutte le misure idonee.

A) Responsabilità dei genitori (o del tutore) per i danni cagionati dal fatto illecito dei figli minorenni che abitano con essi (art. 2048)

L'art. 2047 stabilisce che in caso di danno cagionato da persona incapace d'intendere e di volere, il risarcimento è dovuto da chi è tenuto alla sorveglianza, salvo che si provi di non aver potuto impedire il fatto. Si tratta di responsabilità oggettiva per fatto altrui non fondata sulla colpa.

Diverso è il caso previsto dall'art. 2048 secondo il quale per il fatto illecito commesso dal minore sono responsabili anche i genitori o il tutore che abitavano con lui al tempo in cui il fatto fu commesso.

In questo caso poiché i minori sono capaci di intendere e di volere la responsabilità dei genitori può coesistere con quella diretta del minore (come non avviene per il 2047).

Analoga responsabilità è prevista per i precettori e i maestri d'arte per i fatti illeciti dei loro allievi ed apprendisti nel tempo in cui sono sotto la loro vigilanza.

In tutti questi casi la responsabilità è esclusa se gli interessati provano di non aver potuto impedire il fatto.

B) Responsabilità per i danni da cose in custodia (art. 2051)

Ciascuno è responsabile del danno causato dalle cose che ha in custodia, salvo che provi il caso fortuito.

C) Responsabilità per i danni cagionati da animali (art. 2052)

Il danno va risarcito dal proprietario sia che l'animale fosse sotto la sua custodia sia che fosse fuggito, salvo il caso fortuito.

D) Responsabilità per i danni cagionati dalla rovina degli edifici (art. 2053)

Il proprietario può liberarsi dalla responsabilità solo provando che la rovina non è dovuta a difetto di manutenzione o a vizio di costruzione.

Autore : dott. Silvio Li Donni - www.lulu.com

Gli atti illeciti 69

E) Responsabilità per l'esercizio di attività pericolose (art. 2050)

Chiunque cagiona danno ad altri nello svolgimento di un'attività pericolosa, per sua natura o per la natura dei mezzi adoperati, è tenuto a risarcire il danno se non prova di aver adottato tutte le misure necessarie ad evitarlo.

3. LA RESPONSABILITÀ OGGETTIVA

Accanto alla regola generale dell'art. 2043, il nostro ordinamento prevede ipotesi di responsabilità in cui si prescinde dall'elemento soggettivo della colpa.

Tali ipotesi, dette di responsabilità oggettiva, sono tradizionalmente spiegate secondo un principio di equità che impone di trasferire il danno dai più poveri ai più ricchi: dai consumatori ai produttori di merci difettose, dai dipendenti ai datori di lavoro. Esse si fondano sulla sola esistenza del nesso di causalità.

A) Responsabilità dei padroni e dei committenti (art. 2049)

I padroni e i committenti sono responsabili per i danni arrecati dal fatto illecito dei loro domestici e commessi nell'esercizio delle incombenze cui sono adibiti: non è ammessa prova liberatoria.

Analoga è la responsabilità del produttore per i danni subiti dal consumatore a causa dei difetti che risalgono al ciclo produttivo.

B) Responsabilità per i danni prodotti dalla circolazione dei veicoli (art. 2054)

Il conducente è obbligato a risarcire il danno prodotto a persone o cose dalla circolazione del veicolo se non prova di aver fatto tutto il possibile per evitare il danno; il proprietario risponde solidalmente con il conducente se non prova che la circolazione del veicolo è avvenuta contro la sua volontà.

C) Responsabilità del fabbricante per danno da prodotti difettosi (D.Lgs. 6-9-2005, n. 206, artt. 114 ss.)

Nell'attuale dinamica di distribuzione commerciale, sempre più frequente è il fenomeno dei danni sofferti dai consumatori per la difettosità dei prodotti di serie. Nel senso di una responsabilità dei fabbricanti si è espresso il citato decreto che prevede: la responsabilità del fabbricante, anche incolpevole, per i danni fisici e materiali cagionati dal prodotto difettoso; la responsabilità del distributore nell'ipotesi in cui non venga individuato il fabbricante; la nullità di ogni clausola di esonero o limitazione della responsabilità.

4. IL DANNO E IL RISARCIMENTO

Danno è qualsiasi «lesione di un diritto giuridicamente apprezzabile e tutelato dall'ordinamento».

Il danno patrimoniale consiste in una lesione, economicamente valutabile, della sfera giuridica del danneggiato.

Il *danno patrimoniale* risarcibile comprende:

— il *danno emergente:* consistente nella diminuzione del patrimonio;
— il *lucro cessante:* consistente nel mancato guadagno determinato dal fatto dannoso.

Il danno risarcibile è solo quello che costituisce una conseguenza immediata e diretta del fatto illecito (art. 1223), nonché attuale.

Il secondo comma dell'art. 1227 esclude la responsabilità dell'autore per il danno che il danneggiato avrebbe potuto evitare usando l'ordinaria diligenza; il primo comma dello stesso articolo prevede una diminuzione del risarcimento del danno proporzionale alla gravità della colpa del danneggiato che abbia concorso alla produzione dello stesso.

Danno non patrimoniale è, invece, ogni pregiudizio recato direttamente alla persona senza colpire il patrimonio o la capacità produttiva della persona stessa.

I danni non patrimoniali sono risarcibili solo nei casi determinati dalla legge (art. 2053), cioè quando il fatto illecito è previsto come reato.

Controverso è il problema della **risarcibilità del danno biologico o danno alla salute.**
Tradizionalmente si riteneva che: la menomazione dell'integrità fisico-psichica del soggetto che si traducesse in un danno patrimoniale, incidendo sulle sue possibilità di guadagno, fosse risarcibile; la menomazione che non costituisce un danno patrimoniale fosse risarcibile soltanto se integrante un'ipotesi di reato.
Il riconoscimento costituzionale del diritto alla salute come diritto primario ed assoluto ha indotto la dottrina e la giurisprudenza a ritenere che la violazione di tale diritto (comprensiva del danno estetico, del danno alla vita di relazione etc.) debba essere risarcita *ex* art. 2043 a prescindere dalla qualificazione di tale danno come patrimoniale o meno.
Quanto al cd. **danno esistenziale**, inteso come peggioramento delle attività realizzatrici della persona (diritto alla qualità della vita, al benessere, alla serenità, etc.), la Cassazione a Sezioni Unite (sent. 26972/2008) ne ha negato ogni autonomo rilievo, essendo il danno non patrimoniale una categoria non suscettibile di suddivisione in sottocategorie, quale sarebbe appunto quella del danno esistenziale. Di conseguenza, la Suprema Corte ha affermato il principio per cui «*fuori dai casi determinati dalla legge, è data tutela risarcitoria al danno non patrimoniale solo se sia accertata la lesione di un diritto inviolabile della persona: deve sussistere una ingiustizia costituzionalmente qualificata*».

5. RESPONSABILITÀ EXTRACONTRATTUALE E CONTRATTUALE

Come accennato, si distingue, tradizionalmente tra:

— *responsabilità extracontrattuale* (art. 2043 e ss.) generata dalla violazione di un diritto soggettivo assoluto o, comunque, tutelato *erga omnes;*
— *responsabilità contrattuale*, generata dalla violazione di un dovere specifico derivante da un precedente rapporto obbligatorio.

La distinzione ha rilievo sotto un duplice profilo:

— il *profilo probatorio:* nella responsabilità contrattuale l'attore deve provare il solo fatto dell'inadempimento, presumendosi la colpa dell'obbligato; nella responsabilità extracontrattuale, l'attore (danneggiato) deve provare la colpevolezza del danneggiante;

Autore : dott. Silvio Li Donni - www.lulu.com

Gli atti illeciti   71

— *il profilo della prescrittibilità dell'azione di responsabilità:* quella di responsabilità contrattuale si prescrive nel termine ordinario di 10 anni; quella di responsabilità extracontrattuale si prescrive nel termine di 5 anni.

TERMINI

Danno biologico: è la lesione temporanea o permanente all'integrità psico-fisica della persona suscettibile di accertamento medico-legale che esplica un incidenza negativa sulle attività quotidiane e sugli aspetti dinamico-relazionali della vita del danneggiato, indipendentemente da eventuali ripercussioni sulla sua capacità di produrre reddito.

Il danno biologico è stato individuato dalla giurisprudenza proprio nella lesione al *bene-salute* di cui ogni soggetto è portatore (cd. danno base o immancabile), prima ancora che nelle conseguenze della lesione.

Al riguardo si considera anche lo *stress psicologico* (Cass. 13340/1999), nonché la sofferenza conseguente alla *perdita di un prossimo congiunto* per effetto dell'illecita condotta altrui (Cass. 2082/2002) ovvero il c.d. *danno edonistico*.

La Corte di Cassazione con sent. 1130 dell'11-2-1985 ha affermato che il diritto di ogni individuo alla propria integrità psicofisica è garantito e protetto dal nostro ordinamento giuridico come primario ed assoluto e che qualsiasi menomazione di quell'integrità, qualora sia la conseguenza di un fatto illecito, deve essere risarcita *in ogni caso*, anche se il danneggiato non ha ancora, o non ha mai avuto, l'attitudine a svolgere un'attività produttiva di reddito (Cass. 15859/2000); sotto il profilo del danno biologico rilevano, pertanto, anche i postumi di invalidità di modesta entità (c.d. *micropermanente*) che non si traducono in una riduzione della capacità lavorativa (Cass. 15289/2002).

Autore : dott. Silvio Li Donni - www.lulu.com

72   Capitolo Dodicesimo

Ciò ha comportato un rinnovamento dei metodi di risarcimento. Precedentemente, il danno alla salute veniva risarcito in funzione della perdita patrimoniale che provocava (commisurata alla sua capacità lavorativa) e non in funzione dell'entità della lesione riferita al valore «uomo».

Risarcendo il danno biologico, si prescinde, invece, dalla capacità di reddito del soggetto e si risarcisce autonomamente la lesione alla salute, in sé e per sé considerata, indipendentemente dall'incidenza della lesione sul reddito.

Se vi sono conseguenze economiche, queste vanno risarcite in aggiunta (danno patrimoniale).

Il danno biologico si ritiene comprensivo del *danno estetico* (Cass. 6895/2001) e anche del *danno alla vita di relazione* (Cass. 15809/2002).

Legittima difesa: è una causa di esclusione dell'antigiuridicità di un fatto lesivo, e dunque della *responsabilità extracontrattuale*.

La nozione di legittima difesa va mutuata da quella di diritto penale (art. 52 c.p.).

A differenza di quanto previsto dall'art. 2045 c.c. per lo *stato di necessità*, chi cagiona un danno per legittima difesa è esonerato da qualsiasi obbligo di risarcimento, non potendosi considerare il *danno* prodotto quale ingiusto.

Stato di necessità: lo stato di necessità, come sopra definito, ha rilevanza anche nell'ambito del diritto civile.

Stabilisce infatti l'art. 2045 c.c. che, nel caso in cui un fatto dannoso sia stato compiuto in stato di necessità, al danneggiato è dovuta *un'indennità determinata dal giudice in via equitativa*.

La previsione della suddetta indennità distingue il fatto commesso in stato di necessità da quello commesso per *legittima difesa*.

Secondo taluni autori lo stato di necessità è applicabile, ricorrendone i presupposti, anche *nell'ambito della responsabilità contrattuale*, comportando la corresponsione non dell'integrale risarcimento del danno, ma di un'equa indennità.

CAPITOLO TREDICESIMO

LA PROVA DEI FATTI GIURIDICI

1. GENERALITÀ: IL PRINCIPIO DISPOSITIVO

Oggetto della prova è l'esistenza dei fatti giuridici: i rapporti giuridici che ne derivano, infatti, vengono dedotti ma non direttamente provati.

In materia di prove vige, nel nostro ordinamento, il c.d. principio dispositivo (art. 115 c.p.c.) in virtù del quale «il giudice pone a fondamento della decisione le prove proposte dalle parti».

I fatti debbono essere provati dalle parti: da essi, poi, il giudice desumerà il diritto secondo le norme. Il principio generale è quello romanistico secondo cui *«onus probandi incumbit ei qui dicit non ei qui negat»*. Ne deriva che chi in giudizio vuol far valere un diritto ha l'onere di provare i fatti che ne sono a fondamento.

Possono aversi peraltro, casi di *inversione dell'onere della prova:* ad es.: per l'inadempimento delle obbligazioni la legge presuppone la colpa del debitore inadempiente, che, pertanto, dovrà provare di non aver potuto adempiere per un fatto a lui non imputabile.

2. I MEZZI DI PROVA E LA LORO VALUTAZIONE

In relazione al mezzo le prove possono essere:

— *precostituite* o *documentali: se esistono già prima del giudizio;*
— *semplici:* se si formano in giudizio (ad es.: la prova testimoniale).

La valutazione dei mezzi di prova è ancorata ai criteri:

— del libero convincimento del giudice (art. 116 c.p.c.): il giudice valuta la prova liberamente, secondo coscienza;
— della vincolatività per le c.d. prove legali: tali sono l'atto pubblico, la scrittura privata riconosciuta, la confessione e il giuramento. In tali casi il giudice è vincolato al risultato della prova.

Le prove si distinguono, infine, in:

— *prove storiche,* che consistono nella rappresentazione o nell'esposizione di un fatto;
— *prove critiche (o logiche) so*no quelle in cui il fatto viene desunto mediante un ragionamento logico: tali sono le presunzioni.

Autore : dott. Silvio Li Donni - www.lulu.com

74   Capitolo Tredicesimo

3. LE PRESUNZIONI

Per mezzo di esse è possibile indurre l'esistenza o il modo di essere di un fatto ignoto partendo dalla conoscenza di un fatto noto.

Le presunzioni si distinguono in:

— *presunzioni semplici o hominis,* se è il giudice che trae una data conseguenza da un fatto noto;
— *presunzioni legali,* quando è la legge che attribuisce ad un fatto valore probatorio in ordine ad un fatto diverso. Esse possono essere: relative (*iuris tantum),* quando è ammessa la prova contraria; assolute (*iuris et de iure), quando non è ammessa la prova contraria.*

4. LE PROVE PRECOSTITUITE O DOCUMENTALI

A) L'atto pubblico (art. 2639)

È il documento redatto con particolari formalità da un pubblico ufficiale, capace e competente, nell'esercizio delle sue funzioni (notaio). Esso è dotato di particolare efficace probatoria: fa «piena prova della provenienza del documento e di quanto il pubblico ufficiale afferma essere avvenuto in sua presenza (art. 2700) fino a querela di falso. Tale efficacia probatoria non si estende, però, al contenuto delle dichiarazioni.

B) La scrittura privata (art. 2702)

È il documento sottoscritto dall'autore o dagli autori della dichiarazione. La sua efficacia è più limitata rispetto all'atto pubblico. Infatti, essa:

— fa piena prova, fino a querela di falso, della provenienza delle dichiarazioni da parte di chi l'ha sottoscritta;
— per quanto attiene al contenuto della dichiarazione, fa prova solo contro chi l'ha sottoscritta e mai a suo favore.

5. LE PROVE SEMPLICI

A) La testimonianza (art. 2721-2726)

La testimonianza consiste nell'assumere, da persone estranee alla causa, dichiarazioni relative ai fatti controversi di cui abbiano conoscenza.

La prova testimoniale è guardata con sfavore dal legislatore. Essa non è ammessa:

— per provare contratti il cui valore sia superiore a 2,58 euro, salvo che il giudice lo ritenga opportuno;
— per provare patti anteriori, contemporanei o successivi ad un accordo scritto non risultanti dall'accordo;
— per provare un contratto per cui è richiesta la forma scritta *ad substantiam* o *ad probationem.*

Autore : dott. Silvio Li Donni - www.lulu.com

La prova dei fatti giuridici 75

B) La confessione (art. 2730-2735)

Confessione è la dichiarazione che una parte fa di fatti ad essa sfavorevoli e favorevoli all'altra parte.

Essa è una prova legale e può essere, secondo del momento in cui interviene:

— *extragiudiziale,* se è fatta fuori dal giudizio;
— *giudiziale,* se è fatta nel giudizio.

Quest'ultima può essere:

— *spontanea:* se è fatta dal soggetto di sua iniziativa;
— *provocata:* se è conseguenza di un interrogatorio.

C) Il giuramento (artt. 2736-1733)

È la dichiarazione con cui una parte asserisce come vero un fatto, nella forma solenne prevista dalla legge. L'effetto è che il fatto cui si riferisce si ritiene come pienamente e definitivamente provato (prova legale).

Il giuramento può essere:

— *decisorio:* è quello che una parte deferisce all'altra per farne dipendere la decisione totale o parziale della causa; la parte cui è stato deferito può riferirlo all'avversario e questi non può rifiutarsi di prestarlo;
— *suppletorio:* è quello deferito d'ufficio dal giudice ad una delle parti al fine di decidere la causa quando la domanda e le eccezioni non sono pienamente provate.

6. LA PUBBLICITÀ DEI FATTI GIURIDICI: GENERALITÀ

La **pubblicità** dei fatti giuridici si ricollega direttamente ad una precisa esigenza di mercato, che è quella della *circolazione* dei beni nell'ambito di una società organizzata, e della *conoscibilità* di tale circolazione al fine della tutela dell'affidamento.

In relazione agli *effetti* si distinguono tre forme di pubblicità:

a) la **pubblicità-notizia**: ha lo scopo di rendere determinati fatti giuridici conoscibili da chiunque, ma *la sua omissione,* pur potendo dar luogo a sanzioni pecuniarie o penali, *non incide sulla validità e sull'opponibilità ai terzi* del fatto che ne costituisce oggetto (es.: le pubblicazioni matrimoniali);
b) la **pubblicità-dichiarativa**: ha lo specifico scopo di *rendere opponibile ai terzi* il fatto giuridico *pubblicizzato*; in sua mancanza, l'atto resta valido tra le parti, ma è inopponibile ai terzi (es.: la trascrizione in ordine ai negozi dispositivi di beni immobili);
c) la **pubblicità-costitutiva**: si ha quando la pubblicità è un *requisito necessario per la costituzione di un rapporto giuridico* (es.: il diritto di ipoteca nasce solo con l'iscrizione nei registri immobiliari) (art. 2808).

Occorre distinguere:

— per i *beni mobili* vige la regola «il possesso vale titolo»: è sufficiente la materiale apprensione del bene per giustificarne la titolarità;

Autore : dott. Silvio Li Donni - www.lulu.com

76   Capitolo Tredicesimo

— per i *beni mobili registrati*, è necessaria l'iscrizione negli appositi registri;
— per i *beni immobili* è necessaria, infine, la trascrizione nei registri immobiliari.

7. LA TRASCRIZIONE

La **trascrizione** è un mezzo di pubblicità relativo agli immobili e mobili registrati e risponde all'esigenza di ridurre il rischio per chi acquista un bene immobile garantendo la conoscibilità della situazione giuridica del bene stesso.

A norma dell'art. 2643 sono obbligatoriamente sottoposti a trascrizione gli atti che trasferiscono la proprietà immobiliare, che costituiscono (o modificano) diritti reali di godimento sugli immobili se superano una certa durata, che modificano o trasferiscono diritti reali di godimento.

A tale riguardo c'è da rilevare un'innovazione introdotta dalla legge 28 febbraio 1997, n. 30: «l'art. 2645bis» secondo il quale le parti hanno l'obbligo, anziché la facoltà, di trascrivere i *contratti preliminari* immobiliari, se risultano da atto pubblico o da scrittura privata con sottoscrizione autenticata o accertata giudizialmente.

Infine, ai sensi dell'art. 2645ter (introdotto dal D.Lgs. 273/2005) *possono essere trascritti* gli atti in forma pubblica con cui beni immobili o beni mobili iscritti in pubblici registri sono destinati alla realizzazione di interessi meritevoli di tutela riferiti a disabili, pubbliche amministrazioni o altre persone fisiche o enti, *al fine di rendere opponibile a terzi il vincolo di destinazione*.

L'elencazione è tassativa.

La trascrizione assolve, innanzitutto, all'esigenza di realizzare il c.d. *stato civile degli immobili*, descrivendo in modo completo e certo la consistenza giuridica e la titolarità della proprietà. A tale funzione risponde il principio della **continuità della trascrizione** (art. 2650); non è efficace la trascrizione operata contro un soggetto, se il diritto di quest'ultimo non risulta da una precedente trascrizione.

Seconda esigenza cui risponde l'istituto in esame è quella di dettare il criterio di soluzione del conflitto tra più aventi causa da un medesimo autore: a tal fine, è dettato il principio della **priorità della trascrizione** come titolo prevalente per l'acquisto.

Pertanto, gli atti soggetti a trascrizione e non trascritti tempestivamente non possono essere opposti a chi ha trascritto tempestivamente il suo titolo anche se posteriori.

Terza, ed altrettanto importante funzione della trascrizione è quella di garantire la realizzazione del principio processuale per il quale la sentenza che accoglie la domanda retroagisce al momento della domanda stessa, attraverso la trascrizione delle domande giudiziali: ciò consente, altresì, di salvaguardare il diritto di colui che ha tempestivamente trascritto la domanda nei confronti del terzo acquirente.

La trascrizione della domanda giudiziale conserva il suo effetto per venti anni dalla sua data (art. 2668bis, introdotto dalla L. 69/2009).

8. NATURA E DISCIPLINA DELLA TRASCRIZIONE

La trascrizione ha natura **dichiarativa** e, pertanto, essa costituisce un onere e non un obbligo. Ne consegue che la sua mancanza non comporta l'invalidità dell'at-

Autore : dott. Silvio Li Donni - *www.lulu.com*

La prova dei fatti giuridici   77

to, ma espone l'acquirente alla possibilità di vedersi sottrarre quanto legittimamente acquistato.

Essa si effettua presso i Registri Immobiliari dell'ufficio che ha competenza sulla località dove i beni si trovano, secondo un criterio personale, prestando il titolo che dà diritto alla stessa.

Titolo può essere: una *sentenza*, un *atto pubblico*, una *scrittura privata autenticata*.

Insieme al titolo, occorre presentare duplice copia della nota di trascrizione, il cui contenuto è il solo opponibile ai terzi.

9. LA PUBBLICITÀ RELATIVA ALLE PERSONE E ALLE SUCCESSIONI

All'esigenza di dare certezza e pubblicità ai fatti costitutivi modificativi ed estintivi degli *status* delle persone fisiche, risponde la funzione dello Stato civile, assolta presso gli uffici di Stato Civile.

In ogni comune sono tenuti quattro registri dello Stato Civile: di cittadinanza, di nascita, di matrimonio, di morte.

Presso la cancelleria di ogni tribunale è tenuto il registro delle successioni.

Riguardo le persone giuridiche, come visto in precedenza (Cap. VI), il sistema di pubblicità trova attuazione mediante il *registro delle persone giuridiche* che, a seguito del d.P.R. 361/2000, è istituito presso la Regione e la Prefettura.

TERMINI

Beni immobili: sono quelli che *non possono essere spostati* normalmente da un luogo all'altro *senza che ne resti alterata* la loro struttura e destinazione.

Tali sono, secondo l'art. 812 c.c., il suolo, le sorgenti, i corsi d'acqua, gli alberi, gli edifici e le altre costruzioni, anche se unite a scopo transitorio al suolo e, in genere, tutto ciò che è naturalmente o artificialmente incorporato al suolo.

Sono, altresì, reputati immobili *per determinazione di legge* i mulini, i bagni e gli altri edifici galleggianti quando sono saldamente assicurati alla riva o all'alveo e sono destinati ad esserlo in modo permanente per la loro utilizzazione.

Beni mobili: si ricavano per esclusione. Si considerano, altresì, beni mobili mobili le energie naturali che hanno valore economico (art. 813 c.c.). Una particolare disciplina è dettata per la vendita dei beni mobili *mobili di consumo*, a tutela del *consumatore*.

CAPITOLO QUATTORDICESIMO

LA FAMIGLIA

1. IL CONCETTO DI «FAMIGLIA»

Il codice civile non dà una definizione della **famiglia**. La Costituzione (art. 29) si limita ad affermare che «la Repubblica riconosce i diritti della famiglia come *società naturale fondata sul matrimonio*». In tal senso, si può dire che la famiglia è una formazione sociale fondata sul matrimonio, con i caratteri della esclusività, della stabilità e della responsabilità.

Con la legge 19 maggio 1975, n. 151 il legislatore, rifacendosi al principio dell'**uguaglianza giuridica dei coniugi** (art. 29 Cost.), ha modificato la disciplina relativa ai rapporti familiari, abrogando numerose disposizioni del codice civile in contrasto con la Costituzione.

Punti qualificanti della riforma sono:

a) la *completa parità giuridica* (oltre che morale) *dei coniugi* (art. 143);
b) il riconoscimento dei *figli naturali*, con *identici diritti successori* per i figli naturali e per quelli legittimi (art. 566);
c) un più incisivo *intervento del giudice nella vita della famiglia* (artt. 145 e 155);
d) la *scomparsa* dell'istituto della *dote* e del *patrimonio familiare;*
e) l'istituzione della *comunione legale* dei beni fra i coniugi (artt. 159 ss.) come regime patrimoniale legale della famiglia (in mancanza di diversa convenzione);
f) l'introduzione della *potestà parentale* attribuita collettivamente e nella stessa misura ad entrambi i genitori, in luogo della *patria potestà* precedentemente attribuita esclusivamente al padre;
g) la qualifica di *erede,* e non più di usufruttuario *ex lege,* conferita al *coniuge superstite* (artt. 581 e ss.).

2. CONIUGIO, PARENTELA, AFFINITÀ

Quanto ai rapporti che legano fra di loro i componenti della famiglia distinguiamo:

— il **rapporto di coniugio:** che lega *marito* e *moglie*;
il **rapporto di parentela;** che costituisce, invece, un legame di sangue tra persone che discendono da un comune capostipite (*genitori e figli, fratelli e sorelle, zii e nipoti* etc.; art. 74) riconosciuto fino al sesto grado.

Il *grado di parentela* si calcola contando le persone fino allo stipite comune senza calcolare il capostipite. Così, ad esempio, i fratelli sono parenti di secondo grado [fratello,

Autore : dott. Silvio Li Donni - www.lulu.com

La famiglia   79

padre (che non si conta), fratello], i cugini di quarto [cugino, zio, nonno (che non si conta), zio, cugino].

Si distingue poi tra parentela *in linea retta* (se le persone discendono le une dalle altre: ad esempio, padre e figlio) e parentela *in linea collaterale* (se le persone, pur avendo uno stipite comune, non discendono l'uno dall'altro: ad esempio, i fratelli);

— il **rapporto di affinità** che lega tra loro il coniuge ed i parenti dell'altro coniuge. I gradi di affinità corrispondono ai gradi di parentela (es.: *suocero* e *genero* sono affini di primo grado, il marito è affine di secondo grado col fratello di sua moglie e viceversa etc.).

Nessun rapporto, invece, lega gli affini di un coniuge con gli affini dell'altro coniuge (es.: consuoceri) per il noto principio romanistico «*adfines inter se non sunt adfines*».

Tra gli affini non esistono diritti ereditari.

3. GLI ALIMENTI

Il **diritto agli alimenti** si fonda sulla **solidarietà** familiare: nel caso in cui un soggetto sia privo di mezzi di sostentamento, devono essere i più stretti congiunti a prestargli assistenza.

Ricordiamo che fonte dei diritto agli alimenti può essere, oltre la legge, anche un contratto o un testamento.

L'obbligo di fornire gli alimenti si concretizza nell'obbligo di fornire tutto ciò che è necessario alla vita del soggetto che si trovi in stato di bisogno (alimenti nel senso di viveri, vestiario, alloggio etc.).

Presupposti dell'obbligazione agli alimenti sono:

— *lo stato di bisogno dell'alimentando*: cioè l'avente diritto deve trovarsi in uno stato di difficoltà economica tale da non poter provvedere a se stesso.

In questo, l'obbligo agli alimenti si distingue dall'obbligo di mantenimento (*) (per es.: quello a vantaggio di coniuge separato) che prescinde dallo stato di bisogno;

— *la capacità economica dell'obbligato*: occorre che l'alimentante abbia la possibilità economica di prestare gli alimenti. Le sue capacità economiche, cioè, devono essere superiori a ciò che occorre per soddisfare le necessità primarie sue e della sua famiglia.

Sono tenuti a prestare gli alimenti, oltre alle persone legate da vincolo di parentela o affinità con l'alimentando (secondo l'ordine stabilito dall'art. 433), anche i *donatari* (chi ha ricevuto una donazione, deve provvedere — come se vi fosse un'obbligo di riconoscenza — agli alimenti del donante che si trovi in stato di bisogno, ancor prima dei familiari dello stesso donante).

Gli alimenti devono essere assegnati in proporzione al bisogno di chi li chiede e delle condizioni economiche di chi li deve prestare.

Si tratta di un'obbligazione di durata, variabile, personalissima.

Autore : dott. Silvio Li Donni - www.lulu.com

80   Capitolo Quattordicesimo

4. LA FAMIGLIA DI FATTO

Alla famiglia fondata sul matrimonio, o famiglia legittima, si contrappone la famiglia naturale o di fatto, costituita da persone di sesso diverso che convivono more uxorio, cioè come se fossero marito e moglie. La rilevanza giuridica di questa, tuttavia, è discussa così come si discute della opportunità di introdurre una regolamentazione. A tale riguardo vanno considerati tre aspetti:

a) i rapporti tra i conviventi di fatto: hanno, nel nostro ordinamento, scarsa rilevanza. Infatti, tra i conviventi di fatto non vi sono diritti e doveri reciproci, la reciproca assistenza materiale è considerata adempimento di un'obbligazione naturale;

b) i rapporti tra i genitori e i figli (figli naturali): sono equiparati a quelli intercorrenti nella famiglia legittima. In particolare, i genitori hanno il diritto e l'obbligo di mantenere, istruire ed educare anche i figli nati fuori del matrimonio (art. 30, 1° comma Cost.); anche per quanto riguarda i diritti di successione il figlio naturale è equiparato a quello legittimo;

c) i rapporti con i terzi: il familiare di fatto ha diritto al risarcimento dei danni nei confronti del terzo che abbia illecitamente causato la morte del convivente; a favore del convivente di fatto è prevista la successione nel contratto di locazione; il coniuge divorziato perde il diritto agli alimenti o al mantenimento se riceve assistenza materiale dal familiare di fatto. Infine il codice di procedura penale estende la facoltà di astensione dalla testimonianza prevista per il coniuge, anche al convivente.

5. MISURE CONTRO LA VIOLENZA NELLE RELAZIONI FAMILIARI

In base agli artt. 342bis e 342ter (introdotti *ex* L. 5-4-2001, n. 154), quando la condotta del coniuge o di altro convivente è causa di grave pregiudizio all'integrità fisica o morale ovvero alla libertà dell'altro coniuge o convivente, il giudice su istanza di parte può imporre a colui che ha tenuto la condotta pregiudizievole l'allontanamento dalla famiglia, nonché il pagamento di un assegno periodico a favore dei familiari che, proprio a causa dell'allontanamento, restino privi di mezzi adeguati. Tali provvedimenti vengono anche chiamati *ordini di protezione*.

CAPITOLO QUINDICESIMO

IL MATRIMONIO
E IL REGIME PATRIMONIALE TRA I CONIUGI

1. IL MATRIMONIO

L'art. 29 Cost. riconosce il **matrimonio** come fondamento della famiglia. Con il termine "matrimonio" si intende sia l'*atto giuridico* (ossia le manifestazioni di volontà, espresse nella celebrazione) che il *rapporto giuridico* nascente da quest'ultimo.

Il matrimonio come **atto giuridico** è regolato o dal diritto civile (*matrimonio civile*) o dal diritto canonico (*matrimonio canonico o concordatario*).

In ogni caso, qualunque sia stato il rito scelto dagli sposi per la celebrazione, gli effetti del matrimonio (inteso come rapporto giuridico) sono sempre regolati dal diritto civile.

Il matrimonio celebrato da un *ministro del culto acattolico* non costituisce una terza forma di matrimonio: il ministro del culto agisce, in tal caso, in qualità di delegato dall'autorità dello Stato, per cui il matrimonio così celebrato è un matrimonio civile totalmente sottoposto alla legge dello Stato. E' ovvio, comunque, che gli effetti civili di tale matrimonio siano subordinati alla *trascrizione* dell'atto di matrimonio nei registri dello stato civile.

Il matrimonio inteso come atto non ammette l'apposizione né di termini né di condizioni; è cioè **atto puro**.

Quanto al matrimonio come *rapporto* giuridico, esso è regolato unicamente dal diritto civile. Ciò significa che, una volta scelta liberamente la forma di celebrazione, la società coniugale risultante dal matrimonio resta disciplinata esclusivamente dalle leggi civili.

2. LA PROMESSA DI MATRIMONIO

La promessa di matrimonio fra i nubendi non è giuridicamente vincolante in quanto non obbliga a contrarre matrimonio. Tuttavia l'art. 81 stabilisce che tale promessa obbliga a risarcire il danno cagionato all'altra parte per le spese fatte e le obbligazioni assunte prima del rifiuto a celebrare il matrimonio a causa della promessa poi non mantenuta, sempre che la promessa risulti da *atto scritto* e che il rifiuto non sia determinato da giusta causa.

Inoltre, a prescindere dai motivi che hanno indotto la parte (o le parti) a non contrarre il matrimonio, il promittente può chiedere la *restituzione dei doni* fatti a causa della promessa.

Autore : dott. Silvio Li Donni - www.lulu.com

82   Capitolo Quindicesimo

3. CONDIZIONI PER LA CELEBRAZIONE DEL MATRIMONIO

Per contrarre matrimonio occorrono:

a) il raggiungimento dell'**età minima**, che è di 18 anni, sia per l'uomo che per la donna; con decreto del Tribunale per i minorenni tale età può essere abbassata a 16 anni compiuti (solo per *gravi motivi* ed a condizione che il giudice abbia accertato la maturità psichica e fisica del minore);

b) la **capacità mentale** (pertanto l'interdetto giudiziale non può contrarre matrimonio);

c) la **mancanza di un vincolo pregresso di matrimonio** (c.d. *libertà di «status»*), salvo che il precedente matrimonio sia stato sciolto, sia nullo o sia stato annullato;

d) la **mancanza di determinati vincoli di parentela o affinità** tra gli sposi; in particolare il matrimonio è *vietato* (art. 87):

    — tra *ascendenti e discendenti in linea retta*, legittimi o naturali;
    — *fra fratelli e sorelle*, siano essi germani (cioè figli degli stessi genitori), consanguinei (cioè figli dello stesso padre) o uterini (cioè figli della stessa madre);
    — tra *zii e nipoti* (salvo dispensa);
    — tra *affini in linea retta* (suocero e nuora) o *collaterale* (cognati: per i quali però è ammessa dispensa da parte del Tribunale ordinario);
    — tra adottante, adottato e i suoi discendenti;

e) la **mancanza del c.d. *impedimentum criminis***: è vietato, cioè, il matrimonio tra chi è stato condannato per omicidio consumato o tentato ed il coniuge della persona offesa dal delitto;

f) il **decorso del tempo che va sotto il nome di lutto vedovile**: la donna che vuol passare a nuove nozze non può farlo se non siano trascorsi almeno *trecento giorni* (c.d. **tempus lugendi**) dallo scioglimento, annullamento, o cessazione degli effetti civili del precedente matrimonio. Tale divieto tende ad impedire la c.d. *commixtio sanguinis*, cioè la possibilità che nascano figli generati nel primo matrimonio dopo le successive nozze. Dall'osservanza del lutto vedovile è ammessa dispensa (art. 89). La mancanza di una delle situazioni suddette impedisce la celebrazione del matrimonio. Da alcuni di tali *impedimenti*, tuttavia, si può essere dispensati. Il potere di *dispensa* è attribuito al Tribunale, con possibilità di ricorso alla Corte di Appello.

4. LA CELEBRAZIONE

Prima ancora della celebrazione, gli sposi devono rendere pubblica, mediante l'adempimento delle formalità della **pubblicazione** (artt. 93-101), la loro intenzione di contrarre matrimonio, affinché (nel caso in cui sussistano impedimenti) chiunque vi abbia interesse, possa fare opposizione: trascorsi otto giorni dalla pubblicazione, il matrimonio può essere celebrato.

Per quanto riguarda il matrimonio civile, esso viene celebrato dinanzi all'ufficiale dello stato civile, alla presenza di due testimoni.

Autore : dott. Silvio Li Donni - www.lulu.com

Il matrimonio e il regime patrimoniale tra i coniugi   83

Il matrimonio canonico viene, invece, celebrato dinanzi al parroco, che deve dare lettura degli artt. 143, 144 e 147 per rendere noti agli sposi gli effetti civili, ossia i diritti e i doveri reciproci, derivanti dal loro atto.

Subito dopo la celebrazione, viene redatto dal parroco l'**atto di matrimonio**, che deve essere trascritto nei registri dello stato civile, a pena di inefficacia.

La *prova del matrimonio* può essere data soltanto con l'**atto di celebrazione**, estratto dai registri dello stato civile.

Il *possesso di stato*, inteso come complesso di circostanze da cui la prassi desume l'*esistenza di un corrispondente titolo*, non è sufficiente: tuttavia, quando è conforme all'atto di celebrazione, ne sana ogni difetto di forma.

5. L'INVALIDITÀ DEL MATRIMONIO

Tratteremo qui delle ipotesi di invalidità del matrimonio civile nonché concordatario.

In passato la competenza a giudicare della validità del matrimonio concordatario come atto era riservata esclusivamente ai Tribunali Ecclesiastici: tale riserva è però, cessata a seguito della sentenza della Cassazione n. 1824 del 13-2-1993.

Rilevanti ai fini della validità del matrimonio sono, in primo luogo, i vizi della volontà (art. 122):

— la *violenza*, cui viene parificato il timore di eccezionale gravità;
— l'*errore* che deve riguardare l'identità o qualità personali dell'altro coniuge.

In entrambi i casi, l'annullamento (si tratta di **annullabilità relativa**) deve essere chiesto entro un anno (se gli sposi convivono) dal momento in cui il coniuge il cui volere è stato viziato, ha riacquistato la libertà o ha scoperto l'errore (si tratta, come si vede, di annullabilità **sanabile**).

Esistono anche ipotesi di:

— *annullabilità assoluta insanabile* (in caso di identità di sesso tra gli sposi, di precedente matrimonio di uno di essi, parentela, affinità ed adozione *ex* art. 87);
— *annullabilità assoluta sanabile* (affinità derivante da precedente matrimonio annullato o sciolto).

La mancanza di alcuni dei requisiti imposti dalla legge spesso non è causa di annullabilità, bensì di irregolarità (es.: matrimonio contratto senza il rispetto del *tempus lugendi*).

6. IL MATRIMONIO PUTATIVO (ART. 128)

Di regola l'annullamento del matrimonio produce **effetti retroattivi**. In caso di annullamento, pertanto, i coniugi riacquistano «*ex tunc*» il loro stato di libertà. La legge, però, non può non tenere presente il fatto che il matrimonio ha creato di fatto una comunità familiare, né può disinteressarsi della posizione giuridica dei figli nati dall'unione invalida. È per questo che essa considera valido il matrimonio *a taluni effetti*. In tal caso si parla, appunto, di matrimonio «putativo» (matrimonio che i coniugi ritenevano valido).

Autore : dott. Silvio Li Donni - www.lulu.com

84   Capitolo Quindicesimo

Gli *effetti* del matrimonio putativo sono così disciplinati dalla legge, con riferimento alla buona fede o alla malafede dei coniugi:

— se i coniugi hanno contratto il matrimonio in *buona fede,* o il loro consenso è stato *estorto con violenza* o *determinato da timore di eccezionale gravità* derivante da cause esterne agli sposi, l'annullamento opera soltanto «*ex nunc*», per cui sono fatti salvi tutti gli effetti nel frattempo prodottisi, anche rispetto ai *figli* nati o concepiti durante il matrimonio, nonché a quelli nati prima del matrimonio e riconosciuti anteriormente alla sentenza che ha dichiarato l'invalidità. Se le condizioni anzidette si verificano nei confronti di uno solo dei coniugi, gli effetti valgono soltanto in favore di lui e dei figli. La *buona fede* consiste nell'ignoranza da parte dei coniugi, o di uno di essi, della causa di invalidità del matrimonio. Essa si presume ed è sufficiente che esista al momento della celebrazione del matrimonio;

— se i coniugi, invece, hanno contratto il matrimonio in *malafede,* questo ha gli effetti del matrimonio valido rispetto ai figli nati o concepiti durante lo stesso, salvo che la nullità dipenda da bigamia o incesto. In caso di bigamia o incesto i figli hanno lo stato di figli naturali riconosciuti, nei casi in cui il riconoscimento è consentito.

Norme particolari detta il codice per disciplinare i *diritti del coniuge in buona fede* (art. 129) e le *responsabilità del coniuge in malafede* e del *terzo* (art. 129bis).

7. GLI EFFETTI DEL MATRIMONIO

Il matrimonio crea diritti ed obblighi reciproci tra i coniugi. Tra questi ricordiamo:

— **l'obbligo di coabitazione**, in quella che, d'accordo, è stata fissata come residenza familiare;
— **l'obbligo di fedeltà**;
— **l'obbligo di assistenza** morale e materiale. Entrambi i coniugi sono, inoltre, tenuti a contribuire ai bisogni della famiglia (art. 143).

I coniugi devono concordare tra loro l'indirizzo della vita familiare (nell'interesse della famiglia); a ciascuno di essi spetta, peraltro, il potere di attuare, autonomamente, l'indirizzo così concordato.

In caso di disaccordo, ciascuno dei coniugi può chiedere l'intervento del giudice (art. 145).

8. IL REGIME PATRIMONIALE TRA CONIUGI

La legge prevede vari tipi di regimi patrimoniali tra coniugi.

La **comunione legale** si applica automaticamente, secondo quanto stabilito dalla riforma del diritto di famiglia, quando non sia stato scelto un regime diverso. Gli sposi possono, però, in qualunque momento, scegliere un regime diverso mediante la stipula di una convenzione matrimoniale.

Autore : dott. Silvio Li Donni - www.lulu.com

Il matrimonio e il regime patrimoniale tra i coniugi   85

Convenzione matrimoniale è quel contratto col quale gli sposi derogano al regime di comunione e stabiliscono quello che dovrà essere il regime patrimoniale della famiglia; essa deve essere redatta per atto pubblico, a pena di nullità, e alla presenza di due testimoni.

Le convenzioni matrimoniali possono essere stipulate in ogni tempo, anteriormente o successivamente alla celebrazione del matrimonio, e sono sempre modificabili con il consenso delle parti.

Le convenzioni matrimoniali non devono essere confuse con i cd. *patti prematrimoniali*, accordi stipulati fra i coniugi in previsione di un futuro fallimento del matrimonio: essi devono considerarsi nulli in quanto relativi a diritti indisponibili, ma vi è chi (BONILINI) ritiene che possano essere usati in sede di separazione e divorzio per trarre indicazioni utili ai fini di ricostruire le posizioni dei coniugi.

A) La comunione legale

Essa importa la contitolarità e la cogestione dei beni acquistati anche separatamente dai coniugi durante il matrimonio.

Costituiscono *oggetto* della comunione (art. 177):

a) gli *acquisti* compiuti dai due coniugi *insieme* o separatamente durante il matrimonio, ad esclusione di quelli relativi ai beni personali;

b) i *frutti* dei beni propri di ciascuno dei coniugi, *percepiti e non consumati* allo scioglimento della comunione;

c) i *proventi* dell'attività separata di ciascuno dei coniugi se, allo scioglimento della comunione, non sono stati consumati;

d) le *aziende gestite da entrambi i coniugi e costituite dopo il matrimonio*. Qualora si tratti di aziende appartenenti ad uno dei coniugi anteriormente al matrimonio ma gestite da entrambi, la comunione concerne solo gli utili e gli incrementi;

e) i beni destinati all'esercizio dell'*impresa* di uno dei coniugi costituita dopo il matrimonio, se sussistono al momento dello scioglimento della comunione (art. 178).

Va osservato che, mentre i beni indicati sub a) e sub d) rientrano automaticamente nella comunione *durante il matrimonio* (formando la *c.d. comunione immediata*), i frutti, i proventi e i beni indicati sub b), c) ed e) formano la c.d. *comunione de residuo*, perché durante il matrimonio appartengono al coniuge che li ha percepiti e, solo se non sono consumati, al momento dello scioglimento della comunione sono divisi in parti uguali tra i coniugi.

Non cadono in comunione e sono *beni personali* di ciascun coniuge:

— i beni acquistati dal coniuge *prima* del matrimonio;

— i beni acquistati successivamente al matrimonio per effetto di *donazione o successione*, quando nell'atto di liberalità o nel testamento non è specificato che essi siano attribuiti alla comunione;

— i beni di uso *strettamente personale* di ciascun coniuge (es.: gli abiti, l'orologio etc.) ed i loro accessori;

— i beni che servono all'*esercizio della professione del coniuge* (gli strumenti di lavoro, che possono essere anche beni immobili: si pensi infatti ad uno studio

Autore : dott. Silvio Li Donni - www.lulu.com

86   Capitolo Quindicesimo

professionale), tranne quelli destinati alla conduzione di un'azienda facente parte della comunione;

— i beni ottenuti a titolo di *risarcimento del danno* (nonché la pensione attinente alla perdita parziale o totale della capacità lavorativa);

— i beni acquisiti con il prezzo del trasferimento dei beni personali o col loro scambio, purché ciò sia espressamente dichiarato all'atto dell'acquisto (art. 179).

L'amministrazione del patrimonio in comunione spetta ad *entrambi i coniugi*, in applicazione del principio di uguaglianza. Occorre però distinguere:

a) gli *atti di ordinaria amministrazione* possono essere compiuti da ciascuno dei coniugi *disgiuntamente*: si tratta di quegli atti di utilizzazione, conservazione o manutenzione che riguardano i bisogni ordinari della famiglia;

b) la *rappresentanza in giudizio* per gli atti di cui sopra è riconosciuta disgiuntamente a ciascun coniuge: anche uno solo di essi può validamente compiere gli atti processuali;

c) gli *atti di straordinaria amministrazione* (nonché la stipula dei contratti con i quali si acquistano diritti personali di godimento e la rappresentanza in giudizio per le relative azioni) *spettano congiuntamente* ad entrambi i coniugi.

B) La comunione convenzionale

La legge ammette che le parti possano derogare, ma solo entro certi limiti, al regime di comunione legale mediante la stipula di una convenzione matrimoniale, dando luogo ad una comunione convenzionale (art. 210).

Le convenzioni possono escludere alcuni beni dalla comunione o includervi beni che non sarebbero in essa compresi, ad eccezione dei beni di uso personale, dei beni che servono per l'esercizio della professione e dei beni ricevuti a titolo di risarcimento del danno. Possono dunque formare oggetto di comunione per effetto di convenzione tra i coniugi: i beni acquisiti prima del matrimonio; i beni ricevuti per donazione o successione; i beni acquistati con il prezzo del trasferimento di beni personali.

C) La separazione dei beni

I coniugi, con espressa convenzione o con dichiarazione espressa nell'atto di celebrazione del matrimonio, possono pattuire che ciascuno conservi la titolarità esclusiva dei beni acquistati durante il matrimonio (prima della riforma del diritto di famiglia, era questo il regime legale).

La scelta del regime di separazione può essere effettuata anche al momento della celebrazione del matrimonio, ed annotata a margine dell'atto matrimoniale.

In regime di separazione ciascun coniuge può provare con ogni mezzo, nei confronti dell'altro, la proprietà esclusiva di un bene, ma ove nessuno dei coniugi riesca a dimostrare la titolarità esclusiva i beni si considerano di proprietà indivisa di entrambi i coniugi.

D) Il fondo patrimoniale

I coniugi (ma anche un terzo estraneo) possono conferire dei beni immobili, mobili registrati o titoli di credito in un fondo destinato a far fronte ai bisogni della

Autore : dott. Silvio Li Donni - www.lulu.com

Il matrimonio e il regime patrimoniale tra i coniugi   87

famiglia. I beni facenti parte del fondo patrimoniale sono inalienabili e sono vinco-
lati ai bisogni della famiglia.

Si ricorda che il fondo patrimoniale non costituisce un autonomo regime patrimoniale, ma
si affianca ad altro (comunione legale, separazione dei beni etc.) diretto a regolare la sorte
degli altri beni familiari nonché dei nuovi acquisti. In questo caso, ciascun coniuge avrà il
godimento e l'amministrazione dei beni di cui è titolare esclusivo.

9. L'IMPRESA FAMILIARE

L'impresa familiare è quella in cui prestano attività di lavoro continuativa il coniuge dell'imprenditore, i *parenti* entro il terzo grado e gli *affini* entro il secondo.

La disciplina prevista dall'art. 230bis mira a proteggere i familiari che prestano
lavoro nella famiglia o nell'impresa familiare senza alcun titolo, rendendoli partecipi dei profitti e della direzione dell'impresa ed impedendo così che la comunità
familiare possa in qualunque modo dare origine e copertura a rapporti di sfrutta-
mento fra i suoi membri.

Il familiare che presta in modo continuativo la sua attività di lavoro *nella famiglia* o nell'*impresa familiare* acquista i seguenti diritti:

a) il **diritto al mantenimento**, secondo la condizione patrimoniale della famiglia;
b) il **diritto di partecipazione agli utili** dell'impresa familiare ed ai *beni acquistati con essi,* nonché agli *incrementi della azienda*, anche in ordine all'*avviamento*
in proporzione alla quantità e qualità del lavoro prestato.

Il lavoro della donna è considerato equivalente a quello dell'uomo.

La legge attribuisce ai familiari anche il *diritto di partecipare alla gestione dell'impresa:*
infatti, le decisioni concernenti l'impiego degli utili e degli incrementi, nonché quelle inerenti
alla *gestione straordinaria*, agli *indirizzi produttivi* ed alla *cessazione dell'impresa*, devono
essere adottate, a maggioranza, dai familiari che partecipano all'impresa stessa.

Il diritto di partecipazione è *intrasferibile*, salvo che il trasferimento avvenga a favore di
un altro familiare col consenso di tutti i partecipanti. In caso di cessazione, per qualsiasi causa,
della prestazione di lavoro o di alienazione dell'azienda, esso può essere liquidato in danaro.

L'art. 230*bis* riconosce, infine, a ciascun partecipe un **diritto di prelazione** sull'azienda,
disciplinato dall'art. 732, per il caso di divisione *ereditaria* o di *trasferimento* dell'azienda.

10. LO SCIOGLIMENTO DEL MATRIMONIO

Prima della legge del 1° dicembre 1970, n. 898, l'unica causa di scioglimento
del matrimonio era la **morte** di uno dei coniugi; con la summenzionata legge è stata,
invece, introdotta un'altra causa di scioglimento: il **divorzio**.

Lo scioglimento deve essere tenuto distinto dall'annullamento del matrimonio: esso infatti produce effetto *ex nunc*, mentre l'annullamento produce effetti retroattivi (fatta salva l'ipotesi di matrimonio putativo).

Il divorzio, che trova la sua ragione d'essere nella disgregazione definitiva della
comunione familiare tra i coniugi, può essere pronunciato solo nei casi espressamente previsti dalla legge:

Autore : dott. Silvio Li Donni - www.lulu.com

88   Capitolo Quindicesimo

— nel caso in cui uno dei coniugi sia stato condannato per alcuni reati di particolare gravità;
— quando abbia ottenuto all'estero l'annullamento o lo scioglimento del matrimonio o abbia contratto all'estero nuovo matrimonio;
— quando il matrimonio non sia stato consumato;
— quando sia stato dichiarato giudizialmente il mutamento di sesso;
— quando sia stata pronunciata la separazione legale da almeno tre anni.

Gli effetti della sentenza di divorzio sono:

— lo *scioglimento del matrimonio*:
— la *perdita* da parte della moglie del *cognome del marito*:
— l'*obbligo* per uno dei coniugi di corrispondere un assegno periodico all'altro, in proporzione alle proprie sostanze;
— la perdita dei *diritti successori*.

Si tenga tuttavia presente che, qualora il defunto si fosse impegnato a corrispondere un assegno periodico o un assegno di mantenimento, la legge riconosce *iure proprio* (e cioè, non per diritto di successione) all'ex coniuge superstite, che non sia passato a nuove nozze, rispettivamente una quota della pensione di reversibilità o un assegno periodico per il mantenimento a carico dell'eredità.

Quanto agli *effetti riguardanti i figli*, anche in caso di cessazione degli effetti civili del matrimonio, si applica la nuova disciplina dell'*affidamento condiviso* (v. *infra*).

11. LA SEPARAZIONE PERSONALE

La **separazione personale** dei coniugi non è causa di scioglimento del matrimonio, ma è una situazione di legale sospensione dei doveri reciproci dei coniugi, salvi quelli di assistenza e di reciproco rispetto.

La separazione può essere chiesta quando per una qualsiasi ragione sia venuta a mancare la comunione tra i coniugi e la convivenza sia ormai intollerabile o possa arrecare pregiudizio ai figli.

La separazione può essere di tre specie: di *fatto*, *consensuale* o *giudiziale*:

1. la **separazione di fatto**: è l'interruzione della convivenza dei coniugi, senza l'intervento di alcun provvedimento del tribunale, ma attuata in via di mero *fatto*. Essa è previa, di per se stessa, di effetti giuridici, ma può rilevare ai fini del divorzio;

2. la **separazione consensuale**: è quella che avviene per accordo delle parti; l'accordo, per avere efficacia, dovrà essere *omologato dal Tribunale*, ma solo qualora non sia in contrasto con l'interesse della prole. A tale scopo, il giudice può indicare ai coniugi le modificazioni alle condizioni pattuite, da adottare nell'interesse dei figli (art. 158);

3. la **separazione giudiziale**: è quella pronunciata dal Tribunale, ad istanza di uno o di entrambi i coniugi, a seguito di fatti, anche indipendenti dalla loro volontà che rendano intollerabile la prosecuzione della convivenza o rechino grave pregiudizio alla educazione della prole (art. 151).

Autore : dott. Silvio Li Donni - www.lulu.com

Il matrimonio e il regime patrimoniale tra i coniugi 89

Gli effetti della separazione sono limitati (e transitori): abbiamo detto che cessa solo l'obbligo della coabitazione.

Nel caso però in cui il giudice, su richiesta di un coniuge, abbia addebitato la separazione ad uno dei coniugi, quest'ultimo perde il diritto al mantenimento nonché i diritti successori sulla eredità dell'altro coniuge. Rimane però il diritto agli alimenti.

La separazione cessa con la riconciliazione.

Con riguardo ai provvedimenti relativi ai figli, la L. 8-2-2006, n. 54 — recependo le molteplici istanze sollevate dalla giurisprudenza di merito e di legittimità — ha introdotto il *principio della bigenitorialità* nell'affidamento dei medesimi a seguito di separazione. Ciò al fine di tutelare il diritto del minore di mantenere un rapporto equilibrato e continuativo con ciascuno dei genitori e di ricevere da entrambi cura, educazione e istruzione, nonché di conservare rapporti significativi con gli ascendenti e con i parenti di ciascun ramo genitoriale.

Così, ai sensi del novellato art. 155, il giudice valuta *prioritariamente* la possibilità di un **affidamento condiviso** (in precedenza contemplato quale ipotesi residuale), mentre dispone l'affidamento esclusivo in favore di uno dei genitori soltanto ove tale scelta appaia come maggiormente rispondente all'interesse morale e materiale del minore.

TERMINI

Amministrazione (atti di): Sono gli atti compiuti per il *buon governo* di un *patrimonio*, al fine di conservare l'*integrità* e l'*efficienza produttiva* dei beni che lo compongono, tenendo conto della loro consistenza economica complessiva e non della loro entità numerica e quantitativa.

Gli atti di *amministrazione ordinaria* sono quelli di conservazione del patrimonio e di utilizzazione delle rendite per provvedere alla normale gestione dello stesso; atti di *straordinaria amministrazione* sono invece quelli di utilizzazione economica del capitale, eventualmente comprensivo anche delle rendite capitalizzate. Gli *atti di disposizione* si possono configurare tanto come atti di straordinaria amministrazione (normalmente lo sono), quanto come atti di ordinaria amministrazione (si pensi all'alienazione dei frutti).

Azienda: è il complesso dei beni organizzati dall'imprenditore per l'esercizio dell'impresa.

Concordato: il concordato è una convenzione internazionale stipulata dalla Santa Sede, in veste di soggetto di diritto internazionale, e i singoli Stati per provvedere alla regolamentazione generale della situazione giuridica della Chiesa in un determinato paese. In particolare l'Italia ha stipulato con la Santa Sede il concordato dell'11-2-1929 (cd. Patti Lateranensi), modificato e sostanzialmente innovato con l'accordo del 18-2-1984.

Dichiarazione di morte presunta: pronuncia che il Tribunale adotta allorché accerti che la scomparsa di una persona si è protratta per 10 anni, ovvero per tempi più brevi quando la scomparsa è riconnessa ad avvenimenti che fanno ritenere probabile la morte (es. guerra).

Diritto canonico: è costituito dall'insieme delle norme, formulate dalla Chiesa cattolica, che regolano l'attività dei fedeli e i loro diritti e doveri nei confronti della Chiesa.

Imprenditore: è colui che esercita professionalmente un'attività economica organizzata al fine della produzione o dello scambio di beni o servizi.

Autore : dott. Silvio Li Donni - www.lulu.com

90   Capitolo Quindicesimo

Impresa: può definirsi come l'attività economica organizzata, esercitata professionalmente dall'imprenditore, diretta alla produzione o allo scambio di beni e servizi.

Nuncius: colui il quale non emette una propria dichiarazione di volontà, ma riferisce ad una parte la volontà dell'altra. Non è un rappresentante, ma è solo il *tramite* attraverso il quale la volontà di un soggetto viene portata a conoscenza di un altro.

Omologazione: è un controllo sulle modalità stabilite consensualmente dai coniugi, attraverso il quale si verifica la legittimità e l'opportunità dei termini della separazione. Non occorre un'istanza particolare, ma, esauritasi la fase innanzi al Presidente, gli atti vengono trasmessi al Tribunale che, riunitosi in camera di consiglio, omologa la separazione, sentito il P.M. (art. 711 c.p.c.).

Registri dello stato civile: sono registri nei quali sono documentate le più importanti vicende della persona fisica: sono tenuti presso ogni ufficio comunale e realizzano una funzione di *pubblicità notizia*.
Essi sono pubblici, pertanto ciascuno può domandarne estratti e certificati.

CAPITOLO SEDICESIMO

LA FILIAZIONE

1. LA FILIAZIONE: GENERALITÀ

Per «**filiazione**» si intende il rapporto che lega il genitore alle persone da lui procreate. A seconda che tale procreazione sia avvenuta in *costanza* di matrimonio e fra marito e moglie, o *fuori* dal matrimonio (ovvero in costanza di matrimonio, ma tra uno dei coniugi e persona diversa dall'altro), o tra *parenti* o *affini*, abbiamo:

a) *figli legittimi* (in costanza di matrimonio);
b) *figli naturali e figli adulterini* (fuori dal matrimonio);
c) *figli incestuosi* (tra parenti).

Accanto a queste tre forme di filiazione la legge pone una quarta forma, non dovuta a procreazione, che prende il nome di *filiazione adottiva*.

A ciascuna di queste forme di filiazione corrisponde, per il figlio, un particolare *«status »*.

2. LO «STATUS» DI FIGLIO LEGITTIMO

A) Presupposti e regime probatorio

È legittimo il figlio concepito da genitori uniti in matrimonio. In base al principio per cui *«mater semper certa est, pater numquam»,* la legge, per accertare che il figlio è stato concepito dal *legittimo marito* e per accertare che è stato concepito in *costanza di matrimonio,* soccorre con due presunzioni: la *presunzione di paternità* e la *presunzione di concepimento durante il matrimonio.*

In base alla **presunzione di paternità** si presume che il marito sia il padre del figlio concepito durante il matrimonio (art. 231).

Questa presunzione, però, è soltanto *relativa* in quanto il marito può fornire la prova contraria, e cioè *disconoscere* il figlio in alcuni casi espressamente previsti dalla legge.

In base alla **presunzione di concepimento** si ritiene concepito nel matrimonio il figlio nato *non prima di 180 giorni* dalla sua celebrazione e *non dopo 300 giorni* dal suo scioglimento, o annullamento, o cessazione degli effetti civili (art. 232).

Tale presunzione è *assoluta,* ma solo nel senso che il figlio nato nel periodo suddetto si presume *«iuris et iure»* concepito in costanza di matrimonio; infatti la

Autore : dott. Silvio Li Donni - www.lulu.com

92   Capitolo Sedicesimo

nascita prima dei 180 giorni non comporta automaticamente l'illegittimità, che può aversi solo a seguito di azione per il disconoscimento. Ugualmente, il figlio nato dopo i 300 giorni è considerato legittimo se ciascuno dei coniugi o i loro eredi provino che egli è stato concepito durante il matrimonio. In ogni caso il figlio stesso può proporre azione per reclamare lo stato legittimo.

Esaminate le condizioni per l'acquisto dello *status* di figlio legittimo, vediamo adesso tale *status* come *si prova* in concreto:

— la *maternità si* prova con *l'atto di nascita* (la madre è la donna indicata in tale atto);
— il *matrimonio tra i genitori* si prova col *certificato di matrimonio.* Con tali documenti, applicando le presunzioni sopra dette, si forma la prova della *status* di figlio legittimo.

Può darsi, però, che in concreto non sia possibile procurarsi l'atto di *nascita* (si pensi ai registri degli uffici dello stato civile andati *distrutti in guerra*); in tal caso la prova può esser fornita dimostrando il c.d. *possesso di stato* di figlio legittimo, ossia che l'interessato:

— ha sempre portato il cognome del padre («*nomen*»);
— è sempre stato trattato e ritenuto da costui come figlio («*tractatus*»);
— gli altri lo hanno sempre considerato come tale *(«fama»).*

In mancanza del possesso di *status* la prova può esser data per *testimoni,* purché però vi sia un *principio di prova scritta* (es.: *documenti di famiglia*), ovvero *presunzioni* o *indici* abbastanza *gravi* (art. 241).

B) Diritti e doveri derivanti

Dallo status di «legittimo» derivano per il figlio:

— il diritto di *essere educato, istruito* e *mantenuto*;
— il diritto di *successione*;
— il diritto agli *alimenti*;
— il dovere di *obbedienza ai genitori*;
— l'*assoggettamento alla potestà parentale*;
— l'*instaurazione di rapporti di parentela con i parenti dei propri genitori.*

3. IL DISCONOSCIMENTO DELLA PATERNITÀ

Con l'azione di disconoscimento della paternità si mira a fare cadere la presunzione di paternità del marito. L'azione è consentita solo nei casi seguenti (art. 235):

a) se i *coniugi non hanno coabitato* nel periodo compreso fra il trecentesimo ed il centottantesimo giorno prima della nascita;
b) se durante il tempo predetto il marito era affetto da *impotenza,* anche soltanto di generare;
c) se nel detto periodo la moglie ha commesso *adulterio* o ha tenuto *celata* al marito la sua *gravidanza* e la nascita del figlio.

Relativamente a tale ultimo caso, la Corte cost., con sent. 6-7-2006, n. 266, ha dichiarato l'**illegittimità** costituzionale dell'art. 235, comma 1, n. 3, nella parte in cui, ai fini dell'azione di disconoscimento della paternità, subordina l'esame delle prove tecniche, da cui risulta «che il figlio presenta caratteristiche genetiche o del

Autore : dott. Silvio Li Donni - www.lulu.com

La filiazione   93

gruppo sanguigno incompatibili con quelle del presunto padre», alla previa dimo-strazione dell'adulterio della moglie.

Legittimati ad agire sono: il *padre*; la *madre*; il *figlio* ovvero *un curatore specia-le* nominato dal giudice su istanza del figlio minore che ha compiuto i sedici anni.

In caso di accoglimento dell'azione, il figlio risulta figlio naturale riconosciuto dalla madre.

4. ALTRE AZIONI DI STATO DI FIGLIO LEGITTIMO

Col termine «*azioni di stato di figlio legittimo*» sono indicate tutte *quelle azioni dirette ad ottenere il riconoscimento o il disconoscimento dello «status» di figlio legittimo.*

Dell'azione di disconoscimento si è già detto al paragrafo precedente; esaminiamo ora le altre azioni:

— **azione d'impugnativa della paternità legittima:** è l'azione diretta a disconoscere la pa-ternità legittima *nel caso in cui il figlio sia nato prima dei 180 giorni dalla celebrazione del matrimonio* (art. 233). Essa può *essere* promossa non soltanto dal padre, ma anche dalla madre e dal figlio stesso.
    Trattasi di azione del tutto *simile* a quella di disconoscimento di paternità (art. 235);

— **azione di contestazione della legittimità:** con questa azione, che può essere esperita da *chiunque vi abbia interesse, si mira a negare l'appartenenza del nato alla famiglia,* al fine di escluderlo da ogni diritto (art. 248). Con essa, pertanto, si può impugnare l'identità del figlio, il parto, la nullità del matrimonio, la falsità della data di nascita che nasconde l'adulterità del figlio etc.
    Il giudizio deve svolgersi contro il figlio; in esso debbono essere chiamati entrambi i genitori. L'azione è imprescrittibile;

— **azione di reclamo della legittimità:** con questa azione il *figlio,* che si ritenga legittimo, ma non abbia conseguito il corrispondente *status,* reclama la propria qualità di figlio legit-timo. Va però osservato che l'interessato risulta figlio legittimo di altre persone, non può reclamare tale stato rispetto a persone diverse se non nel caso di supposizione di parto o di sostituzione di neonato. Anche tale azione è imprescrittibile (art. 249).

5. LA FILIAZIONE NATURALE

A) Il riconoscimento

Figli naturali sono quelli nati da genitori non sposati tra loro. Al riguardo si deve distinguere tra:

— **figlio naturale riconoscibile**, che è quello nato da persone che, o non sono sposate, o erano già unite in matrimonio con altra persona all'epoca del concepi-mento;

— **figlio naturale irriconoscibile**, che è quello nato da persone legate tra loro da vincolo di parentela (anche solo naturale, in linea retta all'infinito e in linea collaterale nel 2° grado) o affinità, in linea retta, salvo che i genitori, al tempo del concepimento, ignorassero la parentela esistente tra loro o sia stato dichiara-to nullo il matrimonio da cui deriva l'affinità. Quando uno solo dei genitori sia stato in buona fede, egli, però, può riconoscere il figlio.

Autore : dott. Silvio Li Donni - www.lulu.com

94   Capitolo Sedicesimo

Il **riconoscimento** consiste nella dichiarazione fatta da uno o da entrambi i genitori che una data persona è proprio figlio naturale.

Esso può essere operato o nell'atto di nascita, o con apposita dichiarazione posteriore alla nascita o al concepimento resa davanti all'ufficiale di stato civile o al giudice tutelare, o in un atto pubblico, o in un testamento in qualsiasi forma redatto.

B) Lo «status» di figlio naturale riconosciuto

L'art. 30 Cost. stabilisce che «è *dovere e diritto dei genitori mantenere, istruire ed educare i figli, anche se nati fuori del matrimonio»* e che *«la legge assicura ai figli nati fuori dal matrimonio ogni tutela giuridica e sociale, compatibile con i diritti dei membri della famiglia legittima».*

La riforma ha cercato di dare piena attuazione alle disposizioni della Costituzione equiparando la posizione giuridica dei figli legittimi e naturali. In generale si può dire che la situazione di essi:

— è identica in tema di diritti patrimoniali;
— è diversa per alcuni limitati aspetti.

In particolare, col riconoscimento il figlio acquista lo stato di figlio naturale nei confronti di chi lo ha riconosciuto.

Da tale *status* derivano i seguenti effetti:

a) il genitore che ha riconosciuto il figlio assume nei confronti di questo gli *stessi diritti e doveri* che ha rispetto ai figli legittimi;
b) il genitore che ha riconosciuto il figlio esercita la *potestà* su di lui;
c) il figlio naturale acquista il *cognome* del genitore che lo ha riconosciuto per primo, o, se è stato riconosciuto insieme da entrambi, quello del padre (v. *amplius* l'art. 262);
d) il figlio naturale è equiparato ai figli legittimi per *i diritti di successione mortis causa*: questi ultimi, però, hanno la c.d. *facoltà di commutazione,* cioè, possono soddisfare in danaro o in beni immobili ereditari la porzione del figlio naturale, estromettendolo dalla comunione ereditaria;
e) tra figlio naturale e genitore vi sono reciproci *obblighi alimentari;*
f) il figlio naturale *non* acquista *vincoli di parentela* con i parenti del genitore che l'ha riconosciuto;
g) la legge disciplina in modo particolare l'*inserimento* del figlio naturale *nella famiglia legittima* di uno dei genitori, ponendo alcune cautele *(*v. art. 252).

6. L'AZIONE PER LA DICHIARAZIONE GIUDIZIALE DI MATERNITÀ O PATERNITÀ NATURALE

Se i genitori non hanno riconosciuto il figlio naturale, il figlio stesso può agire in giudizio per ottenere la dichiarazione giudiziale di maternità o paternità naturale, col relativo *status.*

L'azione per ottenere la *dichiarazione di maternità o paternità naturale è sempre esperibile*, nei casi in cui è ammesso il riconoscimento. La prova può *essere* data con ogni mezzo; in ogni caso, la sola dichiarazione della madre e la sola esistenza di rapporti tra la madre ed il preteso padre, all'epoca del concepimento, non costituiscono prova della paternità naturale. Con la sent. 50/2006 la Corte costituzionale ha dichiarato l'**illegittimità** costituzionale dell'art. 274 c.c. nella parte in cui prevede la necessità di una preventiva «delibazione in ordine all'ammissibilità dell'azione per la dichiarazione giudiziale di paternità o maternità naturale».

Autore : dott. Silvio Li Donni - www.lulu.com

La filiazione   95

7. LA LEGITTIMAZIONE DEL FIGLIO NATURALE

Il figlio naturale (riconosciuto o riconoscibile) può acquistare lo *status* di figlio legittimo per effetto della *legittimazione*.

La caratteristica dell'istituto che lo differenzia dal riconoscimento del figlio naturale, è costituita dal fatto che la legittimazione fa nascere un rapporto di parentela tra il legittimato ed i familiari del genitore. Un'altra differenza è nel fatto che la decorrenza degli effetti è *ex tunc* per il riconoscimento, *ex nunc* per la legittimazione (TRABUCCHI).

La legittimazione può avvenire in due modi:

a) *per susseguente matrimonio*, quando i due genitori naturali, dopo la nascita del figlio, si sposino tra loro; gli *effetti* si producono dal giorno del matrimonio, se il riconoscimento è avvenuto con l'atto di matrimonio o anteriormente, oppure dal giorno del riconoscimento, se questo è avvenuto dopo il matrimonio;

b) *per provvedimento del giudice*, se vi sia l'impossibilità o un ostacolo gravissimo a celebrare il matrimonio (cfr. art. 284, in cui ne sono elencate le condizioni).

8. L'ADOZIONE E L'AFFIDAMENTO

Il nostro ordinamento giuridico ha posto come supremo diritto quello del minore ad essere allevato all'interno della famiglia: nei casi in cui il minore non possa essere allevato dalla sua famiglia di origine, la legge n. 184 del 1983 ha predisposto vari istituti per permettere l'inserimento (temporaneo o definitivo) del minore all'interno di un altro nucleo familiare.

Con tale legge è stato così regolato l'istituto dell'affidamento temporaneo dei minori che siano privi di un ambiente familiare idoneo.

La situazione che legittima l'affidamento deve essere *temporanea* (se fosse duratura si avrebbe adozione). Possono essere affidatari di minori: famiglie, possibilmente con figli minori; persone singole; comunità di tipo familiare. In caso di necessità è previsto anche l'affidamento ad un istituto di assistenza.

9. L'ADOZIONE DEI MINORI

Gli artt. 6 e 7 della L. n. 184/83 richiedono la sussistenza di alcuni requisiti soggettivi degli adottanti e del minore da adottare (adottando). Essi sono:

a) *requisiti soggettivi degli adottanti*:

— devono essere uniti in matrimonio da almeno tre anni e non devono essere separati neppure di fatto;

— la loro età deve superare di almeno diciotto e non più di quarantacinque anni l'età dall'adottando;

— devono essere «affettivamente» idonei ad educare ed istruire il minore ed essere in grado di mantenerlo;

b) *requisiti soggettivi dell'adottando*:

— l'adozione è consentita per tutti i minori, non essendo rilevante la loro età;

Autore : dott. Silvio Li Donni - www.lulu.com

96   Capitolo Sedicesimo

— il minore deve essere sentito se ha tra i dodici e i quattordici anni e deve prestare il suo consenso all'adozione se ha più di quattordici anni.

Lo **stato di adottabilità** del minore presuppone una *situazione di abbandono* che si concreta nella *mancanza di assistenza morale e materiale* da parte dei genitori o dei parenti tenuti a provvedervi. È necessario, tuttavia, che la mancanza di assistenza non sia dovuta a una forza maggiore di carattere transitorio.

La legge prevede per l'adozione un particolare *procedimento* mirante a garantire gli interessi dei minore e a consentire altresì alla famiglia d'origine di opporsi all'adozione, ove ne manchino i presupposti, senza però poter mercanteggiare il proprio assenso».

L'intervento dell'adozione produce i seguenti effetti:

a) il minore adottato acquista lo stato di figlio legittimo degli adottanti e ne assume il cognome;

b) cessano i rapporti giuridici tra adottato e la famiglia d'origine, salvi i divieti matrimoniali.

Il procedimento di adozione è abbastanza lungo e complesso:

— deve in primo luogo essere dichiarato dal tribunale per i minorenni, lo **stato di adottabilità** del minore in tutti i casi in cui è accertato il suo stato di abbandono;

— i coniugi che intendono adottare minori, devono presentare **domanda al tribunale per i minorenni:**

— lo stesso Tribunale procede, dopo aver effettuato indagini sull'idoneità della coppia, **all'affidamento preadottivo** del minore alla coppia prescelta. Tale affidamento dura un anno e può essere revocato in ogni momento;

— trascorso l'anno, il Tribunale, verificata la sussistenza delle condizioni richieste dalla legge e con il consenso del minore ultraquattordicenne, provvede all'adozione con **decreto** motivato.

Sono previste anche altre forme di adozione:

— l'**adozione in casi particolari:** si ha in favore di minore che non si trovi in stato di abbandono, ma sia orfano di entrambi i genitori: adottante può essere solo una persona unita al minore da rapporto di parentela o comunque di affetto stabile preesistente alla morte dei genitori;

— l'**adozione di persone maggiori di età:** riservata sostanzialmente a tutelare aspettative successorie, è permessa alle persone che non hanno discendenti legittimi o legittimati, che abbiano compiuto i 35 anni e che superino di almeno 18 anni l'età di coloro che intendono adottare (art. 291). È vietata l'adozione dei propri figli naturali;

— l'**adozione internazionale:** la legge n. 184 del 1983 disciplina anche l'adozione di minori stranieri.

Autore : dott. Silvio Li Donni - www.lulu.com

La filiazione   97

TERMINI

Potestà: è una *situazione soggettiva attiva* che attribuisce al soggetto che ne è titolare i poteri per realizzare *interessi che non fanno capo direttamente a lui*.

La natura di tale posizione soggettiva comporta che chi ne è investito è vincolato alla tutela degli interessi per cui la potestà è attribuita: si parla perciò di potestà-dovere, o *munus*.

• **Potestà dei genitori** *artt. 315-337 c.c.; art. 36 L. 31-5-1995, n. 218*

La potestà dei genitori consiste nel *potere-dovere* di *proteggere, educare, istruire i figli minorenni non emancipati e di curarne gli interessi patrimoniali*.

Essa è esercitata dai genitori *di comune accordo* e, in caso di contrasto su questioni di particolare importanza, ciascuno dei genitori può ricorrere al giudice, il quale suggerisce la soluzione più utile nell'interesse dei figli e dell'unità della famiglia, e, se il contrasto permane, attribuisce il potere di decisione al genitore che ritiene più idoneo a curare l'interesse dei figli.

Il contenuto della potestà è di due specie:

— di *natura personale*: esso comprende il dovere di custodire, allevare, educare ed avviare ad una professione il minore;

— di *natura patrimoniale*, ed in questo ambito si ricomprendono:

    — la *rappresentanza* legale del minore;

    — l'*amministrazione dei suoi beni*: mentre gli *atti di ordinaria amministrazione*, salvo i contratti con i quali si concedono o si acquistano diritti personali di godimento, possono essere compiuti disgiuntamente da entrambi i genitori, quelli di *amministrazione straordinaria* devono essere compiuti congiuntamente e con l'autorizzazione del giudice tutelare (art. 320 c.c.).

    Occorrono, invece, l'autorizzazione del tribunale ed il parere del giudice tutelare per la continuazione dell'impresa commerciale da parte del minore;

    — l'*usufrutto legale* dei beni del minore (esclusi quelli di cui all'art. 324 c.c.).

La potestà rimane in titolarità di entrambi i genitori quando, a seguito di annullamento, di separazione, di scioglimento, o di cessazione degli effetti civili del matrimonio, i figli vengono affidati ad uno di essi, ma il suo esercizio, salva diversa disposizione del giudice, spetta esclusivamente al genitore affidatario.

Nel sistema italiano di diritto internazionale privato la potestà dei genitori è regolata dalla legge nazionale del figlio. Tale disciplina, oltre ad essere più vicina al figlio, evita problemi di coordinamento che potrebbero sorgere dalla applicazione della legge dei genitori se questi hanno cittadinanza diversa (art. 36 L. 218/95).

Presunzione: la presunzione è la *conseguenza che la legge o il giudice* trae da un *fatto noto* per risalire ad un *fatto ignoto*.

Si distingue tra presunzione *legale* e presunzione *semplice*.

Con la presunzione *legale*, la legge dispensa la parte dalla prova di un determinato fatto, deducendone la verità dall'esistenza di un altro fatto noto o più facilmente dimostrabile.

Si distingue peraltro la presunzione *assoluta* (*iuris et de iure*), che non ammette la prova contraria, da quella *relativa* (*iuris tantum*) che consente alla parte contro cui la presunzione è invocata di provare che la verità è diversa.

Autore : dott. Silvio Li Donni - www.lulu.com

98   Capitolo Sedicesimo

Le presunzioni *semplici* sono sostanzialmente delle *deduzioni* che il giudice trae per formare il proprio convincimento in ordine a fatti non provati. Peraltro, ai sensi dell'art. 2729 c.c., affinché siffatte presunzioni giustifichino una determinata decisione in ordine alla verità dei fatti è necessario che risultino *gravi, precise e concordanti*.

Status: è la posizione complessiva di un soggetto nell'ambito della collettività o in un corpo sociale minore, caratterizzata da una particolare sfera di capacità, diritti, doveri etc. Si parla così di status di cittadino o di straniero, riguardo allo stato di cittadinanza; di figlio naturale o legittimo, di celibe, vedovo, o coniugato, con riguardo allo stato di famiglia etc. Gli status, non rappresentano, quindi, delle posizioni soggettive, ma le implicano.

Lo status di padre di famiglia comporta determinati *doveri* verso i figli (istruzione, educazione, mantenimento) e particolari *diritti* (es.: il diritto agli assegni familiari in aggiunta alla paga base etc.).

Lo status di cittadino comporta, invece, la *titolarità* dei *diritti politici* (voto, elettorato passivo, diritto di petizione), e dei *doveri pubblici* (obbligo di partecipare alla spesa pubblica, pagando le tasse; obbligo di prestare il servizio militare etc.).

All'interno di tali status *giuridici soggettivi* troviamo appunto le singole *situazioni giuridiche soggettive* con carattere eminentemente statico.

CAPITOLO DICIASSETTESIMO

L'IMPRESA E LE SOCIETÀ

1. L'IMPRENDITORE

Fenomeno diffusissimo nell'ambito della vita commerciale e sociale moderna è **l'impresa**, che è, peraltro, istituto regolato dal codice civile (sotto il vecchio codice era invece regolamentato dal Codice Commerciale).

Il codice attuale non dà una definizione di impresa ma essa si deduce dal quella di imprenditore, contenuta nell'art. 2082.

Imprenditore è colui che esercita professionalmente un'attività economica organizzata al fine della produzione o dello scambio di beni o di servizi.

Elementi costitutivi dell'impresa. quindi, sono:

— la **professionalità**: l'attività deve essere abituale e non occasionale;
— l'**esercizio in proprio**: chi esercita la propria attività nell'impresa altrui non è imprenditore. Imprenditore è colui che si assume in proprio il rischio dell'attività imprenditoriale;
— l'**attività economica**: l'attività deve essere diretta ad un risultato utile (*lucro*) alla produzione cioè di un guadagno. Es.: le associazioni di beneficenza che vendono i loro prodotti ad un prezzo inferiore ai costi di produzione, non svolgono un'attività imprenditoriale.
L'attività deve essere diretta alla produzione (es.: agricoltura, industria) o allo scambio (commercio) di beni o servizi (es.: le imprese di trasporto);
— l'**organizzazione dei mezzi**: ossia l'imprenditore deve predisporre per il compimento della propria attività beni e capitali. Se un soggetto lavora in proprio senza l'impiego di capitali e di beni, non è imprenditore.

2. CATEGORIE DI IMPRENDITORI

Il codice individua vari tipi di impresa:

— **impresa commerciale**: (art. 2195) svolge un'attività economica diretta alla produzione ed allo scambio di beni e servizi, quali attività propriamente commerciali, attività industriali, di trasporto, bancarie o assicurative. È soggetta al fallimento nonché all'obbligo di iscrizione nel registro delle imprese;
— **impresa agricola** (art. 2135): svolge un'attività diretta alla coltivazione del fondo, alla silvicultura, all'allevamento nonché ad attività agricole connesse alle

Autore : dott. Silvio Li Donni - www.lulu.com

100   Capitolo Diciassettesimo

precedenti (come la trasformazione e la vendita di prodotti agricoli). Caratteristica dell'impresa agricola è di non essere soggetta a fallimento;
— **piccola impresa**: sono piccoli imprenditori (art. 2083) i coltivatori diretti del fondo, gli artigiani, i piccoli commercianti e chi esercita un'attività professionale organizzata prevalentemente col lavoro proprio e dei componenti della propria famiglia. Anche le piccole imprese non sono soggette a fallimento.

Si tenga presente che con il **D.Lgs. 12 settembre 2007, n. 169**, in vigore dal 1° gennaio 2008, il legislatore ha riformulato l'art. 1 della legge fallimentare, disciplinando i *nuovi requisiti di non fallibilità delle imprese*. Vengono, infatti, individuati una serie di *requisiti dimensionali massimi* che tutti gli imprenditori commerciali devono avere *congiuntamente* per non essere assoggettabili alle procedure concorsuali indipendentemente, quindi, dalla loro qualifica o meno, ai fini civilistici, di piccolo imprenditore.

3. ACQUISTO DELLA QUALITÀ DI IMPRENDITORE E CAPACITÀ DI ESERCITARE L'IMPRESA

La qualità di imprenditore commerciale si *acquista* per il solo fatto di esercitare professionalmente una attività economica di natura non agricola.

Nessun altro adempimento è richiesto, in quanto l'iscrizione nel registro delle imprese ha solo *efficacia dichiarativa*. Tale qualità si *perde* per cessazione effettiva dell'attività a prescindere dalla cancellazione dal registro delle imprese.

Il rischio che si ricollega all'esercizio dell'impresa e l'importanza del ricorso al credito, con conseguente necessità di tutelare i terzi che lo hanno concesso, giustifica una particolare disciplina in materia di capacità ad esercitare un'impresa commerciale.

Così:

— l'**assolutamente incapace** (minore non emancipato, interdetto) *non può* in nessun caso *iniziare* l'esercizio di un'impresa commerciale; *può*, invece, *continuare* l'esercizio di un'impresa commerciale che a lui pervenga per *successione o donazione*, previa autorizzazione del Tribunale, su parere del giudice tutelare (artt. 320 e 371 c.c.);

— l'**inabilitato** può soltanto *continuare* l'esercizio di un'impresa commerciale, se autorizzato dal Tribunale, su parere del giudice tutelare e con l'assistenza del curatore per gli atti eccedenti l'ordinaria amministrazione;

— il **minore emancipato** *può* essere, invece, autorizzato anche ad *iniziare* l'esercizio di una nuova impresa commerciale e, naturalmente, a continuare quello di un'impresa già esistente (in tal caso ha piena capacità anche per gli atti eccedenti l'ordinaria amministrazione, pure se estranei all'esercizio dell'impresa).

L'autorizzazione è data dal Tribunale, su parere del giudice tutelare e sentito il curatore (art. 397 c.c.).

4. IL LAVORO NELL'IMPRESA

L'impresa è un'organizzazione di mezzi: tra i mezzi più importanti dell'attività imprenditoriale vi è il lavoro dell'uomo.

Il nostro ordinamento giuridico assicura la massima tutela al lavoro sia nel codice (l'art. 2087 sancisce che l'imprenditore è tenuto ad adottare nell'esercizio del-

Autore : dott. Silvio Li Donni - www.lulu.com

L'impresa e le società   101

l'impresa le misure che, secondo la particolarità del lavoro, l'esperienza e la tecnica, sono necessarie a tutelare l'integrità fisica e la personalità morale dei lavoratori) che in numerose leggi, tra le quali è da ricordare per la tutela alla libertà ed alla dignità accordata al lavoro, lo Statuto dei Lavoratori (L. 20 maggio 1970, n. 300).
La maggior parte delle norme a tutela dei lavoratori sono inderogabili.

Il lavoro che viene prestato all'interno di un'impresa trova generalmente la sua fonte in un contratto di lavoro. Trattasi in questi casi di **lavoro subordinato**, caratterizzato da:

— subordinazione;
— onerosità:
— collaborazione;
— continuità.

Distinto dal lavoro subordinato, è il rapporto di **lavoro autonomo** che trova la sua fonte in un contratto d'opera o in contratto di prestazione intellettuale.

Le differenze tra i due tipi di lavoro sono:

— il lavoro autonomo non è subordinato, ad alcun soggetto;
— il lavoro autonomo non si realizza nella prestazione di un'attività continua ma nell'impegno alla realizzazione di un'opera finita.

5. GLI AUSILIARI SUBORDINATI DELL'IMPRENDITORE

Principali figure di *ausiliari subordinati* sono *l'institore,* i *procuratori,* ed i *commessi,* tutti forniti di poteri rappresentativi che non derivano da una procura; per il solo fatto di svolgere, nell'impresa, specifiche mansioni, la legge riconosce loro uno speciale potere di rappresentanza (artt. 2203-2213 c.c.).

A) L'institore

L'Institore è la persona preposta dal titolare all'esercizio di un'impresa commerciale, o di una sede secondaria o di un ramo particolare dell'impresa (art. 2203 c.c.).

È colui che l'imprenditore ha preposto all'esercizio dell'impresa di una sede secondaria o di un ramo della stessa.

Egli pertanto riveste pur sempre la qualifica di *lavoratore subordinato;* però rappresenta «*l'alter ego*» dell'imprenditore, cui deve direttamente e esclusivamente dare conto del suo operato.

Proprio in virtù di tale posizione e delle sue presunte qualità manageriali, l'institore risponde, con l'imprenditore, dell'osservanza delle disposizioni in materia di *iscrizione nel registro delle imprese* e di *tenuta dei libri contabili* (art. 2205 c.c.) e sono estese nei suoi riguardi le disposizioni relative alla *bancarotta* e agli altri *reati fallimentari.*

L'institore gode di *ampi poteri di gestione e rappresentativi*, che ineriscono alla sua funzione e *non richiedono*, pertanto, per la loro attribuzione, una *procura* espressa.

La procura è necessaria soltanto nel caso in cui l'imprenditore intenda restringere i poteri che la legge attribuisce all'institore.

Autore : dott. Silvio Li Donni - www.lulu.com

102   Capitolo Diciassettesimo

Riguardo ai **poteri di gestione e rappresentativi** previsti dalla legge, si nota che:

— l'institore può svolgere tutte le attività rientranti nel *normale esercizio dell'impresa* (sia di ordinaria che di straordinaria amministrazione); egli non può, però, *alienare o ipotecare gli immobili* del preponente, salvo che questi abbia espressamente ampliato i suoi poteri, in quanto tali atti (ed altri similari) non importano facoltà di gestione, ma di *trasformazione* dell'impresa;

— *ha la rappresentanza processuale necessaria*, collegata con i *poteri sostanziali* che per legge o per procura gli sono stati attribuiti: può così stare in giudizio, in nome del preponente, per le obbligazioni dipendenti da atti compiuti nell'esercizio dell'impresa a cui è preposto;

— ha l'obbligo, quando agisce (come del resto qualsiasi rappresentante), di *dichiarare ai terzi* che agisce nel nome e per conto del preponente. Tuttavia, se *omette* di farlo e si tratta di *atti pertinenti* all'esercizio dell'impresa, la legge sancisce la *doppia responsabilità* tanto dell'institore che dell'imprenditore preponente (art. 2208 c.c.), in quanto il terzo può avere la legittima incertezza sul se l'institore abbia agito in nome proprio o quale rappresentante dell'imprenditore.

Comunque, l'agire dell'institore in nome e per conto del preponente può anche risultare implicitamente, per *fatti concludenti* (così se, ad esempio, usa la carta intestata dell'imprenditore o se tratta gli affari nella sede dell'impresa).

I poteri dell'institore vengono meno con il cessare della preposizione: la *revoca* dei poteri, tuttavia, *deve essere pubblicata*, anche se non fu resa pubblica, a suo tempo, la preposizione stessa.

B) I procuratori

Sono procuratori coloro i quali, in base ad un rapporto continuativo, possono compiere per l'imprenditore gli atti pertinenti all'esercizio dell'impresa, pur non essendovi preposti (art. 2209 c.c.).

Ad essi si applicano le stesse norme previste per gli institori, relative alla *pubblicità*, alla *modificazione* ed alla *revoca* delle procure (artt. 2206 e 2207 c.c.).

Il procuratore è, al pari dell'institore, un *rappresentante generale* dell'imprenditore ed a questi è legato da un rapporto stabile, ma il suo potere di rappresentanza non è tale da conferirgli una funzione direttiva generalizzata. Egli, infatti, ha autonomia gestionale strettamente circoscritta al settore operativo che dirige (es.: direttore del personale) e che svolge sempre sotto la sorveglianza di un superiore gerarchico.

A differenza dell'institore, il *procuratore non sostituisce l'imprenditore nella gestione dell'impresa* (non ha, quindi, potere di gestione).

C) I commessi

I commessi sono ausiliari che esercitano attività subordinata *di concetto o di ordine*; a loro sono affidate mansioni di carattere prevalentemente esecutivo, quindi estranee a funzioni direttive.

Tale nozione, in particolare, si ricava dalla consuetudine del commercio, in quanto il codice nulla dice in proposito.

I commessi possono essere preposti alla vendita nei locali dell'impresa (*commessi di negozio*) oppure incaricati della vendita da piazza a piazza (*commessi viaggiatori*).

Autore : dott. Silvio Li Donni - www.lulu.com

L'impresa e le società   103

I loro *poteri rappresentativi* sono piuttosto ridotti perché strettamente collegati alle mansioni svolte: essi, perciò, possono compiere gli atti che sono ordinari per la qualifica che rivestono.

Tuttavia i commessi *non possono*:

— esigere il prezzo di merci non consegnate né concedere dilazioni o sconti che non siano di uso (art. 2210 c.c.);

— derogare alle condizioni generali di contratto o alle clausole stampate sui moduli dell'impresa senza una speciale autorizzazione scritta (art. 2211 c.c.);

— esigere il prezzo delle merci vendute fuori dai locali di vendita, né nei locali stessi se alla riscossione è destinata un'apposita cassa (art. 2213 c.c.);

— acquistare in proprio merci vendute nel negozio ad un prezzo inferiore a quello sancito per la vendita, salvo autorizzazione dell'imprenditore.

D) Altri lavoratori subordinati

Oltre all'institore, ai procuratori e ai commessi, generalmente operano nell'impresa altri soggetti in posizione di subordinazione rispetto all'imprenditore.

Si tratta degli *impiegati ed operai* non dotati di potere di rappresentanza che svolgono la loro attività soltanto all'interno dell'impresa, senza entrare in contatto con i terzi.

L'esame della loro posizione nell'impresa forma oggetto di un'altra branca del diritto, vale a dire il diritto del lavoro, cui si rinvia.

6. IL REGISTRO DELLE IMPRESE

Sono **imprese commerciali** quelle che, abbiamo visto, svolgono una delle attività indicate nell'art. 2195. Esse sono soggette a particolari obblighi, tra i quali, oltre a quello di tenere le scritture contabili, vi è quello della **registrazione nel Registro delle Imprese**.

L'iscrizione degli imprenditori nel registro delle imprese ha efficacia:

— *positiva*, nel senso che i terzi non possono opporre l'ignoranza dei fatti iscritti, che si presumono ad essi noti;

— *negativa*, nel senso che i fatti non iscritti non sono, invece, opponibili ai terzi (a meno che non si provi che i terzi stessi ne erano a conoscenza).

Una volta avvenuta l'iscrizione, la presunzione di conoscenza è *assoluta (juris et de jure)*; in caso di mancata iscrizione, invece, vi è solo una presunzione *relativa* di ignoranza del terzo (è ammessa, cioè, la prova contraria).

L'efficacia dell'iscrizione, di regola, è solo *dichiarativa*, poiché si esaurisce nel campo dell'opponibilità ai terzi degli atti e dei fatti iscritti. In alcuni casi particolari, tuttavia, l'efficacia è *costitutiva*, come per le *società per azioni*, che solo con l'iscrizione nel registro *acquistano personalità giuridica* (art. 2331 c.c.). Per le società semplici, il piccolo imprenditore e l'imprenditore agricolo l'iscrizione, invece, ha funzione di mera pubblicità-notizia, avente lo scopo di rendere determinati fatti conoscibili ai terzi, senza però che la sua omissione incida sulla loro validità ed opponibilità a terzi.

Il D.L. 185/2008 (cd. *decreto anticrisi*), convertito dalla L. 2/2009 ha stabilito, per le società che si iscrivono nel registro delle imprese, l'obbligo di avere un indirizzo di posta elettronica certificata (**PEC**), prevedendo quindi modalità di consultazione dei dati ad esse relativi in forma elettronica.

Le imprese commerciali sono inoltre soggette al fallimento ed alle altre procedure fallimentari (si veda però par. 2).

7. L'AZIENDA

L'**azienda** è il complesso dei beni organizzati dall'imprenditore per l'esercizio dell'impresa (macchinari, locali, operai, materie prime etc.). Essa si trova in qualunque tipo di impresa (anche agricola).

L'azienda è quindi un complesso di beni mobili, immobili e crediti, ma l'ordinamento giuridico gli riconosce una funzione unitaria, tanto da considerarla essa stessa oggetto di diritto.

In particolare l'azienda, quale complesso unitario, è considerata una **universitas**, ossia un **bene mobile** (anche se di essa fanno parte beni immobili).

Fa parte dell'azienda anche il c.d. **avviamento**, ossia il valore dell'azienda stessa in relazione alla sua capacità di profitto.

L'avviamento, in pratica, è il plusvalore che deriva all'azienda dal fatto che i beni che la compongono sono organizzati e coordinati per conseguire lo stesso fine.

Il valore di avviamento varia a seconda della clientela che ha l'impresa, della disposizione dei locali dell'impresa stessa nonché della abilità dei collaboratori.

Es.: se io vendo il mio negozio di calzature in via Montenapoleone a Milano, l'avviamento dell'azienda venduta sarà sicuramente più alto di quello di un identico negozio di calzature che si trova, in un paesino della periferia di Milano.

L'azienda è caratterizzata da una particolare disciplina in tema di trasferimento.

Norma fondamentale in materia è quella dell'art. 2556 c.c., secondo cui: «per le imprese soggette a registrazione, i contratti che hanno per oggetto il trasferimento della proprietà o il godimento dell'azienda devono essere provati per iscritto, salva l'osservanza delle forme stabilite dalla legge per il trattamento dei singoli beni che compongano l'azienda o la particolare natura del contratto».

8. I SEGNI DISTINTIVI

L'impresa opera sul mercato per lo più in un **regime di concorrenza**, per cui è necessario che sia contraddistinta da alcuni elementi che ne permettano una facile individuazione.

Segni distintivi dell'impresa sono la *ditta*, l'*insegna* ed il *marchio*, che la legge tutela riconoscendone all'imprenditore l'esclusività dell'uso ed impedendo che altri possano avvalersene.

Tra i segni distintivi assume una prevalente importanza la **ditta**, che è il *nome sotto il quale l'imprenditore svolge la sua attività*.

Autore : dott. Silvio Li Donni - www.lulu.com

L'impresa e le società   105

Essa costituisce, a differenza del marchio e dell'insegna, che hanno carattere meramente facoltativo, mezzo di individuazione *necessario* dell'impresa economica.

Come la persona ha necessariamente un nome, l'impresa ha necessità di farsi individuare attraverso la ditta. Questa, in particolare, può corrispondere anche al nome dell'imprenditore, ma tale nome, in quanto è *ditta*, ha un autonomo regime giuridico, essenzialmente diverso da quello stabilito per il nome della persona. Si ricordi, inoltre, che la *ditta*, in quanto tale, è un carattere distintivo delle sole imprese individuali, mentre le imprese collettive (società) hanno un proprio segno distintivo che, nelle *società di persone*, si definisce *ragione sociale* e, nelle *società di capitali*, *denominazione sociale*.

Nella creazione della ditta l'imprenditore deve rispettare due principi: il principio della *verità* ed il principio della *novità*.

— *Principio della verità*
Esso impone che l'attività economica sia esercitata in nome proprio dall'imprenditore: per questo è stabilito che, in qualunque modo sia formata, *la ditta deve contenere almeno il cognome o la sigla dell'imprenditore medesimo* (art. 2563 c.c.; ad es.: la sigla GI.VI. Emme corrisponde a Giovanni Visconti di Modrone).

— *Principio della novità*
La ditta deve essere anche *nuova*, cioè *idonea a caratterizzare una data impresa, differenziandola in modo preciso da imprese similari*. La novità non è intesa in senso assoluto, ma in relazione ad imprese col medesimo oggetto ed operanti nella stessa parte del territorio nazionale.

Al fine di evitare che una ditta possa essere confusa con un'altra, a tutela dell'imprenditore che l'ha adottata per primo è esperibile l'*azione di usurpazione e contraffazione*. L'art. 2564 c.c. prescrive infatti che: «*quando la ditta è uguale o simile a quella usata da altri imprenditori e può creare confusione, per l'oggetto dell'impresa e per il luogo in cui questa è esercitata, deve essere integrata o modificata con indicazioni idonee*». L'obbligo di differenziazione grava su chi ha fatto uso *successivamente* di una ditta già adoperata da altri (criterio della priorità d'uso). Per le imprese commerciali la priorità d'uso coincide, di regola, con la priorità d'iscrizione nel registro delle imprese. Inoltre, se vi è stato dolo o colpa nell'uso della ditta altrui, è altresì prevista l'*azione di risarcimento dei danni*.

La ditta può essere trasferita sia per atto tra vivi che per causa di morte, purché con essa avvenga contestualmente il *trasferimento della azienda* (art. 2565 c.c.). Nel caso, poi, di usufrutto o affitto dell'azienda, la ditta deve essere *necessariamente trasferita*.

L'*insegna* è il *segno distintivo del locale* nel quale si svolge l'attività dell'imprenditore.

Essa può *corrispondere alla ditta* e, in questo caso, la tutela dell'insegna è un riflesso della tutela della ditta; può, invece, avere un *contenuto diverso* ed essere formata sia mediante una denominazione, che mediante figure o simboli.

Anche in questo caso l'insegna deve presentare i caratteri dell'*originalità* (cioè capacità distintiva), della *verità* e della *novità* (deve essere, cioè, tale da non ingenerare confusione, in relazione al luogo e all'oggetto dell'attività, con l'insegna adottata da altro imprenditore). Quando ricorrono tali presupposti l'insegna è *tutelata alla stregua della ditta e del marchio*.

Il **marchio** è il *segno distintivo del prodotto*.

Funzione precipua del marchio è quella di differenziare i beni e/o i servizi di un imprenditore da quelli merceologicamente similari immessi sul mercato dagli imprenditori concorrenti.

Il **marchio nazionale** è regolato dagli artt. 2569-2574 c.c. e dal *Codice della proprietà industriale* (C.P.I.), approvato con il D.Lgs. 10 febbraio 2005, n. 30 e destinato a sostituire la normativa nel tempo stratificatasi in tema di brevetti e invenzioni, modelli, disegni, marchi, novità vegetali e topografie di prodotti a semiconduttori.

Con il termine «**proprietà industriale**» si fa riferimento al complesso di quegli istituti predisposti a tutela, da un lato, dei segni distintivi dell'impresa e, dall'altro, delle creazioni intellettuali a contenuto tecnologico.

I marchi possono essere:

— *emblematici* o *figurativi*: consistono in figure, riproduzioni di oggetti del mondo reale o disegni fantastici;
— *nominativi*: consistono nel nome del produttore;
— *denominativi*: consistono in nomi comuni e di fantasia, nonché nelle più varie combinazioni di parole;
— *misti, composti* o *complessi*: quelli risultanti dalla combinazione di elementi emblematici, figurativi o nominativi. Ai fini del giudizio di confondibilità fra marchi, il potere evocativo di quelli complessi, misti e composti deve essere valutato tenendo conto di tutti gli elementi unitariamente considerati e non dei singoli elementi che, individualmente considerati, potrebbero non ingenerare rischi di confusione;
— *di forma*: consistono nella forma dell'involucro o anche del prodotto (es.: la bottiglia della Coca-cola);
— *di servizio*: vengono apposti sul mezzo attraverso cui si produce il servizio (es.: sull'autobus per un servizio di trasporto).

Esistono poi i c.d. *marchi collettivi* (art. 2570 c.c.) che appartengono ad un soggetto, ad esempio ad una società o ad un'associazione, che non svolge alcuna attività di impresa, limitandosi a garantire la qualità, la natura e l'origine della merce prodotta dagli imprenditori, cui è concesso l'uso del marchio stesso (es.: pura lana vergine).

I **requisiti di validità** del marchio sono:

— *novità*: non deve essere già noto come marchio di prodotti o merci dello stesso genere fabbricati o messi in commercio da altri imprenditori;
— *liceità*: non deve essere contrario alla legge, all'ordine pubblico o al buon costume;
— *verità*: non deve ingannare i consumatori circa la qualità, la provenienza e la natura dei prodotti;
— *originalità*: non deve essere generico ma dotato di capacità distintiva.

Autore : dott. Silvio Li Donni - www.lulu.com

L'impresa e le società   107

9. LE IMPRESE COLLETTIVE

Si distinguono le **imprese individuali**, quelle cioè in cui è un solo soggetto ad esercitare l'attività economica imprenditoriale, e le **imprese collettive**, cioè quelle nelle quali più soggetti uniscono i loro capitali ed assumono insieme il rischio dell'impresa. Queste sono le società.

Con il termine **società** si intende, quindi, la forma di esercizio collettivo dell'impresa, forma sempre più rilevante nell'ambito dell'attuale economia, in quanto distribuisce (riducendoli) i rischi d'impresa tra più soggetti.

10. IL CONTRATTO DI SOCIETÀ

La società si costituisce mediante un **contratto** con il quale due o più persone conferiscono beni o servizi per l'esercizio in comune di un'attività economica, allo scopo di dividerne gli utili (art. 2247).

Il contratto societario regola non solo i rapporti interni tra i soci ma svolge anche una funzione normativa, in quanto regola anche i rapporti tra società e terzi.

Requisiti indispensabili del contratto di società sono:

— **pluralità di soci**: il contratto deve essere stipulato tra più soggetti e tale pluralità deve anche persistere per tutta la vita della società (l'art. 2362 regola i casi in cui durante la vita dell'ente venga a trovarsi un unico socio);
— **scopo**: la società per definizione, deve avere uno scopo economico, più in particolare, lucrativo;
— **oggetto**: deve risultare dall'atto costitutivo e può essere il più vario;
— **conferimento**: con il contratto di società ciascun socio si obbliga a contribuire alla formazione del capitale sociale mediante un conferimento di beni o servizi.

Per alcune società (*società per azioni*, in *accomandita per azioni*, *a responsabilità limitata, società cooperative* e *mutue assicuratrici*) la legge prescrive che il contratto costitutivo debba necessariamente essere fatto per atto pubblico. Negli altri casi la forma è libera.

11. LE SOCIETÀ UNIPERSONALI

In deroga al principio fissato dall'art. 2247 c.c., che definisce la società come quella scaturente dal *contratto tra due o più persone*, il D.Lgs. 88/1993 ha espressamente previsto la costituzione di *società a responsabilità limitata con un unico socio*, permettendo ad un singolo soggetto di esercitare individualmente un'attività di impresa e di godere del beneficio della responsabilità limitata. Sulla stessa scia il D.Lgs. 6/2003 ha ammesso la costituzione per **atto unilaterale** anche della *società per azioni*, modificando in tal senso il testo dell'art. 2328 c.c.

Per le *società personali*, invece, non è prevista la costituzione ad opera di un unico socio.

Autore : dott. Silvio Li Donni - www.lulu.com

108   Capitolo Diciassettesimo

12. LA PUBBLICITÀ DEL CONTRATTO DI SOCIETÀ

Tranne che per le società semplici per le quali non è prevista alcuna forma di pubblicità, la legge prescrive negli altri casi che il contratto societario venga reso pubblico mediante l'iscrizione nel Registro delle Società.

Gli effetti dell'iscrizione sono diversi:

— *per le società di persone* (in nome collettivo e in accomandita semplice) la società esiste anche senza l'iscrizione (in questo caso si tratterà di **società irregolari**), ma ai rapporti tra la società ed i terzi si applicheranno le norme sulla società semplice (art. 2297), ferma restando la responsabilità dei soci;

— *per le società di capitali* (società per azioni, in accomandita per azioni e a responsabilità limitata) l'iscrizione determinante per l'acquisto della personalità giuridica (l'iscrizione ha efficacia costitutiva), per cui queste società senza l'iscrizione non esistono (non può quindi parlarsi nemmeno di società irregolari).

13. TIPI SOCIETARI

La distinzione più rilevante all'interno delle società è quella tra società di persone e società di capitali.

— **Società di persone**: in questo tipo di società prevale l'elemento personale rispetto a quello patrimoniale. Esse non acquistano una personalità giuridica autonoma rispetto ai soci, ma a loro è pur sempre accordata **un'autonomia patrimoniale imperfetta** in quanto i creditori sociali hanno, a garanzia dei loro crediti non solo il patrimonio societario ma, *in caso di insufficienza di questo*, anche il patrimonio dei singoli soci (che sono responsabili illimitatamente e solidalmente per tutti i debiti della società).

Sono società di persone:

— la **società semplice**: può avere ad oggetto solo attività lucrative non commerciali. Non è soggetta a pubblicità. I soci sono tutti (salvo patto contrario) illimitatamente responsabili per le obbligazioni sociali;

— la **società in nome collettivo**: svolge attività commerciali. Tutti i soci sono illimitatamente e solidalmente responsabili per le obbligazioni sociali, tanto che il fallimento della società si estende automaticamente a tutti i soci;

— la **società in accomandita semplice**: di essa fanno parte due diverse categorie di soci, ossia i **soci accomandanti** che conferiscono solo i beni, non hanno il potere di amministrare la società e sono responsabili delle obbligazioni della società solo limitatamente al valore dei beni conferiti, ed i **soci accomandatari** che hanno il potere di amministrazione e rispondono illimitatamente (come i soci della società in nome collettivo) e solidalmente con tutto il proprio patrimonio delle obbligazioni della società.

Società di capitali: in cui prevale l'elemento economico costituito dal capitale e dal patrimonio della società. Esse hanno personalità giuridica che acquistano con l'iscrizione nel Registro delle Società.

La loro principale caratteristica è quella di godere (proprio in seguito all'acquisto della personalità giuridica, ossia proprio per il fatto di essere autonomi sog-

Autore : dott. Silvio Li Donni - www.lulu.com

L'impresa e le società

109

getti di diritto) di **un'autonomia patrimoniale perfetta**, nel senso che i soci rispondono delle obbligazioni sociali solo nei limiti della quota conferita (i creditori sociali, cioè, possono soddisfarsi solo sul patrimonio della società, mai su quello dei soci).

Sono società di capitali:

— la **società a responsabilità limitata**: ha, come tutte le società di capitali, personalità giuridica e garantisce ai soci una responsabilità limitata (alle quote di conferimento) per le obbligazioni societarie. Se la società fallisce, il fallimento non si estende ai soci;

— la **società per azioni**: è la forma di società di capitali più importante (predisposta soprattutto per le imprese di grandi dimensioni). Ha personalità giuridica e la sua caratteristica consiste nel fatto che le quote di capitale sono rappresentate da azioni. Il codice contiene una disciplina molto dettagliata concernente la società, i suoi organi ed il suo funzionamento;

— la **società in accomandita per azioni**: come nella società in accomandita semplice, anche qui i soci accomandatari, che hanno il potere di amministrazione, sono responsabili personalmente e illimitatamente delle obbligazioni sociali. Il loro capitale è rappresentato da azioni.

Fanno parte delle società di capitali anche le **società mutualistiche** (società cooperative e di mutua assicurazione): esse a differenza dei tipi sociali appena esaminati, non hanno uno scopo di lucro, bensì uno scopo mutualistico, ossia quello di fornire beni, servizi od occasioni di lavoro direttamente ai propri soci a condizioni più vantaggiose di quelle che otterrebbero dal mercato.

Es.: una società per azioni che svolge la sua attività nell'ambito dell'edilizia, costruisce case per poi rivenderle; i guadagni casi ricavati vengono ripartiti tra i soci; in una cooperativa edilizia, invece, i soci mettono insieme dei capitali per la costruzione di case che verranno assegnate direttamente ai singoli soci.

14. IPOTESI PARTICOLARI DI SOCIETÀ

Per **società apparente** si intende l'ipotesi nella quale alcune persone, pur in mancanza della volontà di costituire una società, si comportano di fatto come se fossero soci, o comunque appaiono tali ai terzi che con loro entrano in rapporto, inducendoli a fare affidamento sull'esistenza della società e sulla sua responsabilità solidale per le obbligazioni assunte.

Secondo la giurisprudenza, in tal caso sono responsabili illimitatamente e solidalmente coloro che colpevolmente hanno fatto apparire una situazione (il vincolo sociale) non corrispondente alla realtà; eventualmente costoro sono assoggettabili al fallimento.

Per **società occulta** (o *interna*) si intende il caso nel quale effettivamente più persone danno vita ad una società, ma pattuiscono che essa *non risulti all'esterno*, cioè che nei rapporti con i terzi solo uno di essi appaia come imprenditore individuale e non come socio: ciò allo scopo di far ricadere solo su chi agisce, e non sulla società, la responsabilità per le obbligazioni con i terzi.

Autore : dott. Silvio Li Donni - www.lulu.com

110   Capitolo Diciassettesimo

Per **società palese con soci occulti** s'intende l'ipotesi di società manifestata ai terzi nella quale però uno o più soci rimangano nell'ombra.

Per **società di fatto** s'intende una società di persone costituita solo verbalmente o per comportamenti concludenti: se svolge attività *non commerciale*, si applicherà la disciplina della società semplice, se svolge attività *commerciale*, si applicherà la disciplina della società in nome collettivo *irregolare*.

Per **società di comodo** si intendono le società costituite per fini diversi da quello dell'esercizio in comune di attività economica (art. 2247 c.c.), per esempio a fini fiscali (eludere le imposte progressive intestando beni propri alla società, evitare le imposte successorie conferendo il proprio patrimonio ad una società della quale siano soci gli eredi etc.).

Secondo la giurisprudenza della Suprema Corte, il contratto costitutivo di tale società è nullo per simulazione, mentre la dottrina parla di nullità perché trattasi di contratto in frode alla legge.

Infine, per **società tra professionisti** si intendono quelle costituite fra soggetti esercenti una professione intellettuale (medici, avvocati, ragionieri etc.). La possibilità per i professionisti di svolgere la propria attività in forma societaria era espressamente vietata dall'art. 2 L. 1815/1939, ma successivamente l'art. 24 L. 266/1997 ha abrogato la citata previsione normativa e, sovvertendo un consolidato orientamento giurisprudenziale, ha consentito l'esercizio delle professioni intellettuali in forma di società. Attualmente, l'unica forma di società fra professionisti compiutamente regolata è la *società fra avvocati* (D.Lgs. 96/2001).

TERMINI

Autonomia patrimoniale: è l'autonomia del patrimonio di una *persona giuridica* rispetto a quello dei suoi componenti.

Conseguentemente, i beni della persona giuridica appartengono ad essa e non ai singoli partecipanti: ciò significa che i creditori dei singoli partecipanti non possono rivalersi sul patrimonio dell'ente.

• **Autonomia patrimoniale perfetta**: dà luogo alla *separazione assoluta dei patrimoni* (dell'ente e dei partecipi ad esso), così che il patrimonio del singolo partecipante è insensibile ai debiti dell'ente ed il patrimonio dell'ente è parimenti insensibile ai debiti personali del singolo partecipante.

L'autonomia patrimoniale perfetta si realizza nelle *società di capitali*, ove i soci rispondono delle obbligazioni sociali soltanto nei limiti della quota conferita (con l'eccezione dei soci accomandatari nelle società in accomandita per azioni). Ne consegue che *i creditori particolari del socio non possono soddisfarsi sulla quota di questo nella società ed i creditori sociali non possono pretendere che i soci facciano fronte, con i propri patrimoni personali, ai debiti contratti dalla società.*

• **Autonomia patrimoniale imperfetta**: è propria degli *enti non riconosciuti* e delle *società di persone*.

Autore : dott. Silvio Li Donni - www.lulu.com
L'impresa e le società

111

Tale autonomia patrimoniale si dice «imperfetta» in quanto, pur esistendo un fondo comune (su cui, in primo luogo, i creditori fanno valere i loro diritti), sono, inoltre, dalla legge considerati responsabili solidalmente e personalmente con i propri beni, nelle associazioni non riconosciute, anche coloro che hanno agito in nome e per conto dell'associazione medesima.

Anche le *società di persone* sono caratterizzate da autonomia patrimoniale imperfetta, in quanto la loro disciplina prevede (limitatamente alle società semplici) casi di liquidazione della quota del socio per suoi debiti personali e sancisce, in generale, la responsabilità illimitata e solidale dei soci (ad eccezione degli accomandanti, nell'accomandita semplice) per le obbligazioni sociali.

Fallimento: il fallimento è una procedura concorsuale rivolta, attraverso la liquidazione delle attività esistenti nel patrimonio del debitore, alla realizzazione coattiva e paritaria dei diritti dei creditori. Tale procedura è applicata quando l'imprenditore si trovi in stato di *insolvenza*, cioè quando non sia più in grado di soddisfare regolarmente le proprie *obbligazioni*.

Il fallimento è frazionato nel suo svolgimento in più procedimenti ed è compreso tra due atti ineliminabili: *la sentenza dichiarativa di fallimento* ed *il decreto di chiusura del fallimento*.

La procedura fallimentare in particolare riguarda tutti i beni del debitore e tutti i creditori e si basa sul *principio paritario* per cui tutti i creditori debbono essere ugualmente soddisfatti, salve le *cause legittime di prelazione*.

Caratteri della procedura fallimentare dunque sono:
— l'*universalità*: in quanto essa colpisce tutti i beni del debitore;
— la *concorsualità*: è predisposta nell'interesse di tutti i creditori.

I *presupposti* del fallimento sono di due specie:
— il *presupposto soggettivo* dato dalla *qualità di imprenditore commerciale*;
— il *presupposto oggettivo* consistente nel suo *stato di insolvenza*.

Il *decreto correttivo alla riforma fallimentare* (D.Lgs. 169/2007) ha apportato delle modifiche influenti sull'area di fallibilità, ampliandola. All'articolo 1 L.F., infatti, è stato eliminato il riferimento terminologico al «piccolo imprenditore» e sono stati introdotti diversi requisiti relativi tanto ai limiti dimensionali dell'impresa, quanto all'ammontare della esposizione debitoria, richiedendo il possesso congiunto degli stessi.

Alla luce del novellato art. 1 L.F., non sono soggetti alle disposizioni sul fallimento e sul concordato preventivo gli imprenditori commerciali che dimostrino il *possesso congiunto* dei seguenti requisiti:

a) aver avuto, *nei tre esercizi antecedenti* la data di deposito dell'istanza di fallimento o dall'inizio dell'attività se di durata inferiore, un attivo patrimoniale di ammontare complessivo annuo non superiore a trecentomila euro;

b) aver realizzato, in qualunque modo risulti, *nei tre esercizi antecedenti la data di deposito dell'istanza di fallimento o dall'inizio dell'attività se di durata inferiore*, ricavi lordi per un ammontare complessivo annuo non superiore a duecentomila euro;

c) avere un ammontare di debiti *anche non scaduti* non superiore a cinquecentomila euro.

Autore : dott. Silvio Li Donni - www.lulu.com

112   Capitolo Diciassettesimo

Registro delle imprese: è un *pubblico registro*, tenuto a cura di un apposito ufficio, sotto la vigilanza di un giudice a ciò delegato dal presidente di ciascun Tribunale. L'iscrizione nel registro delle imprese ha efficacia *ex nunc* (art. 2193 c.c.):

— *positiva*, nel senso che i terzi non possono opporre l'ignoranza dei fatti iscritti, che si presumono ad essi noti;

— *negativa*, nel senso che i fatti non iscritti non sono, invece, opponibili ai terzi (a meno che non si provi che i terzi stessi ne erano a conoscenza).

Una volta avvenuta l'iscrizione, la presunzione di conoscenza è *assoluta* (*juris et de jure*); in caso di mancata iscrizione, invece, vi è solo una presunzione *relativa* di ignoranza del terzo (è ammessa, cioè, la prova contraria).

L'efficacia dell'iscrizione, di regola, è solo *dichiarativa*, poiché si esaurisce nel campo della opponibilità. In alcuni casi particolari, tuttavia, l'efficacia è costitutiva, come per le *società per azioni*, che solo con l'iscrizione nel registro delle imprese acquistano personalità giuridica.

Il registro delle imprese è stato effettivamente istituito con l'art. 8 della L. 580/93 sul riordinamento delle Camere di commercio. In precedenza vigeva un regime transitorio in base al quale:

— erano esonerati dalla pubblicità gli imprenditori individuali e gli enti pubblici;

— erano soggetti a pubblicità solo gli atti e i fatti relativi alle società commerciali ed ai consorzi con attività esterne; nonché gli atti di autorizzazione all'esercizio di impresa commerciale da parte di un incapace; i provvedimenti di revoca di tali autorizzazioni; le procure institorie e le nomine di procuratori.

L'iscrizione avveniva in appositi registri tenuti presso la Cancelleria del Tribunale ove venivano altresì depositati gli atti ed i documenti previsti dalla legge.

Con l'entrata in vigore della nuova normativa, alla tenuta del registro delle imprese è preposto un apposito *Ufficio* istituito presso ogni Camera di commercio, sotto la vigilanza di un giudice delegato dal presidente del Tribunale del capoluogo di Provincia.

Le novità introdotte dal citato art. 8 della L. 580/93 riguardano essenzialmente:

— l'estensione dell'obbligo di iscrizione agli imprenditori agricoli, ai piccoli imprenditori, alle società semplici, alle imprese artigiane, ai gruppi europei d'interesse economico, alle società costituite od operanti all'estero e soggette alla legge italiana (art. 25 L. 218/95);

— la predisposizione, la tenuta, la conservazione e la gestione del registro secondo tecniche informatiche, in modo da assicurare la completezza, l'organicità e la tempestività dell'informazione.

A partire dall'ottobre 1997, il registro delle imprese assolve anche le funzioni pubblicitarie precedentemente affidate al *BUSARL* e al *BUSC* che risultano soppressi *ex* art. 29, L. 266/97.

CAPITOLO DICIOTTESIMO

I BENI E I DIRITTI REALI IN GENERALE

1. NOZIONE

L'art. 810 definisce i **beni** come *le cose che possono formare oggetto di diritti.*

Da tale definizione si evince che la nozione di *bene* non coincide con quella di *cosa*:

— infatti, esistono **cose che non sono beni** e non possono pertanto formare oggetto di diritti; ad esempio l'aria, lo spazio, la luce del sole, il mare (le cd. *res communes omnium*);

— d'altro canto, vi sono beni che non sono cose (i cd. *beni immateriali* o *incorporali*), come le opere dell'ingegno.

Il concetto di *cosa* e quello di *bene* si distinguono perché:

— *cosa* deve considerarsi una parte separata dalla materia circostante;

— *bene* è invece tutto ciò che è capace di arrecare utilità agli uomini ed è suscettibile di appropriazione.

Dall'art. 810 si ricava che le *cose (res)* si distinguono in due grandi categorie:

— *cose in senso non giuridico,* dette anche **res extra commercium**, che, in quanto non presentano alcun interesse economico, non possono formare oggetto di rapporti giuridici: tali sono le *res communes omnium,* come il sole, l'aria etc.;

— *cose in senso giuridico,* dette anche **res in commercio**, che, potendo formare *oggetto* di diritti, costituiscono, appunto, la categoria dei *beni.*

2. CLASSIFICAZIONE DEI BENI

A) Beni corporali e beni incorporali

Rispetto alla loro **struttura**, i beni si distinguono in:

— *beni corporali,* che sono tutti i beni del mondo esterno dotati di materialità corporea («*res quae tangi possunt*»);

— *beni incorporali,* che sono, invece, «*quei beni privi di materialità, ma che, tuttavia, sono percepibili con i sensi o con l'intelligenza*»; tali sono le opere dell'ingegno e le invenzioni etc. (vedi infra cap. 21).

B) Beni immobili e beni mobili (art. 812)

Sono beni immobili per natura tutte le cose che non si possono trasportare da un luogo ad un altro senza alterarne la consistenza. La categoria dei beni mobili si

Autore : dott. Silvio Li Donni - www.lulu.com

114   Capitolo Diciottesimo

determina, invece, per esclusione: sono beni mobili tutti i beni che non rientrano negli immobili.

Sono *beni immobili* il suolo, le sorgenti e i corsi d'acqua, gli alberi, le case e in genere tutto ciò che naturalmente o artificialmente è incorporato al suolo (c.d. *beni immobili per natura*).

Sono reputati dalla legge immobili (anche se, per sé stessi, non sarebbero da considerare «immobili») i mulini, i bagni e gli altri edifici galleggianti quando sono saldamente assicurati alla riva in modo permanente (c.d. *beni immobili per determinazione di legge*).

Sono *beni mobili* tutti gli altri beni. In particolare, si considerano beni mobili, per l'art. 814, le *energie naturali* che hanno valore economico (es.: l'energia elettrica).

Diversa è la **disciplina giuridica** delle due categorie di beni in ordine a:

— *forma degli atti*: si richiede l'*atto scritto per la validità* dei negozi che si riferiscono ai *diritti reali immobiliari* (v. art. 1350) per i negozi relativi ai *beni mobili*, vige, invece, il principio della *libertà* della forma;

— *pubblicità*: le vicende giuridiche riguardanti i beni immobili sono *trascritte in pubblici registri*, in modo da porre i terzi in condizione di conoscerli; per i *beni mobili*, invece, vale il *possesso*, perché il trapasso materiale di un bene mobile consente ai terzi di venire a conoscenza del trasferimento di esso;

— *garanzia*: i beni immobili sono oggetto di *ipoteca*, i beni mobili sono, invece, oggetto di *pegno*.

Alcuni beni mobili, tuttavia, in considerazione della loro rilevanza sono dalla legge equiparati, quanto ad alcuni aspetti della disciplina giuridica (*forma* ed *onere di pubblicità*), ai beni immobili: tali beni sono chiamati «*beni mobili registrati*» e sono, in genere, i c.d. *beni di locomozione* e *trasporto* come le navi, gli aeromobili, gli autoveicoli.

C) Cose specifiche e cose generiche

Sono *specifiche* le cose individuate mediante caratteri propri (es.: *il cavallo Ribot*); sono *generiche* quelle non individuate singolarmente, ma come appartenenti ad un «*genere*» senza ulteriore specificazione (es.: un *cavallo,* un *albero*).

La distinzione tra cose generiche e cose specifiche ha rilevanza quanto al:

— *momento del passaggio della proprietà*: nella compravendita, *la proprietà delle cose specifiche* si acquista col semplice *consenso*: mentre la proprietà delle cose *generiche* si acquista solo con la «*specificazione*», con l'operazione, cioè, che le individua (es.: la consegna);

— *passaggio del rischio*: fino a quando le cose generiche non sono consegnate al compratore, il rischio del loro perimento resta addossato al venditore;

— *adempimento dell'obbligazione*: l'obbligazione di consegnare una determinata quantità di cose generiche non può mai diventare impossibile, per il principio per cui «*genus nunquam perit*».

D) Cose fungibili e cose infungibili

Sono *fungibili* le cose identiche le une alle altre che si *pesano,* si *contano,* si *misurano* e che, per ciò, possono essere sostituite con altre dello stesso genere (es.:

Autore : dott. Silvio Li Donni - www.lulu.com

I beni e i diritti reali in generale   115

grano, stoffa, danaro). *Infungibili* sono, invece, quelle cose che non possono essere indifferentemente sostituite con altre, in quanto individuate dalle parti in relazione a un dato rapporto.

La fungibilità dipende non soltanto da *qualità intrinseche delle cose* (l'essere cioè equipollenti le une alle altre e quindi sostituibili), ma anche dalla *volontà dei soggetti,* i quali possono attribuire carattere infungibile ad un bene che — secondo la comune valutazione — dovrebbe essere considerato fungibile (es.: un libro ricevuto in dono da una persona cara).

La **differenza** tra cose *fungibili* e *infungibili* ha **rilevanza** in quanto:

— la compensazione legale o giudiziale (che è un modo di estinzione dell'obbligazione) è ammissibile solo per i debiti di cose fungibili;

— i negozi dai quali deriva l'obbligo di restituzione del *tantundem eiusdem generis et qualitatis* (es.: il *mutuo)* possono avere ad oggetto solo cose fungibili; i negozi dai quali deriva l'obbligo di restituire la cosa in natura, hanno ad oggetto *cose fungibili* (es.: il *deposito* e il *comodato).*

E) Cose consumabili e inconsumabili

Cose *consumabili* sono quelle che non possono essere utilizzate senza essere consumate, fisicamente (es.: il cibo o i combustibili) o economicamente (es.: il danaro).

Cose *inconsumabili* sono, invece, quelle che si prestano ad una *utilizzazione continuata,* senza che restino distrutte o alterate (es.: un fondo) ed indipendentemente dal fatto che, con l'uso si deteriorino (es.: vestiti).

Le cose *consumabili,* per loro natura non possono essere godute che dal proprietario; di conseguenza non possono essere oggetto di diritti di godimento diversi dalla proprietà: si ha così che l'«*usufrutto*» può avere ad oggetto solo cose inconsumabili, mentre, per le cose consumabili, si ha un diritto essenzialmente diverso il «*quasi usufrutto*», nel quale l'usufruttuario è tenuto a restituire non le cose godute, bensì il loro *valore* (art. 995).

Per quanto riguarda le *cose deteriorabili* (che, poiché sono suscettibili di utilizzazioni continuate, rientrano fra le cose inconsumabili), vale il principio che chi è tenuto a restituirle, dopo averle legittimamente usate, deve restituirle nello *stato in cui si trovano,* non rispondendo del loro deterioramento.

F) Cose divisibili ed indivisibili

Divisibili sono le cose che possono essere frazionate in modo omogeneo, senza che se ne alteri la destinazione economica, ed in modo che ciascuna delle parti rappresenti una porzione del tutto (es.: il denaro, bene divisibile per eccellenza; un edificio diviso per piani, un fondo etc.); *indivisibili* sono tutte le altre.

La indivisibilità di un bene può derivare: dalla *natura dello stesso* (es.: animale vivo), dalla *volontà delle parti,* o dalla *legge* [es.: sono indivisibili (art. 19) le *parti comuni di un edificio in condominio*].

Tale differenziazione ha rilievo in materia di *prestazioni indivisibili* per le quali, ad esempio, se ci sono più creditori, ciascuno può esigere l'esecuzione dell'intera prestazione da parte del debitore, e il pagamento ha effetto liberatorio nei riguardi degli altri creditori (art. 1319).

Autore : dott. Silvio Li Donni - www.lulu.com

116   Capitolo Diciottesimo

3. I RAPPORTI DI CONNESSIONE TRA LE COSE

Oltre che nella loro individualità, le cose possono presentarsi come risultato dell'unione di più elementi o parti, ovvero in rapporto con altre cose. Sotto questo profilo, pertanto, occorre distinguere:

a) *cose semplici*: sono quelle i cui elementi sono talmente compenetrati fra loro che non possono staccarsi senza alterare la fisionomia del tutto: tal è una pianta, un animale, un fiore e tutte quelle cose che *«uno spiritu continentur»*;

b) *cose composte*: sono quelle, invece, in cui più cose complementari formano un nuovo bene, che viene ad avere funzione e valore economico diversi da quelli delle cose che lo compongono. Esempio: una casa (che è l'insieme di mattoni, travi, cemento etc.; un'automobile, etc.). Nella cosa composta le più cose semplici, che danno luogo al tutto, possono conservare la loro individualità ed essere separabili;

c) *cose connesse*: si ha connessione quando due o più cose (la cui *connessione non è necessaria* come nelle cose composte) vengono poste in una determinata *relazione tra di esse*, per cui è possibile distinguere una cosa *principale* ed una *accessoria*.

Figure di connessione sono *l'incorporazione* e *la pertinenza*:

— si ha *incorporazione* quando una *cosa mobile (accessoria)* è naturalmente o artificialmente *compenetrata* in un'altra immobile (cosa principale): es.: statua incorporata in una nicchia. Entrambe le cose devono appartenere alla stessa persona. L'incorporazione deve avvenire materialmente, anche se le cose rimangono differenziate, e deve essere valutata dal proprietario. La rilevanza dell'incorporazione si ha nella conseguenza che la cosa incorporata, pur rimanendo un'entità distinta, perde la sua oggettività economica e giuridica: pertanto il bene mobile incorporato in un immobile deve essere considerato come una cosa immobile;

— sono *pertinenze «le cose destinate in modo durevole a servizio o ad ornamento di un'altra cosa»* (art. 817). Ad esempio gli strumenti rurali sono pertinenze del fondo. Le pertinenze sono sottoposte allo stesso regime giuridico delle cose principali, senza però escludere che possano formare oggetto di autonomi rapporti (art. 818). Si tratta di un fenomeno giuridico regolato dagli articoli 817, 818 e 819 del codice civile, consistente nel legame non materiale ma solo economico e giuridico, per cui una cosa, senza perdere la sua individualità e senza subire modificazioni, è destinata in modo durevole al servizio e all'ornamento di un'altra cosa.

Per aversi pertinenza è necessaria la volontà del proprietario della cosa principale, occorre inoltre che egli abbia anche la disponibilità della cosa accessoria per poterla durevolmente destinarla al servizio dell'altra.

Le pertinenze poiché conservano piena individualità possono costituire oggetto di separati atti o rapporti giuridici.

4. LE UNIVERSALITÀ

Accanto alle cose composte ed alle pertinenze sono da considerare le c.d. «*universalità di mobili*»: cioè quel complesso di cose che appartengono alla stessa persona ed hanno una **destinazione unitaria** (ad es.: un *gregge*, una *biblioteca*) (art. 816).

Le universalità sono costituite da una pluralità di cose che conservano una loro distinta identità, ma che sono unificate in vista di una particolare valutazione fatta dai soggetti che ne dispongono. Le universalità di mobili, formate da cose in senso stretto, si distinguono dalle universalità di diritto, che sono costituite da più rapporti giuridici considerati unitariamente.

Esse si distinguono:

— dalle *cose composte*, perché mancano di quella *coesione fisica* tra loro, che è, invece, caratteristica delle cose composte:

— dalle *pertinenze*, in quanto non configurano quel rapporto di subordinazione (*ornamento* o *servizio*) tipico dei complessi pertinenziali.

Dalla formulazione dell'art. 816 si evincono gli elementi delle universalità:

— una *pluralità di cose mobili*;

— una *destinazione unitaria*;

— l'*appartenenza al medesimo soggetto*.

Le *singole cose* che compongono l'universalità *non perdono*, per effetto dell'unitarietà della destinazione, la *loro autonomia*, per cui possono formare oggetto di separati atti e rapporti giuridici (art. 816, 2° comma).

Dalla figura dell'universalità di fatto (*universitas facti*) occorre distinguere la c.d. *universalità di diritto* (*universitas iuris*), nella quale una pluralità di *rapporti giuridici autonomi* è considerata come complesso unitario dalla legge. In pratica, nella *universitas iuris* è la legge (e non il titolare, come nella universalità di fatto) che considera e regola unitariamente una serie di rapporti giuridici (non cose); esempio più importante di *universitas iuris* è *l'eredità*.

5. IL PATRIMONIO

Il patrimonio è costituito da un *insieme di rapporti giuridici attivi e passivi* (diritti, obblighi ed altre situazioni giuridiche soggettive) *facenti capo* ad una persona (cd. *titolare*) e *valutabili economicamente*.

La nozione giuridica di patrimonio è quindi più vasta di quella comune: infatti, in senso giuridico è titolare di un patrimonio anche chi ha solo debiti, in quanto è soggetto passivo di rapporti giuridici.

Importanti sono anche le nozioni di:

— **patrimonio separato**, costituito da quei beni che, in virtù di una particolare destinazione, devono essere considerati come «staccati» dal restante patrimonio di un soggetto, ma che continuano ad appartenere a questi (es.: fondo patrimoniale familiare: artt. 167-171);

Autore : dott. Silvio Li Donni - www.lulu.com

118   Capitolo Diciottesimo

— **patrimonio autonomo**, che è quello che, distaccatosi dal proprio titolare, viene attribuito ad un nuovo soggetto, mediante la creazione di una persona giuridica, oppure ad un soggetto che, anche se sprovvisto di personalità giuridica, è dotato di autonomia patrimoniale imperfetta (es.: *associazioni non riconosciute*).

6. I FRUTTI

I *frutti* sono beni che *provengono da un altro bene*. Essi vengono annoverati tra i *beni futuri* (allorché non sono venuti ancora ad esistenza).

I frutti si distinguono in due categorie:

— **frutti naturali**: sono quelli che provengono *direttamente* da un altro bene (i prodotti agricoli, la legna, i parti degli animali etc.). Essi diventano beni autonomi solo con la *separazione*. Finché non avviene la separazione, infatti, essi formano parte dell'altro bene, ma il proprietario può disporne come di cosa mobile futura: in tal caso l'efficacia dell'atto di disposizione è subordinata alla separazione. Di regola i frutti naturali appartengono al proprietario della cosa che li produce (art. 821); tuttavia la proprietà può essere attribuita ad altri dalla legge (es.: all'usufruttuario, art. 984) o in virtù di un atto negoziale. In tal caso la proprietà si acquista con la separazione;

— **frutti civili**: sono quelli che si ritraggono da un bene come corrispettivo del godimento che altri ne abbia (interessi, corrispettivo delle locazioni etc.). Essi si acquistano giorno per giorno, in ragione della durata del diritto (si pensi alla maturazione degli interessi corrisposti dalla banca).

7. I BENI DELLO STATO

I beni appartenenti allo Stato e agli altri enti pubblici sono sottoposti ad un regime particolare e si distinguono in:

— **beni demaniali** sono solo quelli elencati negli artt. 822 e 824 e sono generalmente tutti quei beni che sono in qualche modo destinati alla generalità dei cittadini (mare, fiumi, laghi etc., nonché acquedotti, fortezze militari etc.), oppure i beni che servono ai servizi pubblici, come ad esempio le ferrovie, nonché le opere che servono per la difesa militare. I beni del demanio sono inalienabili e possono essere di proprietà solo dello Stato o di altri enti pubblici territoriali (Regioni, Province e Comuni). I beni degli enti pubblici non territoriali sono sottoposti alle regole generali sulla proprietà. Il demanio costituisce una proprietà pubblica incommerciabile. I beni demaniali non sono oggetto di ipoteca o di possesso privato, né è ammessa usucapione a vantaggio di privati;

— **beni patrimoniali**: i beni pubblici che non fanno parte del demanio costituiscono il patrimonio dello Stato, delle Regioni etc. Essi si distinguono in:

    — **beni del patrimonio indisponibile**: si tratta di beni che sono destinati a pubblica utilità (art. 828) e come tali sono inalienabili (foreste, cave, torbiere, cose di interesse storico, artistico ed archeologico etc.).

— **beni del patrimonio disponibile**: sono tutti i beni di proprietà pubblica non demaniali e non appartenenti al patrimonio indisponibile. Sono assoggettati al regime privatistico normale.

8. CARATTERI DEI DIRITTI REALI

I diritti reali sono quei *diritti tipici* che assicurano un potere *immediato* ed *assoluto sulla cosa* e presentano tali caratteri:

— **immediatezza**: implica una diretta signoria sul bene, senza l'interposizione e la cooperazione di altre persone;

— **assolutezza**: si fanno valere nei confronti di tutti i *terzi* (cioè «*erga omnes*»), sui quali incombe indistintamente un dovere negativo di astensione in base al quale non possono impedire l'esercizio del diritto al suo titolare;

— **tipicità**: tutti i diritti reali sono previsti dalla legge: oltre questi, i privati non possono crearne altri («*numerus clausus*»);

— *attribuiscono al titolare il c.d.* «**diritto di sequela**» (o *diritto di seguito*), consistente nel diritto di «*inseguire*» la cosa oggetto del diritto per riprenderla da chiunque eventualmente la possegga.

9. DISTINZIONI DEI DIRITTI REALI

Malgrado le profonde differenze tra *diritto di proprietà* e *altri diritti reali*, essi costituiscono, tutti insieme, una categoria unitaria. Nell'ambito della quale distinguiamo:

— il **diritto di proprietà** che fra i diritti reali è quello che *consente la più ampia sfera di facoltà che l'ordinamento riconosce ai soggetti sulle cose*;

— i **diritti reali su cosa altrui** (o **diritti reali limitati**): che assicurano ai titolari delle facoltà inerenti a cose di proprietà altrui e si caratterizzano per un contenuto più limitato di quello della proprietà. Si distinguono in:

— **diritti reali di godimento**: sono quelli che limitano il *potere di godimento* del proprietario della cosa, cioè il potere di trarre dalla cosa l'utilità che essa può dare e sono: la *superficie*, l'*enfiteusi*, l'*usufrutto*, l'*uso*, l'*abitazione* e le *servitù*.
Essi sono *autonomi* e possono avere durata *indefinita* (ad eccezione dell'usufrutto);

— **diritti reali di garanzia**: sono quelli consistenti in un vincolo giuridico imposto su un bene a garanzia di un credito. Hanno carattere *accessorio* ad un diritto di credito (presente o futuro), di cui assicurano l'adempimento e hanno durata *limitata*, perché sono destinati a venir meno quando la funzione di garanzia cui tendono abbia esaurito il suo scopo. Essi sono il *pegno* e l'*ipoteca*.

Autore : dott. Silvio Li Donni - www.lulu.com

120   Capitolo Diciottesimo

TERMINI

Enfiteusi: l'enfiteusi è un *diritto reale di godimento su cosa altrui* che attribuisce al titolare (*enfiteuta*) lo stesso potere di godimento del fondo che spetta al proprietario, salvo l'obbligo di migliorare il fondo e di pagare al proprietario (*concedente*) un canone periodico che costituisce un *onere reale*. L'enfiteusi è il più ampio dei diritti reali limitati, in quanto concede al suo titolare *poteri quasi analoghi a quelli del proprietario.*

Ipoteca: è un diritto reale di *garanzia*, concesso dal debitore (o da un terzo) *su un bene, a garanzia di un credito*, che attribuisce al creditore il potere di espropriare il bene e di essere soddisfatto con preferenza rispetto ad eventuali altri creditori, sul prezzo ricavato.

Servitù prediali: *diritto reale di godimento* consistente nel peso imposto su di un fondo (*servente*) per l'utilità di un altro fondo (*dominante*) appartenente ad un diverso proprietario.

Il rapporto tra i fondi si traduce, dal punto di vista giuridico, in una situazione di vantaggio per il proprietario del fondo dominante ed in una di svantaggio, con correlativa restrizione delle facoltà di godimento, per il proprietario del fondo servente.

La utilità può consistere *in un qualsiasi vantaggio, anche non economico,* che si traduca in una migliore utilizzazione del fondo e può essere diretta a soddisfare qualunque bisogno del fondo dominante.

Uso: è un *diritto reale limitato di godimento* che attribuisce al suo titolare (cd. *usuario*) il potere di *servirsi di un bene* e, se esso è fruttifero, di *raccoglierne i frutti*, ma solo limitatamente a quanto occorre ai bisogni suoi e della sua famiglia.

Usufrutto: è un *diritto reale di godimento su cosa altrui.*

Si concreta nel *diritto riconosciuto all'usufruttuario di godere ed usare della cosa altrui,* traendo da essa tutte le utilità che può dare, *compresi i frutti* che essa produce, con *l'obbligo di non mutarne la destinazione economica* (artt. 981, 984 c.c.) (*ius utendi et fruendi, salva rerum substantia*).

CAPITOLO DICIANNOVESIMO

LA PROPRIETÀ

1. I CARATTERI DEL DIRITTO DI PROPRIETÀ

Il tipico e più importante (in quanto connaturato con la stessa natura dell'uomo) diritto reale è il **diritto di proprietà**. Esso si concretizza nei diritto di godere e disporre delle cose in modo pieno ed esclusivo (art. 832).

Il diritto di proprietà presenta i seguenti caratteri:

— **pienezza**: la proprietà costituisce un diritto che consente al proprietario qualsiasi tipo di utilizzazione lecita del bene. In particolare il proprietario ha un pieno diritto di godimento sulla cosa di sua proprietà (a meno che non vi siano dei limiti imposti dalla legge o da altri vincoli, come per es.: l'esistenza di un diritto di usufrutto), nonché di disposizione (es.: di alienarlo) sulla stessa;

— **elasticità**: può accadere che il diritto di proprietà sia limitato dall'esistenza di un diritto reale altrui: anche in tale caso però il diritto di proprietà rimane integro, perché non appena viene meno il vincolo che lo comprime (diritto reale altrui), esso riprende automaticamente la sua ampiezza definitiva (senza che sia necessario compiere alcun atto);

— **completezza ed indipendenza**: il diritto di proprietà (a differenza dei diritti reali limitati) non ammette mai l'esistenza di un parallelo diritto altrui di portata maggiore così che, nei limiti imposti dalla legge, il proprietario può fare tutto ciò che crede.

Discussa è stata, prima della sua regolamentazione, la figura della *multiproprietà*, dove cioè coesistono contemporaneamente più diritti di proprietà su uno stesso bene: essa è in realtà un istituto giuridico a metà strada tra la comunione (diritto di proprietà su una quota del bene) e la proprietà turnaria;

— **imprescrittibilità**: la proprietà non si può perdere per «non uso», bensì solo per usucapione.

Il diritto di proprietà si estende orizzontalmente nei limiti dei confini della proprietà. Verticalmente teoricamente si estende all'infinito, ossia al sottosuolo ed allo spazio sovrastante il suolo, però la legge (art. 840) limita l'esercizio di tale diritto quando viene meno l'interesse. Così il proprietario non può opporsi all'attività di terzi che si svolga ad una profondità o altezza tale, ove manchi un interesse ad escluderla (ad es.: non può opporsi allo scavo di una galleria che non pregiudichi la statica dell'edificio soprastante).

Autore : dott. Silvio Li Donni - www.lulu.com

122   Capitolo Diciannovesimo

2. LIMITI LEGALI AL DIRITTO DI PROPRIETÀ

Abbiamo visto che il diritto di proprietà è tipicamente un diritto pieno e completo, ma sempre più pregnanti sono i limiti ed i vincoli imposti dalla legge al diritto di proprietà sia nell'interesse pubblico che nell'interesse privato.

— **Limiti imposti nell'interesse pubblico.** Tra i più importanti dobbiamo ricordare:

a) per la costruzione di un qualsiasi edificio su un terreno, è necessaria l'*autorizzazione amministrativa* (permesso di costruire: si limita così, fino a privarlo di significato, lo *ius edificandi* che rappresentava una delle manifestazioni tipiche del diritto di proprietà immobiliare);

b) l'*espropriazione per pubblica utilità* (art. 42 Cost. e art. 834);

c) la *requisizione*.

— **Limiti imposti nell'interesse privato.** Vi è poi una serie di norme dirette a regolare i rapporti di vicinato, che sono sempre stati fonte di numerosissime controversie (*vicinitas est mater discordiarum*).

Così l'art. 844 regola le **immissioni**: in teoria, ciascun proprietario dovrebbe evitare che l'uso della propria cosa comporti conseguenze negative per la proprietà del vicino. In concreto ciò è impossibile: si pensi alle esalazioni di fumo, calore, rumori, odori che possono propagarsi da un immobile all'altro. La legge così dispone che tali immissioni debbano essere sopportate a patto che non superino il limite della normale tollerabilità da valutarsi tenendo conto della destinazione normale del bene e della condizione dei luoghi.

Sono poi vietati gli **atti emulativi** (art. 833) cioè quegli atti che hanno il solo scopo di nuocere o arrecare molestia ad altri (ad es.: il piantare alberi senza apprezzabile utilità per il proprietario, al solo fine di togliere luce e panorama al vicino).

In tal caso si parla di *abuso del diritto*, che si verifica ogniqualvolta la condotta del soggetto è rivolta a realizzare scopi e interessi diversi da quelli riconosciuti dall'ordinamento giuridico, con violazione del fondamentale principio di buona fede. Si pensi, per restare nell'ambito del diritto di proprietà, al divieto di immissioni (di fumo, di calore, etc.: art. 844) nel fondo del vicino, che al pari del divieto di atti emulativi ha quale fine quello di conformare il godimento della proprietà a fini sociali.

Altre norme regolano più specificatamente i **rapporti di vicinato**, queste norme in particolare riguardano:

— le *distanze* nelle costruzioni (artt. 873-899): tale materia è regolata sia dai regolamenti edilizi comunali che dal codice civile che, in mancanza di disposizioni regolamentari, stabilisce la distanza minima di 3 metri. La legge poi stabilisce (artt. 874-875) che il proprietario di un fondo attiguo al muro può ottenere una sentenza per cui il muro posto sul confine o a distanza inferiore ad un metro e mezzo, diventa comune, previo pagamento del valore della metà del suolo e del muro (**comunione forzosa del muro**);

— le *luci* e *vedute* (art 900-907);

— le *acque private* (art. 909-910);

— *accesso al fondo* (artt. 842-843).

Autore : dott. Silvio Li Donni - www.lulu.com

La proprietà   123

3. MODI DI ACQUISTO DELLA PROPRIETÀ

L'art. 922 indica i modi di acquisto della proprietà, ossia quei fatti giuridici che hanno per effetto l'acquisto della proprietà di una cosa.

Essi si distinguono in:

a) **modi d'acquisto a titolo originario**: l'acquisto della proprietà non dipende da un egual diritto del precedente titolare, o perché non deriva da questo (es.: usucapione, acquisto di beni mobili *ex* art. 1153; vedi infra), o in quanto addirittura il diritto sorge per la prima volta nel patrimonio dell'attuale proprietario (es.: pescatore che fa pro-pri i pesci caduti nella sua rete). I modi di *acquisto originari della proprietà* operano *ipso iure*, senza la necessità che siano preventivamente accertati dinanzi al giudice;

b) **modi d'acquisto a titolo derivativo**: il diritto di proprietà dipende dall'esisten-za del diritto di un precedente proprietario (es.: *compravendita*).

Il termine «modo di acquisto a titolo originario» non va inteso nel senso che la proprietà, in forza di esso, sorga per la prima volta in un soggetto. Esempio tipico di acquisto originario è l'usucapione, e non perché il bene in oggetto di usucapione, prima del termine previsto per l'acquisto a tale titolo, non appartenesse ad altri, ma perché il diritto acquistato è indipendente dal diritto dell'uno o dell'altro precedente titolare.

I singoli modi di acquisto della proprietà a titolo originario sono:

A) L'occupazione (artt. 923-926)

È la presa di possesso, per le *sole cose mobili*, accompagnata dall'animo di farle proprie (gli immobili vacanti, invece, sono di proprietà dello Stato: art. 827). Essa riguar-da, in particolare, le cose mobili che non siano proprietà di nessuno o per non esserlo mai state («*res nullius*») o per essere state abbandonate dal proprietario («*res derelictae*»).

B) L'invenzione (artt. 927-933)

Per «*invenzione*», in senso giuridico, s'intende il ritrovamento delle cose smarri-te che devono essere consegnate al proprietario o, se questi è ignoto, al Sindaco del luogo ove vengono rinvenute.

Si noti, però, che:

— se, dopo un anno dalla consegna della cosa, il proprietario non si è presentato a ritirarla il *diritto di proprietà su di essa spetta al ritrovatore*;

— se il proprietario si presenta, si deve al ritrovatore un premio («*premium inventionis*»), che è del 10% del valore della cosa stessa.

Una forma particolare di invenzione riguarda il «**tesoro**»: cioè le cose mobili di pregio, nascoste o sotterrate di cui nessuno può provare di essere proprietario (art. 932).

Il tesoro appartiene:

— al *proprietario* del fondo in cui si trova se viene rinvenuto da costui;

— per *metà al proprietario* del fondo e per *metà al ritrovatore* se viene ritrovato, per caso, nel fondo altrui.

Va però rilevato che le cose d'interesse storico, artistico, archeologico etc. ap-partengono sempre al patrimonio indisponibile dello Stato.

Autore : dott. Silvio Li Donni - www.lulu.com

124   Capitolo Diciannovesimo

C) Accessione (artt. 934-938)

Si ha **accessione** in tutti i casi in cui il proprietario di un bene acquisti la proprietà di un altro bene che si sia unito materialmente al suo. Può aversi:

— **accessione di mobile a immobile**: il suolo è considerato il bene principale *(quod solo inaedificatur solo cedit)* per cui il proprietario del fondo acquista la proprietà anche di tutte le cose che vengono ad unirsi materialmente ad esso (come alberi, costruzioni);

— **accessione di immobile a mobile** (c.d. accessione invertita): è l'ipotesi (eccezionale) del tutto inversa alla precedente (art. 938). Si verifica quando il proprietario di un edificio nella costruzione di questo, occupi *in buona fede*, una parte del fondo attiguo: in questo caso, non è il proprietario del suolo ad acquistare la proprietà della costruzione, ma è il proprietario della costruzione ad acquistare la proprietà della parte di suolo occupato;

— **accessione di immobile ad immobile**: si ha nelle ipotesi di:

— *alluvione* incremento di uno fondo portato dalle acque;

— *avulsione* distacco da un fondo, per opera di fiumi o torrenti, di una parte di terreno che si unisce ad un altro fondo, cui accede;

— *alveo abbandonato*: acquisto della proprietà del letto di un fiume ritiratosi da parte dei proprietari confinanti con le due rive;

— *isola formata nel fiume;*

— **accessione di mobile a mobile**: si ha nelle ipotesi di:

— **unione o commistione**: si verifica quando due o più cose mobili, appartenenti a diversi proprietari, vengono ad unirsi in modo tale da formare un sol tutto e non è possibile separarle senza danno; la proprietà della cosa, in tal caso, diventa comune;

— **specificazione**: si verifica quando si crea, lavorando del materiale appartenente ad altri, una nuova cosa (es.: con legno altrui si costruisce una barca). Il codice civile dà valore prevalente all'elemento lavoro, per cui la proprietà della cosa così ottenuta spetta di regola, a colui che ha compiuto il lavoro (previo pagamento del valore della materia). Spetta, invece, al proprietario della materia, solo se il valore di essa è di molto superiore al valore della mano d'opera.

4. LA COMUNIONE

Si ha **comunione** quando il diritto di proprietà o altro diritto reale su uno stesso bene, appartiene a più persone (c.d. comunisti).

Il concetto di comunione non è in contrasto con il carattere dell'indipendenza del diritto di proprietà (di cui abbiamo parlato precedentemente) perché non si tratta di coesistenza di più diritti di proprietà sulla stessa cosa, bensì di più diritti di proprietà su quote distinte dello stesso bene (si tratta di quote ideali, in quanto poi ciascun comproprietario ha diritto a servirsi ed usare l'intera cosa comune).

Autore : dott. Silvio Li Donni - www.lulu.com

La proprietà   125

La comunione può essere:

— **volontaria**, quando nasce per accordo tra i partecipanti;
— **legale o forzosa**, se il suo titolo è nella legge (es.: comunione forzosa del muro costruito senza il rispetto delle distanze legali);
— **incidentale**, quando sorge per circostanze fortuite (es.: comunione successoria tra più eredi o legatari).

La comunione si scioglie con la **divisione**.

Ogni comunista ha:

— *diritto di usare* la cosa comune senza alterarne la destinazione;
— *diritto di disporre* della propria quota alienandola o ipotecandola etc.;
— *diritto al godimento* degli utili, in proporzione della sua quota (es.: se si tratta di un frutteto in comunione, avrà diritto ad una quota dei frutti prodotti);
— *diritto di chiedere la divisione* della cosa comune.

L'amministrazione della comunione è affidata all'insieme dei comunisti, che prendono le loro decisioni a maggioranza (principio maggioritario - art. 1101).

5. IL CONDOMINIO

La figura più ricorrente di comunione è quella che è definita come **condominio degli edifici**; si tratta di una *comunione forzosa e perpetua* (non ammette cioè divisione) che nasce dal fatto che vi sono delle parti dell'edificio (come il suolo su cui l'edificio è costruito, le scale, i tetti etc.) che non possono che essere in comunione tra tutti i condomini. Il singolo condomino quindi, oltre ad essere esclusivo proprietario del suo appartamento è nel contempo, necessariamente, comproprietario delle parti comuni dell'edificio.

Si parla di *supercondominio* per indicare la situazione in cui più edifici, ciascuno dei quali autonomo, possiedano parti o servizi destinati all'uso comune (es.: cortili, aree parcheggio, viali d'accesso). In tal caso si pone il problema della gestione di tali unità comuni, che viene risolto in modo differente a seconda che si ritenga applicabile la disciplina della comunione o del condominio. La giurisprudenza si è espressa a favore di quest'ultima soluzione sia per il caso del supercondominio, sia per quello del *condominio minimo*, ossia dell'edificio in condominio composto da due soli condomini.

La disciplina del condominio è dettata dalla legge nonché dal regolamento di condominio.

In questa sede ci limiteremo ad indicare solo gli aspetti fondamentali del regime giuridico del condominio, rinviando per gli aspetti particolari agli artt. 1117 e segg.

A) Organi del condominio

Gli organi fondamentali del condominio sono due: l'*assemblea dei condomini*, che è l'*organo deliberativo*; l'*amministratore*, che è l'organo *esecutivo* ed è necessario nel caso in cui esistano più di quattro condomini (art. 1129).

Autore : dott. Silvio Li Donni - www.lulu.com

126   Capitolo Diciannovesimo

B) Formazione della volontà comune

Quanto alla formazione della volontà comune, la legge fissa alcuni principi (art. 1136):

— *principio della valida costituzione dell'assemblea*: l'assemblea dei condomini, per poter validamente deliberare, deve essere validamente costituita; a tal fine:

  — tutti i condomini debbono esservi invitati a partecipare;
  — ad essa deve intervenire un numero minimo di condomini che sia espressione di un determinato valore dell'intero edificio *(quorum)*;

— *principio maggioritario*: di regola, per le decisioni dell'assemblea, è necessaria la *maggioranza semplice*. Diversamente una *maggioranza qualificata* è richiesta per la validità delle deliberazioni aventi ad oggetto innovazioni. Occorre invece il *consenso di tutti i condomini* per gli atti di disposizione;

— *principio della partecipazione dell'inquilino*: l'art. 10 della L. 27 luglio 1978, n. 392 (che disciplina le locazioni) consente all'inquilino la partecipazione e il voto di assemblea condominiale riguardo a specifiche questioni.

C) Regolamento condominiale

Ogni condominio *può* avere, e quello in cui il numero dei condomini è superiore a dieci *deve* avere un proprio *regolamento*, in cui siano fissate le norme d'uso dei vari beni, le norme di funzionamento delle assemblee, i criteri di ripartizione delle spese etc. (cfr. art. 1138).

D) Attività esterna del condominio

Il condominio agisce all'esterno, nei confronti dei terzi, a mezzo dell'*amministratore* che, come detto, è l'organo esecutivo, che attua, cioè, le delibere dell'assemblea.

L'amministratore ha anche la rappresentanza processuale del condominio (artt. 1130 e 1131).

E) Estinzione del condominio

Il condominio, avendo carattere necessario, ha durata perpetua. Esso, tuttavia, si estingue quando venga a mancare la divisione per piani della proprietà, e cioè quando tutto l'edificio diventi proprietà della stessa persona.

6. LA MULTIPROPRIETÀ

La multiproprietà, per lungo tempo sprovvista di una normativa, è stata dapprima in parte disciplinata dal D.Lgs. 9-11-1998, n. 427, di attuazione della normativa comunitaria in materia e poi dagli artt. 61-89 del D.Lgs. 6-9-2005, n. 206 (*Codice del consumo*), ove sono confluite le disposizioni in precedenza emanate.

Si definisce (art. 69, D.Lgs. 206/2005) *multiproprietà* il contratto, avente durata almeno triennale, con cui si costituisce o si trasferisce, direttamente o indirettamente, un diritto reale o un altro diritto di godimento relativo ad uno o più beni immobili, per un periodo determinato o determinabile dell'anno **non inferiore ad una settimana**. Al venditore sono equiparati gli eventuali intermediari, quali ad es. gli agenti immobiliari.

Il contratto di multiproprietà deve essere redatto **per iscritto a pena di nullità** e deve constare di un **contenuto minimo**, mancando il quale l'acquirente può recedere dal contratto

Autore : dott. Silvio Li Donni - www.lulu.com

La proprietà   127

entro il termine di 3 mesi dall'avvenuta stipulazione. Di regola, tuttavia, l'acquirente può esercitare il **diritto di recesso** entro 10 giorni, senza peraltro dover specificare i motivi e senza dover pagare alcuna penalità: sarà soltanto tenuto a rimborsare al venditore le spese sostenute per la conclusione del contratto.

7. LE AZIONI A DIFESA DELLA PROPRIETÀ

Le azioni poste a difesa della proprietà sono dette **petitorie**, mentre quelle poste a difesa del possesso, dette **possessorie**.

Le azioni *petitorie* sono così dette in quanto mirano ad accertare ed affermare la titolarità del diritto di proprietà contro chi la contesti direttamente (negandola) o indirettamente (vantando diritti reali limitati sul bene). Sono quattro:

A) La rivendica

È l'azione *con cui il proprietario rivendica la cosa propria da chiunque la possiede o la detiene senza titolo* (art. 948). È la principale delle azioni petitorie, e mira non solo ad *accertare la titolarità* del diritto di proprietà, ma anche a far *recuperare* al proprietario il bene.

Legittimato attivamente è chi sostiene di *essere proprietario*. Egli ha l'onere di provare il suo diritto, risalendo fino ad un acquisto a titolo originario, c.d. *«probatio diabolica»*.

Legittimato passivamente è, invece, chi *possiede o detiene la cosa abusivamente*, cioè senza titolo; al possessore è equiparato, quanto alla legittimazione passiva, colui che dolosamente si spogliò del possesso in vista della azione, il quale, in caso di soccombenza, è obbligato a recuperare a sue spese la cosa per restituirla al proprietario vincitore o, se ciò non è possibile, a corrispondergliene il valore, oltre al risarcimento dei danni.

B) L'azione negatoria

Può definirsi (*ex art.* 949) come quell'azione con cui il proprietario tende a far dichiarare l'*inesistenza dei diritti affermati da altri sulla cosa*, quando ha motivo di temerne pregiudizio, o a *far cessare le turbative o le molestie* che altri arrechi al suo diritto.

Legittimato attivamente è il proprietario (il quale dovrà fornire solo la prova del suo diritto di proprietà, bastando a tal fine che egli dimostri di possedere in base ad un titolo idoneo).

Legittimato passivamente è colui che afferma di essere titolare di diritti reali sulla cosa o reca turbative o molestie al proprietario (e che, a sua volta, dovrà fornire la prova della esistenza dei diritti di cui si afferma titolare).

C) L'azione di regolamento di confini

Può definirsi come l'azione mediante la quale *ciascuno dei proprietari di un fondo confinante* può chiedere che sia stabilito giudizialmente il confine tra i due fondi, quando tale confine sia obiettivamente incerto (art. 950).

Autore : dott. Silvio Li Donni - www.lulu.com

128   Capitolo Diciannovesimo

Legittimati, attivamente e passivamente, sono i due proprietari confinanti. *L'azione ha carattere duplice*, e perciò *l'onere della prova* e *diviso ugualmente fra le due parti*; se manca la prova fornita dalle parti, il giudice provvederà attenendosi al confine tracciato dalle mappe catastali.

D) L'azione per apposizione di termini

Può essere definita come l'azione con cui ciascuno dei proprietari limitrofi può chiedere, quando sia *certo il confine dei fondi*, che siano posti o *ripristinati*, a spese comuni, i segni materiali e tangibili di tale confine, che precedentemente mancavano o erano divenuti irriconoscibili (v. art. 951).

Legittimati, attivamente e passivamente, sono i due proprietari confinanti, ai quali incombe l'onere della prova della certezza dei confini fra i fondi.

Al proprietario che sia nel possesso del bene spettano comunque le azioni possessorie, di cui abbiamo già precedentemente parlato.

E) Le azioni di nunciazione

Affini alle azioni possessorie, sono le *azioni di nunciazione*, che spettano sia al proprietario in quanto tale, sia al possessore. Esse sono:

— la **denunzia di nuova opera** (art. 1171) è l'azione con cui il proprietario, il titolare di altro diritto reale di godimento o il possessore denunzia un'opera da altri intrapresa e non ancora terminata, quando abbia ragione di temere che da essa possa derivare danno alla cosa che forma oggetto del suo diritto o possesso;

— la **denunzia di danno temuto** (art. 1172) è l'azione con cui il proprietario, il titolare di un diritto reale di godimento o il possessore, si rivolge all'autorità giudiziaria, quando tema che da una cosa già esistente (come un albero, una costruzione etc.) possa derivare un danno grave e prossimo alla cosa che forma oggetto del suo diritto.

TERMINI

Abuso: trattasi di categoria generale comprendente ogni ipotesi in cui il *diritto soggettivo* cessa di ricevere tutela perché è esercitato al di là dei limiti stabiliti dalla legge. L'esercizio del diritto, infatti, deve contemperarsi con le esigenze sociali e realizzarsi nella soddisfazione di un reale interesse. In caso contrario si risolverebbe in una «deformazione» dello stesso: così abusa del suo diritto il soggetto che, con la sua azione, oltrepassa i limiti entro i quali il diritto è contenuto, talché la sua attività assume i caratteri della illiceità.

• **Abuso del diritto di proprietà**
Si realizza quando il proprietario compie atti di godimento della cosa che non hanno altro scopo se non quello di nuocere o recare molestia ad altri. Il proprietario compie, pertanto, *atti emulativi*.
Altra ipotesi è costituita dalle *immissioni* moleste di cui all'art. 844 c.c.

• **Abuso nell'esecuzione del contratto**
La violazione della norma che impone la *buona fede* nell'esecuzione del contratto dà luogo ad un abuso: per la precisione, questo si verifica quando un contraente esercita verso l'altro

Autore : dott. Silvio Li Donni - www.lulu.com

La proprietà

129

i diritti che gli derivano dalla legge o dal contratto per realizzare uno scopo diverso da quello cui questi diritti sono preordinati.

• Abuso del potere di rappresentanza

Il rappresentante deve agire nell'interesse del rappresentato (art. 1388 c.c.). Si ha quindi «*abuso di potere*» quando il rappresentante, pur fornito di potere di rappresentanza, abbia fatto cattivo uso di esso, agendo per un *fine diverso* da quello per cui il potere era stato conferito, cioè perseguendo un *interesse proprio o di terzi* in *contrasto* con gli interessi del rappresentato.

La legge prevede il fenomeno dell'abuso del potere rappresentativo in due norme, gli artt. 1394 e 1395 c.c., che contemplano le figure del contratto concluso in *conflitto di interessi* e del *contratto con se stesso*.

L'*abuso* deve essere tenuto distinto dall'*eccesso* di potere, che determina l'applicazione delle disposizioni sul *falsus procurator*: infatti, mentre in caso di *eccesso* il rappresentante agisce al di fuori dei poteri conferitigli (ed il negozio è inefficace), nel caso di *abuso* il rappresentante agisce nell'ambito dei poteri attribuitigli, ma con infedeltà (ed il negozio concluso è annullabile).

Atto emulativo: atto che non ha altro scopo che quello di *nuocere o arrecare molestia ad altri* (es.: piantare alberi solo al fine di togliere la panoramica al vicino senza alcun effettivo giovamento per il proprietario del fondo).

Negli atti emulativi concorrono due elementi:

— *elemento oggettivo*: la mancanza di utilità per il proprietario;

— *elemento soggettivo*: l'intenzione di nuocere o arrecare molestie.

Costituiscono un esempio di *abuso del diritto*.

Espropriazione: è un istituto che attribuisce alla Pubblica Amministrazione la potestà di sacrificare nel pubblico interesse contro indennizzo un diritto reale altrui.

Supercondominio: struttura condominiale costituita da un complesso di *edifici autonomi* o di *case unifamiliari* che fruiscono di *beni, opere e impianti comuni*, tutti funzionali alla utilizzazione e al godimento, da parte dei singoli condómini, delle parti di loro esclusiva proprietà.

Il supercondominio trova la sua ragione d'essere nella odierna realtà edilizia, che vede spesso nascere complessi residenziali in cui trovano posto, oltre alle usuali strutture abitative, anche giardini, parchi giochi per i bambini, piscine, impianti ed attrezzature sportive etc.

Per sovvenire alla necessità di una *gestione unitaria* di beni e servizi comuni si è resa necessaria l'istituzione di un apposito organismo rappresentativo, relativamente a tali parti comuni, dell'intero complesso residenziale.

Al supercondominio si applicano le *stesse norme* dettate per il condominio e gli *organi* in esso operanti sono gli stessi.

CAPITOLO VENTESIMO

IL POSSESSO

1. CONCETTO ED ELEMENTI

A norma dell'art. 1140, il «**possesso**» è il «*potere sulla cosa che si manifesta in un'attività corrispondente all'esercizio della proprietà o di altro diritto reale*».

Da ciò si deduce che il possesso si concreta in una *relazione di fatto* intercorrente tra un soggetto e un bene, a prescindere dalla sussistenza nel soggetto stesso della titolarità del diritto di proprietà o di altro diritto reale. Gli *elementi del possesso* sono:

— il *corpus possessionis*: che si identifica con il comportamento materiale che il soggetto assume nei confronti del bene, esercitando un'attività corrispondente a quella del proprietario o del titolare di un diritto reale (*elemento oggettivo*, relazione materiale con il bene);

— l'*animus possidendi*: che si identifica nella volontà del possessore di esercitare sul bene i poteri del proprietario o del titolare di altro diritto reale (*elemento soggettivo*, volontà di tenere quella cosa a titolo di proprietà o ad altro titolo).

Quest'ultimo requisito distingue il possesso dalla **detenzione** che si può definire come un mero potere di fatto su una cosa, non accompagnato dall'intenzione di esercitare un'attività corrispondente ad un diritto reale. Il detentore si trova in un rapporto puramente materiale con la cosa, ma è consapevole di non avere alcun diritto sulla stessa.

Il co. 2 dell'art. 1140 dice, appunto, che si può possedere oltre che direttamente, anche per mezzo di un'altra persona che ha la detenzione della cosa. Si ha dunque detenzione quando manca l'*animus* di esercitare la proprietà o altro diritto sulla cosa. Un esempio di possesso è l'usufrutto, mentre un esempio di detenzione è quello dell'affittuario. La legge presume il possesso in chi tiene la cosa, cioè presume l'*animus*, mentre la detenzione deve essere provata.

È detentore chi tiene la cosa:

— nell'*interesse altrui*, a causa di un rapporto di dipendenza (il domestico ha la detenzione dei beni del padrone);

— nell'*interesse altrui a titolo di amicizia*;

— nell'*interesse altrui per l'adempimento di una propria obbligazione* (si pensi al depositario);

— nell'*interesse proprio*, per esercitare un proprio diritto sulla cosa altrui (locatario, creditore pignoratizio etc.).

Autore : dott. Silvio Li Donni - www.lulu.com

Il possesso

131

2. ACQUISTO E PERDITA DEL POSSESSO

L'acquisto originario del possesso si realizza con l'apprensione fisica della cosa, accompagnata dall'*animus possidendi*. L'apprensione, però, non fa acquistare il possesso se si verifica per tolleranza altrui (art. 1144 - in questo caso si avrà detenzione).

L'acquisto derivativo del possesso si realizza con:

— la **consegna** o *«traditio»* della cosa, che può essere:

— *effettiva*, se la cosa viene trasferita materialmente da un soggetto ad un altro;

— *simbolica*, se ad esempio si trasferiscono i documenti riguardanti la cosa, le chiavi dell'immobile etc.;

— *constitutum possessorium*: si ha quando colui che deteneva il possesso, lo trasferisce ad altri, conservando però la detenzione (es. classico: il proprietario che aliena la proprietà dell'appartamento, rimanendovi come inquilino);

— *traditio brevi manu*: si ha nel caso inverso al precedente (chi deteneva la cosa, ne acquista il possesso).

Altri modi di acquisto del possesso a titolo derivativo sono:

— la **successione nel possesso**: si ha solo a favore dell'erede (cioè solo nel caso di successione a titolo universale *mortis causa*) che continua il possesso del *de cuius* con gli stessi caratteri (buona o malafede, vizi etc.) che aveva rispetto al defunto (art. 1146);

— **accessione del possesso**: si ha in tutti gli altri casi di successione a titolo particolare (sia tra vivi che *mortis causa*). In questi casi, il successore (legatario o acquirente per atto tra vivi) può (ma non ne ha l'obbligo) unire al proprio possesso quello del suo dante causa, ai fini dell'usucapione (art. 1146).

Il possesso si perde quando viene meno uno dei suoi elementi essenziali: il **corpus** o l'**animus**.

3. GLI EFFETTI DEL POSSESSO

Il possesso rileva in numerose circostanze e produce effetti differenti a seconda di come venga qualificato.

Il possesso rileva in primo luogo ai fini dell'usucapione (vedi par. 4) (**possesso ad usucapionem**). Esso deve essere:

— *continuo*: il possessore non deve avere abbandonato il bene per tutto il tempo richiesto dalla legge ai fini dell'usucapione;

— *non interrotto*: non deve esserci stata azione di terzi in contrasto col possesso;

— *non violento*;

— *non clandestino*.

Il possesso con questi requisiti, oltre a determinare l'usucapione (ventennale), dà diritto all'esercizio dell'azione di manutenzione (possesso legittimo).

Il possesso si qualifica anche in base all'elemento soggettivo. In particolare si ha possesso di **buona fede** quando chi possiede ignora (senza colpa) di ledere l'al-

Autore : dott. Silvio Li Donni - www.lulu.com

132   Capitolo Ventesimo

trui diritto. La buona fede si presume ed è sufficiente che sussista al tempo dell'acquisto.

La buona fede del possesso rileva in due fondamentali circostanze:

— nel caso in cui il *proprietario della cosa ottenga giudizialmente la restituzione del bene*. In questo caso il possessore è tenuto a restituire la cosa con i suoi frutti: se però, si tratta di possessore in buona fede, dovrà restituire solo i frutti percepiti dalla domanda del proprietario, mentre il possessore in mala fede dovrà restituire tutti i frutti dal momento in cui ha cominciato a possedere (art. 1149; art. 1152);

— nel caso previsto dall'**art. 1153**: secondo questo articolo, colui al quale sono alienati *beni mobili* da parte di chi non ne è proprietario, ne acquista la proprietà mediante il possesso, purché sia in buona fede al momento della consegna e sussista un titolo idoneo al trasferimento della proprietà. Si sancisce cioè, il principio secondo cui il *possesso vale titolo.*

Esempio: supponiamo che Tizio abbia rubato a Caio un orologio e, qualificandosi falsamente proprietario dell'orologio, mi propone di acquistarlo. Se nel momento in cui Tizio me lo consegna ero in buona fede, ne ignoravo cioè la provenienza furtiva e credevo veramente che l'orologio appartenesse a Tizio, in pratica l'acquisto della proprietà dell'orologio si produce a mio favore in virtù di un titolo astrattamente idoneo (es.: vendita) congiunto all'acquisto immediato del possesso ed alla buona fede.

Presupposti per l'applicazione della norma sono:

— l'oggetto deve essere un *bene mobile non registrato* (anche un titolo di credito);
— l'avente causa *deve ricevere il possesso ed essere in buona fede al momento della consegna*; la buona fede in quanto tale si presume fino a prova contraria. Vige il principio fondamentale che *«mala fides superveniens non nocet»*;
— il titolo deve essere valido (cioè né nullo né annullabile) ed *astrattamente idoneo a trasferire la proprietà* (es.: contratti), negozio unilaterale come la rinunzia, provvedimento dell'autorità amministrativa etc.).

In presenza di tali presupposti, l'acquirente acquista il bene libero dai vincoli non risultanti dal titolo, mentre il proprietario originario perde il suo diritto e non può più rivendicare il bene.

4. L'USUCAPIONE (ARTT. 1158-1167)

L'usucapione è un modo di acquisto della proprietà per effetto del possesso protrattosi per un certo periodo di tempo.

Il diritto di proprietà è imprescrittibile, cioè non può perdersi per non uso; può però perdersi se, di fronte all'inerzia del titolare, un terzo abbia di fatto esercitato il diritto di proprietà sul bene per un dato periodo di tempo.

Le ragioni che giustificano l'usucapione sono:

— l'esigenza di rendere certa e stabile la proprietà;
— l'esigenza di favorire colui che si occupa di un bene, rendendolo produttivo rispetto al proprietario inerte.

Autore : dott. Silvio Li Donni - www.lulu.com

Il possesso   133

Affinché possa verificarsi l'usucapione il possesso deve presentare alcuni requisiti.

Esso deve infatti essere:

— *continuo e non interrotto* (c.d. *requisito della continuità*);
— *non violento né clandestino* (c.d. *possesso non vizioso*);
— *protratto per un certo periodo di tempo* (c.d. *requisito della durata*).

Ultimo requisito del possesso ad «*usucapionem*» è la *durata*, e cioè il decorso di un certo tempo. In relazione alla durata si distinguono due tipi di usucapione:

A) Usucapione ordinaria

L'usucapione ordinaria è quella che si compie col *decorso* di:

— *venti anni*: per l'acquisto della proprietà o degli altri diritti reali di godimento su *beni immobili* e su *universalità di mobili*;
— *dieci anni*: per i beni *mobili registrati*.

B) Usucapione abbreviata

L' usucapione abbreviata è una sottospecie dell'usucapione ordinaria, da cui si differenzia per il solo fatto che richiede *alcuni requisiti in più* e si realizza in *minor tempo*. Esaminiamo questi due aspetti:

a) *requisiti*: oltre ai requisiti già visti, per l'usucapione abbreviata occorrono anche:

— *la buona fede*: e cioè l'ignoranza di ledere, col proprio possesso, l'altrui diritto; tale buona fede, per regola generale, deve esistere nel soggetto solo *al momento dell'acquisto del possesso (malafides superveniens non nocet)*;
— *un titolo valido ed astrattamente idoneo al trasferimento del diritto*: e cioè un titolo valido in astratto, per forma e sostanza, ma inefficace in pratica per non essere il dante causa proprietario o titolare del diritto reale (c.d. *titolo «a non domino»*);
— *la trascrizione del titolo*: dalla trascrizione, infatti, decorre il tempo necessario per usucapire;

b) *durata*: quanto al decorso del tempo necessario perché si verifichi l'usucapione abbreviata occorre distinguere tra:

— *beni immobili* ed *universalità di mobili* per i quali occorrono *dieci anni*;
— *beni mobili registrati*, per i quali bastano *tre anni*.

C) Usucapione e beni mobili

Per i *beni mobili* bisogna distinguere due ipotesi:

— se vi è *il ruolo astrattamente idoneo*, l'acquisto è *immediato* ai sensi dell'art. 1153;
— *se manca il titolo*, l'usucapione si realizza dopo *dieci anni*, qualora il possesso sia stato acquistato in buona fede.
Se il possessore è di mala fede, l'usucapione si compie con il decorso di *venti anni* (art. 1161).

Autore : dott. Silvio Li Donni - www.lulu.com

134   Capitolo Ventesimo

5. LE AZIONI POSSESSORIE

Il possesso, benché sia una situazione di fatto, riceve protezione dall'ordinamento giuridico per un'esigenza di ordine collettivo.

Le azioni possessorie sono rimedi giudiziari aventi come fine immediato (anche se provvisorio) la tutela del possesso contro qualsiasi turbativa.

— **Azione di reintegrazione o di spoglio**: è l'azione con cui il possessore (ma anche il detentore), chiede, entro l'anno dal sofferto spoglio, di essere reintegrato nel possesso (art. 1168).

Lo spoglio, cioè l'arbitraria privazione del possesso compiuta consapevolmente da un soggetto, di cui il possessore è stato vittima, deve avere i requisiti della violenza e della clandestinità (deve cioè essere occulto).

— **Azione di manutenzione**: è diretta a tutelare i possessori (non i detentori) contro le molestie o le turbative, di fatto o di diritto; essa è altresì concessa contro lo spoglio non violento o non clandestino.

Con l'azione di manutenzione è tutelabile solo il possesso avente ad oggetto un bene immobile o un'universalità di mobili. Il possesso tutelabile deve inoltre durare da più di un anno, deve essere continuo e non interrotto, non acquistato con violenza o con clandestinità.

Autore : dott. Silvio Li Donni - www.lulu.com

Il possesso

135

TERMINI

Beni immobili: sono quelli che *non possono essere spostati* normalmente da un luogo all'altro *senza che ne resti alterata* la loro struttura e destinazione.

Tali sono, secondo l'art. 812 c.c., il suolo, le sorgenti, i corsi d'acqua, gli alberi, gli edifici e le altre costruzioni, anche se unite a scopo transitorio al suolo e, in genere, tutto ciò che è naturalmente o artificialmente incorporato al suolo.

Sono, altresì, reputati immobili *per determinazione di legge* i mulini, i bagni e gli altri edifici galleggianti quando sono saldamente assicurati alla riva o all'alveo e sono destinati ad esserlo in modo permanente per la loro utilizzazione;

Beni mobili: si ricavano per esclusione. Si considerano, altresì, beni mobili le energie naturali che hanno valore economico (art. 813 c.c.).

Alcuni beni mobili, tuttavia, in considerazione della loro rilevanza sono dalla legge equiparati, quanto ad alcuni aspetti della disciplina giuridica, a quelli immobili; tali beni sono chiamati «*beni mobili registrati*» (art. 815 c.c.) e sono, in genere, i cd. *beni di locomozione e trasporto* come le navi, gli aeromobili, gli autoveicoli.

Titolo: Sta ad indicare *la ragione giustificatrice, la base giuridica di una determinata situazione.*

Per esempio, si dice che il titolo per l'acquisto di un certo bene può essere, fra gli altri, un contratto di compravendita. Molto spesso, anzi, si usa il termine titolo proprio per indicare il *contratto* o l'*atto di acquisto.*

Trascrizione: è un mezzo di *pubblicità* relativo agli *immobili* ed ai *beni mobili registrati*, che assicura la conoscibilità delle vicende relative a tali beni.

La sua *funzione* si ricollega direttamente ad una precisa esigenza di mercato, che è quella della *circolazione* dei beni nell'ambito di una società organizzata e della *conoscibilità* di tale circolazione.

Bisogna pertanto distinguere:

— per i *beni mobili non registrati*, la particolare natura degli stessi ha permesso la realizzazione di un sistema di *pubblicità di fatto*, fondata sul *possesso*;

— per *gli immobili*, tale esigenza di conoscibilità dei trasferimenti è perseguita attraverso l'istituto della trascrizione.

CAPITOLO VENTUNESIMO

I DIRITTI SUI BENI IMMATERIALI

1. GENERALITÀ

Oggetto di diritti sono sia i beni materiali (*res corporales*) sia i beni immateriali (*res incorporales*: ad es.: le invenzioni, le creazioni artistiche etc.).

I beni immateriali in considerazione della loro particolare natura hanno una speciale disciplina, così:

— la c.d. *proprietà intellettuale* viene regolata dalle norme sul *diritto d'autore*;
— la c.d. *proprietà industriale* viene regolata dalle norme sul *diritto d'inventore*.

Tali diritti:

— hanno ad oggetto non il bene materiale in cui si concreta l'idea (es.: quadro, statua etc.), bensì l'idea stessa. Così il romanzo, come creazione intellettuale, appartiene al suo autore, mentre ciascun acquirente è proprietario della singola copia acquistata;
— hanno *durata limitata nel tempo*, poiché dopo un certo periodo costituiscono patrimonio della collettività;
— possono essere acquistati solo a titolo di *creazione*.

2. DIRITTO D'AUTORE

È il diritto che tutela quelle opere dell'ingegno di carattere creativo che appartengono alla scienza, alla letteratura, alla musica, alle arti figurative, all'architettura, al teatro ed alla cinematografia, qualunque ne sia il modo o la forma di espressione (art. 2575).

Esso ha un duplice *contenuto*:

— *morale, riguardante la paternità dell'opera*, che comprende il diritto di farsi riconoscere autore dell'opera, il diritto di inedito, di modificare l'opera e di anonimo;
— *patrimoniale*, riguardante l'utilizzazione esclusiva dell'opera. Tale diritto è riconosciuto per tutta la vita e per 70 anni successivi alla morte, a favore degli eredi (termine prolungato dal precedente di 50 anni per effetto dell'art. 17, L. 6-2-1996, n. 52).

Mentre il diritto morale d'autore è *imprescrittibile* ed *inalienabile*, il diritto patrimoniale d'autore si *prescrive* ed è *trasmissibile* mediante «contratto di edizione».

Scaduto il termine per l'utilizzazione esclusiva da parte dell'autore, l'opera cade in pubblico dominio e chiunque può trarne giovamento.

Autore : dott. Silvio Li Donni - www.lulu.com

I diritti sui beni immateriali   137

3. IL DIRITTO D'INVENTORE. IL BREVETTO

È il diritto che tutela la *proprietà industriale*. Presupposto per l'esercizio di tale diritto è il riconoscimento della *nuova invenzione*, che si ottiene mediante il *brevetto*, la *registrazione* o negli altri modi previsti dal Codice della proprietà industriale (D.Lgs. 10-2-2005, n. 30), la cui validità perdura per venti anni dalla data di deposito della domanda; diversamente, come abbiamo visto, il diritto d'autore nasce con la sola creazione dell'opera.

L'invenzione, per ottenere il brevetto:

— deve essere nuova *(«novità intrinseca»)*;
— deve essere praticamente applicabile *(«industrialità»)*;
— non deve essere stata ancora divulgata *(«novità estrinseca»)*.

La concessione del brevetto fa presumere, a vantaggio di chi viene dichiarato inventore, la priorità dell'invenzione, ma non ha carattere costitutivo in senso assoluto.

Anche in questo caso si configura tanto un diritto morale, quanto un diritto patrimoniale con le stesse caratteristiche indicate per il diritto di autore.

TERMINI

Beni corporali: sono quelli dotati di materialità corporea, che occupano uno spazio o colpiscono i sensi *(res quae tangi possunt)*.

Beni incorporali: che sono, invece, «quei beni privi di materialità, ma che, tuttavia, sono percepibili o con i sensi o con l'intelligenza»; tali sono le *opere dell'ingegno*, le *invenzioni* etc.

Imprescrittibilità: è una caratteristica di alcuni diritti o azioni, che non si estinguono nonostante il mancato esercizio protratto per un determinato tempo, come, invece, normalmente accade.

CAPITOLO VENTIDUESIMO

I DIRITTI REALI LIMITATI

1. LA SUPERFICIE

L'art. 952 c.c. prevede che il proprietario può costituire il diritto di fare e mantene-re al di sopra del suolo una costruzione a favore di altri che ne acquista la proprietà.

Del pari può alienare la proprietà della costruzione già esistente separatamente dalla proprietà del suolo.

Il **diritto di superficie,** previsto dall'art. 952, rappresenta una deroga al princi-pio generale della *accessione immobiliare (*art. 934) per cui *«quidquid inaedificatur solo cedit»* (ossia tutto ciò che sta sopra il suolo appartiene al proprietario del suolo stesso).

L'art. 952 prevede due diverse situazioni giuridiche:

— il diritto del c.d. *superficiario sul suolo,* nei confronti del proprietario di esso (c.d. *ius ad aedificandum,* cioè il diritto di erigere e mantenere una costruzione sul suolo altrui);

— il diritto dello stesso superficiario sulla *costruzione (c.d. proprietà superficia-ria).*

Di queste due situazioni giuridiche la seconda è un normale diritto di proprietà (lo dice lo stesso articolo, quando afferma che sulla costruzione il superficiario *«acquista la proprietà»),* mentre la prima configura il c.d. *diritto di superficie.*

Per espressa previsione legislativa (art. 953), la disciplina prevista per la superficie si applica anche nell'ipotesi in cui sia concesso il diritto di fare e mantenere costruzioni *al di sotto* del suolo altrui (es.: cantine).

Un esempio servirà a chiarire l'istituto.

Se io sono proprietario di un fondo, tutto quello che viene costruito, anche da parte di altri, su di esso diventa di mia proprietà per accessione (art. 934). Io però posso alienare ad un terzo il diritto di costruire sul mio fondo un determinato edificio (diritto di superficie). Fin quando il terzo non costruisce effettivamente l'edificio, rimane titolare di un semplice diritto reale limi-tato.

Nel momento in cui però costruisce l'edificio, il suo diritto di superficie si concretizza in un diritto di proprietà sull'edificio (proprietà superficiaria), che è pur sempre un diritto reale limitato in relazione alla proprietà del fondo (il terzo non diventa cioè proprietario del suolo e quindi non ne può disporre liberamente) ma è un vero e proprio diritto di proprietà sull'edifi-cio stesso.

Il diritto di superficie può sorgere per *contratto* o per *testamento.* Il diritto di superficie può essere costituito in *perpetuo* o per un *tempo determinato* (art. 953).

Autore : dott. Silvio Li Donni - www.lulu.com

I diritti reali limitati

139

Quando esso è costituito a tempo determinato, con lo scadere del termine il diritto si estingue e, per il principio di accessione, il proprietario del suolo diventa proprietario anche della costruzione.

Oltre che per la scadenza del termine, il diritto di superficie può estinguersi per *prescrizione*, quando la costruzione non è stata ancora eseguita. In tal caso il diritto di eseguirla si estingue se non è esercitato nei venti anni dalla sua costituzione.

La superficie, infine, si estingue per *consolidazione* (derivante da una qualsiasi causa che determini il riunirsi del diritto di proprietà e di quello di superficie nella stessa persona) e per le *altre cause previste dal titolo*.

2. L'ENFITEUSI

Si ha enfiteusi quando il proprietario di un fondo, che non vuole o non può direttamente interessarsene, ne cede ad altri il godimento di un immobile, con l'obbligo di pagare un canone e di migliorare il fondo. La costituzione è fatta a lungo termine o in perpetuo.

L'enfiteusi è un istituto del passato.

Riguardo alla durata l'enfiteusi può essere perpetua o temporanea, tuttavia c'è sempre il limite minimo di 20 anni. Essa può essere costituita per contratto oppure per testamento. Ovviamente i due soggetti del rapporto sono il proprietario, cioè il concedente del fondo, e l'enfiteuta, cioè colui che riceve il fondo.

Importante è il diritto di affrancazione o di riscatto. Esso consiste nella facoltà concessa all'enfiteuta (diritto potestativo) di diventare proprietario puro e semplice del fondo, pagando la somma che si ottiene moltiplicando per 15 volte il valore del canone annuo.

L'enfiteuta perde il diritto per non uso durante 20 anni oppure per devoluzione. Quest'ultima consiste nel diritto che ha il concedente di riavere il fondo libero quando l'enfiteuta non adempie i suoi obblighi e cioè se non porta miglioramenti al fondo o se lo deteriora e se è in mora nel pagamento di 2 annualità.

3. GLI ONERI REALI

Il pagamento del canone enfiteutico è l'esempio tipico di **onere reale** ossia di prestazione a carattere periodico, dovuta da un soggetto che si trova nel godimento di un determinato bene.

Nell'onere reale il *collegamento con la cosa* costituisce l'unico titolo dell'obbligo di prestazione; esso si costituisce solo nei casi previsti della legge (*numerus clausus*).

L'onere reale deve essere tenuto distinto dalle **obbligazioni reali**.

Quest'ultime sono quelle che una persona deve adempiere per il solo fatto di trovarsi in un determinato rapporto (di proprietà o di possesso) con un certo bene.

Esse danno luogo ad un rapporto personale, perché la relazione dell'obbligato con la cosa ha solo funzione di individuare la persona del debitore.

Autore : dott. Silvio Li Donni - www.lulu.com

140   Capitolo Ventiduesimo

┌─ *Differenze* ───┐

Differenze tra onere reale e obbligazione reale:

— nell'onere reale la proprietà è gravata da un peso, mentre nell'obbligazione reale la proprietà è il mezzo per individuare il soggetto obbligato;

— l'onere reale ha sempre per contenuto, una prestazione positiva, mentre l'obbligazione reale può consistere anche in un *non facere*;

— l'onere reale è tutelato con azione reale, mentre l'obbligazione reale è tutelata con azione personale.

└──┘

4. LE SERVITÙ PREDIALI

La servitù consiste nel peso (o limitazione) *imposto sopra un fondo (c.d. fondo servente) per l'utilità di un altro fondo (c.d. fondo dominante)*, appartenente a diverso proprietario (art. 1027).

L'*«utilità»* per il fondo dominante consiste in un qualsiasi vantaggio, anche non economico, che consenta una migliore utilizzazione del fondo. In particolare, essa può:

— consistere nella maggiore *comodità o amenità* del fondo dominante (art. 1028): ad esempio per conservare la vista panoramica di una villa, può costituirsi una servitù che impedisca di edificare sul fondo vicino;

— essere inerente alla destinazione industriale del fondo (art. 1028): ad esempio può costituirsi una servitù di presa d'acqua su un fondo per assicurare l'acqua necessaria al funzionamento di uno stabilimento sito su un fondo vicino.

È inoltre ammessa anche la costituzione di una servitù per assicurare a un fondo un vantaggio futuro (art. 1029 comma 1).

A) Caratteristiche delle servitù

Le servitù presentano i seguenti caratteri essenziali:

— **predialità:** la servitù è posta a vantaggio del fondo *(«praedium»)* e non del proprietario;

— **ambulatorietà attiva e passiva:** le servitù si trasferiscono insieme al fondo dominante o servente cui accedono;

— la servitù deve riguardare **fondi appartenenti a diversi proprietari** per il principio *nemini res sua servit;*

— la servitù non può consistere in un *facere* da parte del proprietario del fondo servente, ma solo in un suo **non facere** o **pati** per il principio *servitus in faciendo consistere nequit;*

— **praedia vicina esse debent:** il concetto di *vicinanza,* infatti, non va inteso in senso *assoluto,* ma solo in senso *relativo* rispetto al contenuto della servitù (es.: sussiste la *«vicinitas»* se i due fondi sono separati da un terzo fondo appartenente al proprietario del fondo dominante);

— **servitutes dividi non possunt:** essendo una qualità del fondo, la servitù si estende ad ogni parte del fondo ed è indivisibile da esso (art. 1071).

Autore : dott. Silvio Li Donni - www.lulu.com

I diritti reali limitati   141

B) Tipi di servitù

Delle servitù possono farsi le seguenti **classificazioni:**

— **apparenti**: sono le servitù che si manifestano con *opere visibili e permanenti* destinate al loro esercizio: tali sono ad esempio, la servitù di stillicidio, di acquedotto, di passaggio etc.;
— **non apparenti**: sono, invece, quelle per le quali non sono richieste tali opere, come la servitù di pascolo, la servitù di non edificare etc.;
— **affermative**: sono le servitù per il cui esercizio è richiesto *un comportamento attivo del proprietario del fondo dominante (es.: passaggio);*
— **negative**: sono quelle che comportano un *non facere* a carico del *proprietario del fondo servente (es.: servitù di non costruire oltre una certa altezza etc.);*
— **continue**: sono quelle servitù affermative per il cui esercizio non è richiesto il fatto dell'uomo, mentre tale attività è richiesta solo nella fase anteriore all'esercizio (es.: *servitù di acquedotto,* nella quale, una volta costruite le condotte, l'acqua profluisce senza necessità di ulteriore attività umana);
— **discontinue**: sono, invece, quelle per il cui esercizio è richiesta *l'attività dell'uomo (es.:* la servitù di passaggio);
— **volontarie** e **coattive**: a seconda che si costituiscano *per volontà dei singoli* oppure *per legge.*

C) Le servitù coattive

Servitù coattive sono quelle che trovano il loro *titolo* nella *legge.*

Esigerle è un diritto potestativo che la legge accorda al proprietario del fondo dominante: esse, quindi, non *sorgono automaticamente*, in quanto occorre sempre un atto di volontà del proprietario del futuro fondo dominante, il quale o le otterrà *contrattualmente,* ovvero potrà rivolgersi al giudice per ottenere una *sentenza costitutiva.*

Le servitù coattive sono tipiche, e cioè sono soltanto quelle previste dalla legge. Le principali figure sono:

— *servitù di* **acquedotto** *coattiva* (art. 1033): consiste nel diritto di far passare acque proprie attraverso fondi altrui;
— *la servitù di* **passaggio** *coattiva*: consiste nel diritto al passaggio sul fondo vicino per accedere alla via pubblica.

D) Costituzione delle servitù volontarie

I **modi di acquisto** *comuni a tutte le servitù* sono:

— il *contratto:* tra proprietario del fondo dominante e del fondo servente. Si tratta di un contratto *formale,* con *effetti reali,* normalmente oneroso;
— il *testamento;*
— *usucapione ordinaria* o *abbreviata;*
— *destinazione del padre di famiglia* (art. 1062): è un modo d'acquisto che non ha natura negoziale, ma di *«atto giuridico in senso stretto».*

Autore : dott. Silvio Li Donni - www.lulu.com

142   Capitolo Ventiduesimo

Ad esempio il proprietario di due fondi vi costruisce opere permanenti (es.: acquedotto) per la loro migliore utilizzazione; se nel futuro, i fondi cessano di appartenere allo stesso proprietario (per divisione, vendita parziale etc.), *quello stato di fatto continua a sussistere,* nel senso che si ritiene automaticamente costituita la servitù, attivamente e passivamente, tra i fondi ormai appartenenti a diverso proprietario (lo stesso si verifica anche se il fondo è uno solo, ma viene successivamente diviso fra due proprietari).

Circa il modo di esercizio della servitù esso deve essere attuato in modo da soddisfare il fondo dominante col minor aggravio del fondo servente.

E) L'estinzione delle servitù

Le servitù si estinguono per:

— **confusione**: riunione nella stessa persona della proprietà del fondo dominante e del fondo servente («*nemini res sua servit*»);
— **prescrizione** *estintiva ventennale* (non uso);
— **scadenza del termine** *e verificarsi della* **condizione risolutiva**;
— **abbandono del fondo servente** (art. 1070): da parte del proprietario che voglia così sottrarsi alle spese per la servitù, cui è tenuto in forza di legge o del titolo.

F) Le azioni a tutela delle servitù

a) *Azione di mero accertamento,* con cui si mira a far riconoscere in giudizio l'esistenza della servitù.

b) *Azione confessoria* («*vindicatio servitutis*»), mirante ad ottenere la cessazione di impedimenti e turbative alla servitù.

c) *Azione per il risarcimento dei danni* (art. 2043), diretta a tutelare il diritto di credito nascente dalla servitù.

d) *Azioni possessorie*: è discussa la loro ammissibilità a tutela delle servitù negative.

5. L'USUFRUTTO

L'usufrutto si concreta nel *diritto riconosciuto all'usufruttuario di godere ed usare della cosa altrui,* traendo da essa *tutte* le utilità che può dare *(compresi i frutti* che essa produce), con l'obbligo di non *mutarne la destinazione economica* (artt. 981, 984): *ius alienis rebus utendi fruendi salva rerum substantia.*

La situazione del proprietario del bene gravato da usufrutto è quella di colui cui è tolto il potere di usare del bene stesso e di farne propri i frutti; il contenuto del suo diritto di proprietà è praticamente svuotato, perciò egli è chiamato *nudo proprietario.*

A) Oggetto dell'usufrutto - il «quasi usufrutto»

Oggetto dell'usufrutto può essere *qualunque specie di bene (m*obile o immobile, crediti, azienda etc.).

In linea generale, però, deve trattarsi di *beni infungibili ed inconsumabili,* stante l'obbligo per l'usufruttuario di restituire lo stesso bene alla fine dell'usufrutto.

Tuttavia l'art. 995 ha previsto anche la possibilità di un usufrutto avente ad oggetto *cose consumabili:* ed è questo il **quasi-usufrutto**.

Autore : dott. Silvio Li Donni - www.lulu.com

I diritti reali limitati   143

Nel quasi-usufrutto (a differenza che nell'usufrutto) i beni consumabili passano *in proprietà all'usufruttuario,* il quale ha l'obbligo di restituire non già gli stessi beni ricevuti (il che sarebbe impossibile: si pensi al denaro ormai speso), ma altrettanti beni dello stesso genere *(tantundem eiusdem generis).*

B) Durata e modi d'acquisto dell'usufrutto

L'usufrutto, a differenza degli altri diritti reali, è caratterizzato dalla «*temporaneità*»: esso non *può eccedere in nessun caso la vita dell'usufruttuario,* se si tratta di *persona fisica,* o i *trenta anni,* se si tratta di *persona giuridica.* Coerentemente a tale principio, è *vietato l'usufrutto successivo (*art. 698). L'usufrutto può acquistarsi:

— **per legge,** quando la legge stessa ne determina la costituzione in capo ad un determinato soggetto (c.d. *usufrutto legale);* ciò avviene, ad esempio, nel caso di cui all'art. 324 *(usufrutto legale dei genitori);*

— **per contratto;** i contratti costitutivi di usufrutto richiedono, a pena di nullità, la *forma scritta* e sono soggetti a *trascrizione;*

— **per testamento;** anche l'accettazione dell'eredità che importi *acquisto* di usufrutto va *trascritta;*

— **per usucapione.**

C) Diritti ed obblighi dell'usufruttuario

Tra i *diritti* spettanti all'usufruttuario vi è quello di far suoi i frutti (naturali e civili) della cosa per tutta la durata dell'usufrutto, nonché il diritto di cedere il proprio usufrutto (ma non *mortis causa*), di concedere ipoteca sull'usufrutto e di locare il bene.

Tra i suoi *obblighi* principali vi è quello di usare, nell'esercizio del suo diritto, la diligenza del buon padre di famiglia e di pagare le imposte, i canoni e gli altri pesi annuali che gravano sulla cosa nonché di sostenere le spese relative alla manutenzione ordinaria del bene e soprattutto non modificare la destinazione economica del bene.

D) Estinzione dell'usufrutto

L'usufrutto può estinguersi per:

— *morte dell'usufruttuario,* se persona fisica; oppure col *decorso di trenta anni,* se l'usufruttuario è persona giuridica; in caso di *usufrutto congiuntivo* (a favore, cioè, di più persone) la morte di uno dei titolari non importa estinzione dell'usufrutto, bensì *accrescimento* a favore degli altri.
Tale accrescimento, in particolare, va concentrandosi nella persona che sopravvive; solo alla morte dell'ultimo usufruttuario l'usufrutto si estingue;

— *prescrizione,* a seguito di non uso ventennale;

— *consolidazione:* cioè riunione nella stessa persona della titolarità dell'usufrutto e della proprietà;

— *totale perimento del bene:* se però il perimento è dovuto a fatto del terzo, l'usufrutto si trasferisce sull'indennità da questo pagata al proprietario;

— «*abuso*» *del diritto da parte dell'usufruttuario:* per «*abuso*» deve intendersi una grave mancanza dell'usufruttuario ai suoi obblighi: come, per esempio, aver lasciato deperire il

Autore : dott. Silvio Li Donni - www.lulu.com

144 Capitolo Ventiduesimo

bene per le mancate operazioni di ordinaria manutenzione. L'*«abuso»*, però, deve essere dichiarato *con sentenza costitutiva dal giudice* cui è rimessa la valutazione del caso;
— *rinuncia dell'usufruttuario;*
— *annullamento, rescissione, risoluzione del contratto* costitutivo di usufrutto;
— *scadenza del termine* eventualmente indicato nel titolo costitutivo.

6. L'USO E L'ABITAZIONE

Analoghe al diritto di usufrutto, ma con contenuto più ristretto, sono le due figure previste dagli artt. 1021-1022, in particolare:

a) l'*uso* (art. 1021): attribuisce al suo titolare (c.d. *usuario) il potere di servirsi di un bene e, se esso è fruttifero, di raccoglierne i frutti, ma solo limitatamente a quanto occorre ai bisogni suoi e della sua famiglia;*
b) l'*abitazione* (art. 1022): è il *diritto di abitazione,* che conferisce al titolare soltanto il *potere di abitare una casa limitatamente ai bisogni suoi e della sua famiglia.*

I diritti di uso e di abitazione hanno *carattere personalissimo* e, quindi, non possono essere ceduti o locati.
Per il resto trovano applicazione, in quanto compatibili, le norme che disciplinano l'usufrutto (art. 1026).

TERMINI

Addizioni: sono le opere fatte su di un fondo che conservano la propria individualità (es.: una casa, un magazzino, un pozzo). Differiscono dai *miglioramenti,* poiché questi ultimi consistono in trasformazioni del fondo, del quale aumentano il reddito, senza divenire opere con una propria individualità, anche se le stesse addizioni possono costituire miglioramenti.

Affrancazione: è un diritto potestativo spettante all'enfiteuta, il quale, attraverso il suo esercizio, diventa automaticamente proprietario del fondo.
In sostanza con *l'affrancazione non si estingue il dominio diretto del concedente, ma si verifica il passaggio di questo all'enfiteuta.* Il diritto di affrancare si esercita mediante il pagamento di una somma di denaro pari a quindici volte l'ammontare del canone. Il diritto di affrancazione dell'enfiteuta prevale sempre sul diritto alla devoluzione del concedente.

Cauzione: la cauzione è una garanzia reale, consistente nel versamento di titoli o somme di denaro di proprietà del debitore a favore del creditore, il quale può definitivamente incamerarli in caso di inadempimento.

Devoluzione: è un diritto del proprietario il quale, in caso di inadempimento degli obblighi fondamentali da parte dell'enfiteuta, può ottenere la liberazione del fondo, chiedendo al l'Autorità Giudiziaria una sentenza costitutiva che pronunzi la caducazione dell'enfiteusi, con conseguente consolidamento, a favore del concedente, del dominio utile e del dominio diretto (azione di devoluzione).

Diligenza: *obbligo imposto alle parti* di non ledere con la propria attività interessi di altri soggetti giuridicamente tutelati dall'ordinamento.
La diligenza, in particolare, consiste nell'*adempimento* di quei *doveri d'attenzione, cautela* e *perizia* che si accompagnano all'esercizio di qualsiasi attività.
La legge dispone che il debitore deve usare, nell'adempimento dell'obbligazione, la diligenza del *buon padre di famiglia*, intesa come diligenza dell'uomo *medio*.

Inventario: è l'atto con cui si accerta l'entità e la consistenza di un patrimonio a vari fini.

Onere: è una situazione giuridica soggettiva passiva che comporta il sacrificio di un interesse al fine di ottenere o conservare un vantaggio giuridico.

Ritenzione: in alcuni casi la legge concede al creditore di trattenere una cosa che egli avrebbe l'obbligo di restituire al proprietario, al fine di indurre quest'ultimo ad adempiere il suo debito. Il diritto di ritenzione è ammesso nei soli casi previsti dalla legge.

CAPITOLO VENTITREESIMO

L'OBBLIGAZIONE IN GENERALE

1. LA DEFINIZIONE DI OBBLIGAZIONE

Al di là delle situazioni di esclusiva signoria garantite dai diritti reali, le dinamiche relazionali conoscono interessi la cui realizzazione implica la collaborazione tra soggetti.

Strumento di tale collaborazione è l'obbligazione di cui il codice non dà una definizione ma che si ricava dalle norme che la disciplinano.

L'obbligazione consiste in un *rapporto giuridico avente ad oggetto un comportamento del soggetto passivo (debitore) patrimonialmente valutabile (prestazione), al fine di soddisfare un interesse anche non patrimoniale del soggetto attivo (creditore)*.

2. LE FONTI DELL'OBBLIGAZIONE

A norma dell'art. 1173 «Le obbligazioni derivano da contratto, da fatto illecito, o da ogni altro atto o fatto idoneo a produrle in conformità dell'ordinamento giuridico».

Di tali fonti, alcune hanno *natura negoziale*, per cui è la volontà del soggetto a determinare la nascita del rapporto; altre hanno *natura non negoziale*, per cui il rapporto nasce anche contro o senza la volontà di colui che rimane obbligato.

Fonti negoziali sono:
— il *contratto*: è la più importante fonte di obbligazione, strumento di «collaborazione volontaria» ;
— le *promesse unilaterali*: in esse vi è una manifestazione unilaterale di volontà, ammessa nei soli casi espressamente previsti (art. 1987).

Fonti non negoziali sono:
— il *fatto illecito*: difatti, se pur l'illecito è volontario, non è tale il risarcimento che ne consegue;
— *particolari fatti o atti leciti:* ossia, la gestione di affari altrui (art. 2028); il pagamento dell'indebito (art. 2033 e 2035), l'arricchimento senza causa (art. 2041).

Autore : dott. Silvio Li Donni - www.lulu.com

L'obbligazione in generale   147

3. ELEMENTI DELL'OBBLIGAZIONE: IL DEBITO E IL CREDITO

Il *debito*, ossia il dovere di *adempiere la prestazione*, è la situazione giuridica passiva del rapporto obbligatorio.

Correlativo al debito è il *credito,* ossia la pretesa giuridicamente *tutelata ad ottenere* la prestazione dovuta.

Si è detto che l'obbligazione è vincolo giuridico che impone una necessità di agire al *debitore* in funzione della pretesa del creditore ad ottenere la prestazione.

In mancanza, la pretesa del *creditore al comportamento* del debitore si trasforma nella pretesa ad ottenere soddisfazione sul suo patrimonio.

Ne consegue che la posizione debitoria si articola in:

a) *debito*, ossia dovere di adempiere la prestazione;

b) *responsabilità*, consistente nell'assoggettamento del patrimonio del debitore al potere coattivo del creditore, per effetto del mancato compimento della prestazione.

Va precisato che, se la responsabilità è, di norma, conseguenza del debito, vi sono pure ipotesi di responsabilità senza debito.

4. I REQUISITI DELLA PRESTAZIONE

La prestazione è l'oggetto dell'obbligazione e consiste nel comportamento a cui è tenuto il debitore.

Non si deve confondere l'oggetto dell'obbligazione con l'oggetto della prestazione cioè il bene dedotto nel rapporto.

A) La prestazione deve corrispondere ad un interesse, anche non patrimoniale, del creditore

Tale interesse, che giustifica il riconoscimento giuridico del diritto del creditore, può essere anche soltanto scientifico, culturale, affettivo.

La rilevanza accordata allo scopo da perseguire rappresenta una fondamentale differenza fra i diritti di obbligazione e il diritto di proprietà. Gli scopi cui tende ad esempio il proprietario non hanno alcun rilievo giuridico.

B) La prestazione deve essere economicamente valutabile (art. 1174)

Ossia traducibile in una somma di denaro. La patrimonialità della prestazione si desume dal rapporto nel suo complesso: è sufficiente che esista un indice di patrimonialità (ad es.: una clausola penale); la patrimonialità della prestazione distingue l'obbligazione in senso tecnico dagli obblighi di altra natura.

C) La prestazione deve essere possibile

L'impossibilità può essere:

— *fisica*: la prestazione è impossibile in *rerum natura* (ad es.: impegnarsi a fornire una cosa già distrutta);

— *giuridica*: la prestazione è naturalmente possibile ma vietata dalla legge (ad es.: costruire in violazione di una servitù militare);

Autore : dott. Silvio Li Donni - www.lulu.com

148   Capitolo Ventitreesimo

— *originaria*: la prestazione è impossibile fin dal sorgere dell'obbligazione. È, tuttavia, valida l'obbligazione quando la prestazione, originariamente impossibile, diviene possibile successivamente, purché prima dell'avveramento della condizione sospensiva o della scadenza del termine iniziale;

— *sopravvenuta*: la prestazione, originariamente possibile, diviene impossibile successivamente;

— *temporanea*: l'impossibilità non definitiva non impedisce l'esistenza dell'obbligazione;

— *totale*: l'intera obbligazione è nulla;

— *parziale*: la nullità dell'obbligazione è parziale se la parte rimasta possibile conserva una utilità per il creditore.

D) La prestazione deve essere lecita

La prestazione è illecita per contrarietà:

— *a norme imperative*: ad es.: obbligazioni relative al commercio di stupefacenti;

— *all'ordine pubblico*: ad es.: obbligazione di partecipare ad azioni violente contro una persona;

— *al buon costume*: esempi tipici sono forniti dal campo delle prestazioni sessuali.

E) La prestazione deve essere determinata o determinabile

La prestazione, se non determinata dall'inizio, deve essere determinabile alla stregua di criteri oggettivi, fin dal sorgere dell'obbligazione.

La determinazione può essere rimessa ad un elemento esterno, alle parti stesse o *all'equo arbitrio* di un terzo, detto arbitratore.

5. LA BUONA FEDE

«*Regola aurea*» cui dovrebbero ispirarsi le relazioni tra i consociati è quella dettata dall'art. 1175 che impone alle parti di comportarsi secondo le regole della correttezza.

Tale correttezza (cui deve ispirarsi il comportamento non soltanto del debitore ma anche del creditore) è espressione del più generale principio della buona fede che il legislatore richiede:

— nell'interpretazione ed esecuzione del contratto;
nel contegno che le parti devono tenere nello svolgimento delle trattative (art. 1337);

— nell'obbligo fatto a ciascuna parte di mettere l'altra sull'avviso circa possibili cause di invalidità del contratto da concludere (art. 1338);

— nel contegno imposto alle parti *pendente condicione* (art. 1358).

La buona fede ora descritta, espressione di un dovere di solidarietà sociale, integra la *buona fede* c.d. *oggettiva*; essa si distingue dalla *buona fede* c.d. *soggettiva* (rilevante in tema di possesso, usucapione abbreviata e acquisto a non domino), situazione psicologica di ignoranza di ledere l'altrui diritto.

6. DISTINZIONI IN ORDINE ALLA PRESTAZIONE E ALL'OGGETTO

In base alla prestazione si distingue tra:

— **obbligazioni positive**: esse hanno per oggetto un dare o un fare. L'*obbligazione di dare* una cosa può mirare al trasferimento della proprietà della stessa o del

Autore : dott. Silvio Li Donni - www.lulu.com

L'obbligazione in generale   149

semplice possesso. All'obbligazione di dare si accompagna sempre, a norma dell'art. 1177, l'obbligo accessorio di custodire la cosa.

L'*obbligazione di fare* ha ad oggetto un servizio e, finanche, un consenso. Talune obbligazioni hanno una prestazione mista di dare e di fare (ad es.: il contratto di somministrazione).

Diversi sono i mezzi di esecuzione specifica a seconda che l'obbligazione sia di dare o di fare;

— **obbligazioni negative**: «esse hanno per contenuto non un mutamento ma la conservazione della situazione», ossia l'obbligo di non dare, non fare, sopportare (*pati*).

In relazione all'oggetto della prestazione si distingue tra:

— **obbligazioni generiche**: sono tali le obbligazioni la cui prestazione ha per oggetto una cosa generica o una certa quantità di cose fungibili (ad es.: dieci quintali di granoturco). Per esse, è previsto che il debitore debba consegnare una cosa appartenente al genere, ma di qualità non inferiore alla media.

Nella vendita di cosa generica la proprietà e il conseguente rischio di perimento si trasferiscono solo a seguito dell'individuazione;

— **obbligazioni specifiche**: sono tali le obbligazioni la cui prestazione ha per oggetto una cosa specifica.

In relazione al momento dell'adempimento si distingue a seconda che l'esecuzione della prestazione sia istantanea, o di durata.

In relazione all'oggetto della prestazione-obbligazione si distingue anche tra:

— **obbligazioni di mezzi**: l'oggetto non è un certo risultato ma un comportamento diligente, ossia l'impiego diligente di mezzi idonei al raggiungimento dello stesso;

— **obbligazioni di risultato**: l'oggetto è costituito non dall'attività ma dal risultato dell'attività.

Nelle obbligazioni di fare, l'obbligazione sarà di mezzi o di risultato a seconda dell'accordo tra le parti.

Tale distinzione non rileva, però, ai fini della responsabilità del debitore: sia esso tenuto ad un risultato sia esso tenuto ad un comportamento diligente, il debitore è esente da responsabilità quando provi di aver usato la diligenza del buon padre di famiglia.

La distinzione rileva, invece, sul piano degli effetti dell'adempimento: la mancata realizzazione del risultato, anche se incolpevole, impedisce la produzione di tutti gli effetti che sarebbero derivati dall'adempimento e non ci sarà diritto alla controprestazione.

Un cenno va fatto alle obbligazioni accessorie, che hanno fondamento in un altro rapporto giuridico e vi rimangono connesse (ad es.: l'obbligazione di garanzia).

Autore : dott. Silvio Li Donni - www.lulu.com

150   Capitolo Ventitreesimo

7. OBBLIGAZIONI CUMULATIVE, ALTERNATIVE E FACOLTATIVE

A) Obbligazioni cumulative

Sono tali le obbligazioni in cui il debitore è tenuto ad eseguire insieme due o più prestazioni: l'obbligo ha contenuto multiplo e il debitore si libera solo eseguendo tutte le prestazioni.

B) Obbligazioni alternative

Sono tali le obbligazioni in cui sono previste due o più prestazioni, ma il debitore si libera eseguendone una soltanto. Il diritto di scelta (che spetta al debitore, salvo che, per accordo delle parti, non sia attribuito al creditore o ad un terzo) è detto *ius variandi* e, una volta esercitato, determina la concentrazione dell'obbligazione che diventa semplice.

Prima della scelta, l'impossibilità di una delle due prestazioni, per causa non imputabile al debitore, determina la concentrazione dell'obbligazione su quella rimasta possibile; dopo la scelta, l'impossibilità della prestazione scelta, determina l'estinzione dell'obbligazione.

C) Obbligazioni facoltative

Sono tali le obbligazioni per le quali è prevista una sola prestazione ma il debitore può liberarsi effettuando una prestazione diversa.

Essendo tale obbligazione semplice fin dal suo sorgere l'impossibilità della prestazione principale, per causa non imputabile al debitore, estingue l'obbligazione.

8. LE OBBLIGAZIONI AMBULATORIE

L'aspetto soggettivo dell'obbligazione è dominato dal *principio della dualità*: il rapporto deve necessariamente intercorrere tra due distinti soggetti, debitori e creditori.

Non occorre, peraltro, che tali soggetti siano determinati, fin dal sorgere dell'obbligazione, essendo sufficiente che siano determinabili.

In particolare, si dicono ambulatorie, le obbligazioni nelle quali l'uno o l'altro soggetto sia mutevole e determinabile a seconda della titolarità di un altro rapporto.

Obbligazioni ambulatorie sono le **obbligazioni propter rem** nelle quali il soggetto passivo sarà colui che verrà ad essere proprietario o possessore di una determinata cosa.

Esse si distinguono però dagli **oneri reali**: le obbligazioni *propter rem* rimangono obbligazioni in quanto il rapporto con la cosa è soltanto un modo di individuazione del debitore; negli oneri reali è la proprietà ad essere gravata da un peso; le obbligazioni *propter rem* possono consistere anche in un *non facere*; gli oneri reali hanno sempre per contenuto una prestazione positiva.

Rilevante indice della natura di obbligazione della figura in esame è la circostanza che nelle obbligazioni *propter rem* il debitore risponde con tutti i suoi beni presenti e futuri.

Autore : dott. Silvio Li Donni - www.lulu.com

L'obbligazione in generale   151

9. OBBLIGAZIONI DIVISIBILI ED INDIVISIBILI

Nelle *obbligazioni soggettivamente complesse* (con più debitori o con più creditori) occorre, innanzitutto, stabilire, se l'unica prestazione è divisibile o indivisibile.

L'obbligazione è indivisibile (e la prestazione deve essere eseguita per l'intero da ciascun debitore e può essere pretesa per l'intero da ciascun creditore):

— in senso oggettivo o assoluto, quando l'indivisibilità dipende dalla natura delle cose (ad es.: un quadro);

— in senso soggettivo o relativo, quando i soggetti hanno considerato indivisibile una prestazione, di sua natura divisibile, ovvero quando l'indivisibilità è stabilità per legge.

L'obbligazione è divisibile (e ciascun debitore può eseguire solo la sua parte e ciascun creditore esigere solo la sua parte), al contrario, quando la prestazione è tale per natura o per valutazione delle parti.

L'indivisibilità, a differenza della solidarietà (vedi *infra* par. 10) opera anche nei confronti degli eredi.

10. LE OBBLIGAZIONI PARZIARIE E LE OBBLIGAZIONI SOLIDALI

Nelle obbligazioni soggettivamente complesse, pur quando la prestazione sia divisibile, occorre stabilire se, a seconda della «struttura del vincolo», il dovere di eseguire la stessa gravi su ciascun debitore *pro rata* (per parte) o *pro toto* (ossia per l'intero).

A tal fine si distingue tra:

A) Obbligazioni parziarie

Sono tali le obbligazioni soggettivamente complesse nelle quali ciascuno dei soggetti è portatore di un diritto o di un obbligo parziale, proporzionato alla sua partecipazione al vincolo. Pertanto, ciascun debitore è obbligato solo per la sua parte e ciascun creditore può esigere solo la sua parte.

B) Obbligazioni solidali

Sono tali le obbligazioni soggettivamente complesse nelle quali ciascun creditore ha diritto di pretendere la prestazione per l'intero dall'unico debitore (solidarietà attiva), oppure ogni debitore ha l'obbligo di eseguire la prestazione per l'intero all'unico creditore (solidarietà passiva).

Caratteristica fondamentale della solidarietà è che l'adempimento di un debitore libera anche gli altri, e l'adempimento fatto ad un creditore libera il debitore anche nei confronti degli altri creditori.

Elementi essenziali della solidarietà sono:

— l'*unicità della prestazione*;

— *unica causa obligandi*: l'obbligazione deve sorgere da un medesimo fatto giuridico;

— *uguaglianza di contenuto* che non è esclusa da modalità diverse di adempimento.

Autore : dott. Silvio Li Donni - www.lulu.com

152   Capitolo Ventitreesimo

Nelle obbligazioni solidali si comunicano tra le parti soltanto i fattori vantaggiosi.

La solidarietà, la cui funzione è essenzialmente di rafforzamento del diritto del creditore, vale solo nei confronti dei terzi e non tra le parti: per esse l'obbligazione è divisa e colui che adempie può agire in regresso nei confronti degli altri.

La solidarietà passiva si presume (art. 1294): essa ha una funzione di maggiore garanzia del credito in quanto con essa ciascun debitore garantisce anche per gli altri.

La solidarietà attiva, più rara, non si presume e discende dalla legge o dalla volontà delle parti.

11. LE OBBLIGAZIONI IMPERFETTE: LE OBBLIGAZIONI NATURA-LI

Sono tali le obbligazioni cui l'ordinamento riconosce soltanto alcuni degli effetti propri dell'obbligazione civile.

Ipotesi di **obbligazioni imperfette** sono quelle previste nei due commi dell'art. 2034 sotto la rubrica «obbligazioni naturali»:

— nel primo comma, l'art. 2034 riconosce efficacia all'adempimento spontaneo di un soggetto capace di agire, compiuto in esecuzione di un dovere morale e sociale. È dovere morale e sociale soltanto ciò che è tale alla stregua della coscienza etica comune: per parte della dottrina solo in questa ipotesi può parlarsi propriamente, di obbligazione naturale;

— nel secondo comma, l'art. 2034 si riferisce alle ipotesi tipiche di obbligazioni assistite soltanto dall'eccezione della *soluti retentio*: il creditore non può agire per ottenere l'adempimento, ma non è tenuto a restituire quanto ricevuto in pagamento.

Nell'una e nell'altra ipotesi, caratteri fondamentali sono:

— l'*incoercibilità*: si tratta di obblighi che non possono essere fatti eseguire giudizialmente, mediante azione;

— l'*irripetibilità*, ossia l'impossibilità di farsi restituire ciò che si è spontaneamente pagato.

TERMINI

Arricchimento ingiustificato: l'arricchimento ingiustificato si ha in tutti i casi in cui taluno si arricchisce ai danni di un'altra persona, senza che tale vantaggio abbia una ragione giustificatrice. L'arricchimento ingiustificato dà luogo ad un'*obbligazione* di indennizzo o di restituzione, se l'arricchimento ha avuto per oggetto una cosa determinata, da parte di colui che si è arricchito.

Per l'adempimento di tali obbligazioni, colui che ha subìto il depauperamento potrà agire con l'*azione di arricchimento senza causa*. Tale azione ha *carattere sussidiario*, ossia non è proponibile quando il danneggiato ha a disposizione altre azioni specifiche (fondate sulla legge o sul contratto) per ottenere l'indennizzo. Questo consisterà in ogni caso nella minor somma tra l'impoverimento subìto e il corrispondente arricchimento ottenuto da altri.

Autore : dott. Silvio Li Donni - www.lulu.com

L'obbligazione in generale 153

Diritti di obbligazione: i diritti *di obbligazione* (*o di credito o personali*) sono diritti relativi e pertanto attribuiscono al loro titolare un potere che può farsi valere solo verso una o più *persone determinate*, a cui si richiede un particolare comportamento. Si ha, in questo caso, un *soggetto passivo determinato*, tenuto ad una *determinata condotta* nei confronti del titolare del diritto, il quale ha, pertanto, bisogno della *cooperazione* dello stesso soggetto passivo (debitore) per realizzare il proprio interesse.

Diritti reali: i diritti *reali* costituiscono la categoria più importante dei diritti assoluti ed attribuiscono al loro titolare una signoria piena (es.: proprietà) o limitata [diritti reali su cosa altrui o diritti reali limitati] su un bene. Il diritto reale è, quindi, la *facoltà di agire di un soggetto sopra un bene per la soddisfazione di un proprio interesse*.
La disciplina dei diritti reali è dettata dalla legge dello Stato in cui si trovano i beni oggetto di tali diritti.
Le caratteristiche dei diritti reali sono:
— *immediatezza*: assicura un potere *immediato sulla cosa*, senza la interposizione di altre persone;
— *assolutezza*: si fa valere nei confronti di *tutti i terzi*, sui quali incombe un dovere negativo di *astensione* dal compimento di atti lesivi dei diritti reali stessi;
— *tipicità*: costituiscono un *numerus clausus* e, come tali, sono solo quelli previsti dalla legge.

Gestione di affari: si ha gestione di affari quando un soggetto (gestore) *si prende cura spontaneamente*, cioè senza esservi obbligato e senza averne avuto incarico dall'interessato (*dominus*), *di uno o più affari patrimoniali altrui*. A tale circostanza la legge, concorrendo alcuni requisiti, ricollega il sorgere di obbligazioni sia a carico del gestore che a carico del *dominus*.
Requisiti della gestione di affari sono:
— l'*utilità iniziale della gestione* (*utiliter coeptum*): affinché si producano gli effetti della gestione di affari, questa deve essere utilmente iniziata; l'utilità si giudica obiettivamente, facendo riferimento alla valutazione che avrebbe effettuato il *dominus*, con la *diligenza* del *buon padre di famiglia*, al momento dell'inizio dell'affare;
— la *mancanza di un divieto alla* gestione di affari da parte del *dominus* («*non prohibente domino*»);
— la *consapevolezza dell'alienità dell'affare* (cd. «*animus aliena negotia gerendi*»): il gestore deve cioè sapere (e, quindi, deve avere intenzione) di trattare affari altrui, ossia di avvantaggiare il *dominus* e di non aver nessun obbligo in tal senso, altrimenti al più il gestore potrebbe invocare l'*arricchimento senza causa* del *dominus*;

Indebito: il pagamento dell'indebito è l'*atto con cui taluno esegue un pagamento non dovuto*. Esso dà luogo ad un'obbligazione di restituzione. La prestazione, in particolare, può consistere nel versamento di una somma di danaro, nella dazione di una cosa etc.

CAPITOLO VENTIQUATTRESIMO

L'ADEMPIMENTO

1. L'ESTINZIONE DELL'OBBLIGAZIONE

L'obbligazione, a differenza dei diritti reali, tende naturalmente ad estinguersi.

I modi di estinzione dell'obbligazione si distinguono in:

— *modi satisfattori*, che comportano la soddisfazione diretta o indiretta del creditore: l'adempimento, la confusione, la compensazione;
— *modi non satisfattori*: la novazione, la remissione del debito, l'impossibilità sopravvenuta. Il debitore è liberato senza che il creditore riceva la prestazione.

2. L'ADEMPIMENTO

Modo normale di estinzione dell'obbligazione l'adempimento che consiste nell'esatta esecuzione della prestazione, ossia di quanto è stato dedotto in obbligazione.

Nell'adempimento il debitore deve usare la diligenza del buon padre di famiglia (art. 1176), per evitare la responsabilità contrattuale.

L'adempimento non è un negozio: non è necessaria una specifica volontà, né del debitore, né del creditore. Esso è un *atto dovuto*: pertanto non è richiesta la capacità di agire del *solvens*.

L'adempimento può essere effettuato, oltre che dal debitore, da un terzo che paga per lui (art. 1180).

Ciò è possibile solo per le obbligazioni aventi ad oggetto prestazioni di cose fungibili.

Il creditore non può opporsi al pagamento del terzo salvo che abbia un interesse a che il debitore esegua personalmente la prestazione (prestazione infungibile), o che il debitore si sia opposto.

Il pagamento può essere fatto (art. 1188):

— al creditore, capace di ricevere;
— al suo rappresentante;
— alla persona indicata dal creditore o dalla legge.

Estingue l'obbligazione anche il pagamento fatto, in buona fede, a chi appariva, secondo indici oggettivi, creditore (c.d. creditore apparente).

Autore : dott. Silvio Li Donni - www.lulu.com

L'adempimento 155

A norma dell'art. 1181 il creditore può legittimamente rifiutare il parziale adempimento dell'obbligazione.

3. LA PRESTAZIONE IN LUOGO DELL'ADEMPIMENTO (CD. DATIO IN SOLUTUM)

Può accadere che il debitore offra al creditore una prestazione diversa da quella dovuta: se il creditore acconsente, l'effettiva esecuzione della diversa prestazione estingue l'obbligazione (es. ti devo un cavallo, mi libero pagandoti una somma in denaro).

La *datio in solutum* si distingue dalla novazione che estingue l'obbligazione senza che il creditore riceva alcuna prestazione.

Oggetto della *datio in solutum* può essere anche la cessione di un credito (ad es.: invece di pagarti i mille euro che ti devo, ti cedo un credito da me vantato nei confronti di Caio). In tal caso, se le parti non hanno diversamente pattuito, l'obbligazione si estingue soltanto con l'effettiva riscossione del credito ceduto (cessione *pro solvendo*: art. 1198).

4. LE OBBLIGAZIONI PECUNIARIE

Sono pecuniarie le obbligazioni che hanno per oggetto una somma di denaro.

A norma dell'art. 1277 i debiti pecuniari si estinguono con moneta avente corso legale nello Stato, al suo valore nominale, indipendentemente dal potere di acquisto attuale della stessa (*principio nominalistico*).

Tizio che ha assunto nel 2002 un debito di € 1.000 da pagare nel 2010, dovrà a tale data pagare, € 1000 anche se tale somma ha un minore valore di acquisto.

Il principio nominalistico si applica, però, soltanto ai c.d. **debiti di valuta**, ossia alle prestazioni che sono pecuniarie fin dall'inizio e non anche ai **debiti di valore**, ossia a quelli aventi ad oggetto «una prestazione considerata per il suo concreto significato economico», alla stregua delle condizioni di mercato (ad es.: risarcimento dei danni).

Espedienti volti ad evitare le conseguenze negative del fenomeno inflattivo sulle aspettative del creditore sono la *clausola oro* (la quantità di moneta da prestare viene determinata con riferimento all'oro) e la *clausola merci* (la quantità di moneta è determinata in rapporto alla merce, ossia al suo costo).

5. L'OBBLIGAZIONE PECUNIARIA DEGLI INTERESSI

La moneta è, oltre ad un mezzo di scambio, un bene che può essere ceduto dietro il pagamento di un corrispettivo detto interesse.

Anche il credito pecuniario, quando sia liquido ed esigibile, produce interessi di pieno diritto.

Il pagamento degli interessi costituisce a sua volta un'obbligazione pecuniaria che, però, non produce interessi: la legge vieta, infatti, la produzione di interessi su interessi (anatocismo), salvo che gli interessi siano chiesti giudizialmente o vi sia un accordo posteriore alla loro scadenza.

Autore : dott. Silvio Li Donni - www.lulu.com

156   Capitolo Ventiquattresimo

Il tasso di interesse può essere *legale* o *volontario*: quello legale è determinato con decreto dal Ministero del tesoro (ora Ministro dell'Economia e delle Finanze) ed è attualmente nella misura del 1% in ragione di un anno.

Le parti, tuttavia, possono stabilire convenzionalmente un interesse minore o maggiore a quello legale. Gli interessi superiori devono risultare da atto scritto e non possono essere usurari.

Quelli fin qui descritti si dicono *interessi corrispettivi*: **moratori** si definiscono, invece, gli interessi che sono dovuti al creditore per il ritardo (mora) del debitore nell'adempimento.

6. IL LUOGO DELL'ADEMPIMENTO

Esso è determinato, nell'ordine:

— dalla volontà delle parti;
— dagli usi;
— dalla natura della prestazione o da altre circostanze obiettive (la costruzione di un edificio non può avvenire che in un luogo determinato);
— dalle norme suppletive dettate dall'art. 1182.

L'obbligazione di consegnare una *cosa determinata* si esegue nel luogo in cui l'obbligazione è sorta; i *debiti di denaro*, si eseguono al domicilio del creditore (debiti portabili); negli altri casi, l'obbligazione si esegue nel domicilio del debitore.

7. IMPUTAZIONE DEI PAGAMENTI

Quando su un debitore gravano più debiti nei confronti dello stesso creditore ed il pagamento effettuato non li soddisfa tutti ed il debitore non dichiara quale debito intende estinguere, il pagamento sarà imputato *ex* art. 1193:

— ai debiti scaduti;
— tra quelli scaduti, ai meno garantiti;
— tra i debiti ugualmente garantiti, al più gravoso per il debitore;
— tra i debiti ugualmente onerosi, al più antico.

Se questi criteri non possono trovare applicazione il pagamento sarà imputato proporzionalmente ai diversi debiti.

TERMINI

Interessi: Sono i *frutti civili* del denaro. Essi costituiscono il costo del denaro, in quanto rappresentano il corrispettivo del godimento di questo. Circa la *fonte*, si hanno interessi:
— *legali*; la cui fonte è nella legge. L'art. 1282 c.c. stabilisce che ogni credito di somme liquide ed esigibili produce interessi di pieno diritto e ciò perché il debitore, trattenendo presso sé le somme dovute (liquide ed esigibili), lucra quell'utile (rappresentato dai frutti) che spetterebbe al creditore se potesse impiegare le stesse somme: si ristabilisce così l'equilibrio fra due patrimoni, attuandosi quel criterio di equità che vieta l'ingiusto arricchimento. La facoltà di modificare la misura degli legali è stata attribuita al Ministro del tesoro (ora Ministro dell'economia e delle finanze) dalla L. 662/1996 (cd.

Autore : dott. Silvio Li Donni - *www.lulu.com*

L'adempimento

157

«collegato» alla finanziaria del 1997); in passato, infatti, era previsto che il tasso degli interessi legali fosse stabilito con legge;

— *convenzionali*: sono quelli previsti dalla volontà delle parti, le quali possono fissare un tasso diverso da quello legale, che, tuttavia, deve essere stabilito dalle parti *per iscritto*. La pattuizione di interessi usurari rende *nulla* la relativa clausola e fa sì che gli interessi *non siano dovuti*.

In base alla *funzione*, si hanno interessi:

— *moratori* (art. 1224 c.c.), che conseguono ad un ritardo dell'adempimento. Si tratta di una *forma di risarcimento del danno* provocato al creditore per il mancato godimento, durante il periodo di ritardo, delle somme spettantegli. Essi sono dovuti dal giorno della *mora*, anche se non erano dovuti precedentemente, e non escludono la risarcibilità del danno *ulteriore*, se il creditore riesca a provarlo;

— *corrispettivi* (artt. 1282, 1815 c.c.): sono dovuti per la sola esistenza di un credito in denaro liquido ed esigibile e costituiscono il prezzo dell'utilità conseguita da chi ha goduto il capitale;

— *compensativi* (artt. 1499 c.c.): sono quelli prodotti da un credito liquido, anche se non esigibile e costituiscono il compenso per il godimento di una cosa fruttifera. In giurisprudenza, invece, è usata l'espressione interessi compensativi per indicare gli interessi sulle somme dovute a titolo di risarcimento per *illecito extracontrattuale*.

CAPITOLO VENTICINQUESIMO

L'INADEMPIMENTO E LA MORA

1. L'INADEMPIMENTO IN GENERALE

L'inadempimento è la mancata, l'inesatta o la ritardata esecuzione del rapporto obbligatorio.

L'inadempimento consiste, quindi, in ogni comportamento del debitore difforme da quello al quale è obbligato.

Il mancato o inesatto adempimento può dipendere:

— da *cause imputabili al debitore*: in tal caso, si parlerà di inadempimento o di impossibilità sopravvenuta imputabile al debitore che sarà tenuto *ex* art. 1218 al risarcimento del danno;

— o da *cause non imputabili al debitore*: in tal caso, si parlerà di impossibilità sopravvenuta non imputabile al debitore che sarà liberato dall'obbligo senza alcuna responsabilità.

Vi è, altresì, una responsabilità per il ritardo (**mora**) sia che il debitore successivamente adempia sia che l'inadempimento divenga definitivo.

2. IMPOSSIBILITÀ SOPRAVVENUTA PER CAUSA NON IMPUTABILE AL DEBITORE

Si impone una precisazione preliminare: se l'impossibilità oggettiva della prestazione estingue l'obbligo specifico, solamente l'impossibilità oggettiva incolpevole libera totalmente il debitore.

Pertanto, perché il debitore sia del tutto liberato occorre che l'impossibilità sia:

— *sopravvenuta*, ossia sopraggiunta alla formazione del rapporto (l'impossibilità originaria determina la nullità dell'obbligazione);

— *oggettiva*, ossia tale da impedire a chiunque la esecuzione della prestazione;

— *definitiva*, altrimenti vi è ritardo, salvo che il creditore abbia perso interesse alla prestazione;

— *inevitabile*, ossia dipendente da forza maggiore o da caso fortuito;

— *totale*, deve riguardare, cioè, l'intera prestazione, altrimenti si verificherà un'impossibilità parziale: in questa ultima ipotesi, il debitore si libererà eseguendo la parte della prestazione rimasta possibile.

Autore : dott. Silvio Li Donni - www.lulu.com

L'inadempimento e la mora   159

3. LA MORA DEL CREDITORE

Il nostro codice, prima delle norme sull'adempimento, disciplina la mora del creditore: essa si verifica quando questi senza legittimo motivo, rifiuti di ricevere la prestazione o di compiere i necessari atti preparatori per riceverla.

Non vi è alcun obbligo del creditore in tal senso e l'istituto in esame mira soltanto ad evitare un ulteriore aggravio della posizione del debitore che deve potersi liberare del proprio obbligo.

Per aversi la mora del creditore, occorre che il debitore offra di eseguire la prestazione.

L'offerta deve essere *solenne*, ossia nelle forme dell'art. 1208 e ss.

A seguito di essa:

— il rischio dell'impossibilità sopravvenuta non imputabile resta a carico del creditore;
— il debitore deve essere risarcito dei danni derivanti da ritardo;
— il debitore non è tenuto a corrispondere gli interessi e i frutti della cosa.

L'offerta non solenne, invece, semplicemente evita la mora del debitore.

Il debitore che voglia ottenere la propria liberazione dovrà procedere al deposito della cosa dovuta nelle forme previste dall'art. 1212.

4. INADEMPIMENTO IMPUTABILE AL DEBITORE

È imputabile l'inadempimento che derivi da:

— *colpa*: negligenza e trascuratezza nell'adempimento dell'obbligo;
— *dolo*: predeterminata intenzione di non adempiere.

In ogni caso spetterà al debitore provare che l'inadempimento sia stato determinato da causa a lui non imputabile (inversione dell'onere della prova).

D'altra parte, le parti possono accordarsi nel senso che rimanga a carico del debitore anche il rischio di inadempimento per forza maggiore o, in senso inverso, che egli sia esentato da responsabilità per colpa: in ogni caso non sono ammesse clausole di esonero da responsabilità per dolo o colpa grave.

5. LA MORA DEL DEBITORE

La more del debitore è il ritardo ingiustificato dell'adempimento.

Non è facile distinguere il ritardo dall'inadempimento definitivo; i due fenomeni coincidono quando l'obbligazione abbia un termine essenziale.

Comunque, sia che si tratti di ritardo sia che si tratti di inadempimento, ne nasce un obbligo di risarcimento dei danni, risarcimento che sarà, rispettivamente minore o maggiore a seconda dell'una o dell'altra ipotesi.

Perché si abbia mora, occorrono i seguenti requisiti:

— *esigibilità del credito*: ossia scadenza dell'obbligo;
— *ritardo colpevole* nell'adempimento;

Autore : dott. Silvio Li Donni - www.lulu.com

160   Capitolo Venticinquesimo

— *costituzione in mora*: ossia, constatazione formale del momento a partire dal quale ha inizio l'inadempimento. A tal fine si distingue tra la:

— *mora ex re* (il debitore è in mora senza che occorra alcuna attività del creditore): quando si tratti di debiti portabili a termine e il termine sia scaduto, quando il debito derivi da atto illecito, quando il debitore dichiari per iscritto di non voler adempiere;

— *mora ex persona* (mediante intimazione formale del creditore): quando il debito è chiedibile, ossia pagabile presso il debitore, ovvero quando manchi un termine.

Costituiscono effetti della mora:

— la *perpetuatio obligationis*: il rischio dell'impossibilità sopravvenuta dovuta a forza maggiore si sposta dal creditore al debitore;

— il risarcimento del danno: per le obbligazioni pecuniarie sono previsti gli interessi moratori;

— interruzione della prescrizione del diritto del creditore.

Si chiama **purgazione della mora** l'eliminazione dello stato di illegittimo ritardo e dei relativi effetti».

La rinuncia del creditore alla mora o l'adempimento tardivo comportano la purgazione della mora.

6. IL RISARCIMENTO DEL DANNO DA INADEMPIMENTO

L'art. 1218 stabilisce che il debitore deve risarcire il danno in seguito al suo inadempimento colpevole.

Pertanto, in caso di inadempimento, il creditore potrà:

— innanzitutto, ottenere l'esecuzione in forma specifica dell'obbligo: così il creditore di un fare fungibile potrà ottenere che l'attività venga compiuta da altri a spese dell'obbligato;

— in secondo luogo, laddove non sia possibile l'esecuzione in forma specifica (si pensi all'obbligo di fare infungibile) e tutte le volte in cui il creditore lo preferisca, può ottenere il risarcimento del danno *ex* art. 1218.

Valgono in gran parte le regole dettate in tema di responsabilità extracontrattuale. Il danno risarcibile si concreta nel:

— *danno emergente*, ossia nella perdita effettivamente subita per la mancata prestazione;

— *lucro cessante*, ossia nel guadagno che il creditore avrebbe realizzato se avesse utilizzato la prestazione prevista.

Entrambe queste forme di danno sono risarcibili purché siano.

— dirette, ossia conseguenza immediata dell'inadempimento;

— prevedibili al momento in cui è sorta l'obbligazione: tuttavia, se l'inadempimento è dovuto a dolo, il debitore deve risarcire anche i danni imprevedibili (art. 1223).

Autore : dott. Silvio Li Donni - www.lulu.com

L'inadempimento e la mora   161

Particolare è il risarcimento nelle obbligazioni pecuniarie: dal momento della mora sono dovuti dal debitore gli interessi moratori, nella misura legale o nella misura superiore precedentemente convenuta dalle parti, indipendentemente dalla dimostrazione del danno e dell'entità dello stesso.

Al creditore che provi il maggior danno spetta l'ulteriore risarcimento salvo che sia stata pattuita la misura degli interessi moratori.

7. LA CLAUSOLA PENALE

È una forma di liquidazione preventiva del danno da inadempimento: le parti, infatti, possono stabilire preventivamente una somma da pagare nell'ipotesi di inadempimento.

La clausola penale svolge, però, anche funzione sanzionatoria poiché essa è dovuta indipendentemente dalla prova del danno.

Di solito il pagamento della penale esclude che il creditore possa chiedere l'ulteriore risarcimento, ma è ammesso patto contrario; d'altro canto è previsto che il giudice può ridurre la penale quando l'equità lo esiga.

Diversa è la penale per il semplice ritardo: questa ultima ha la funzione di stimolare l'adempimento puntuale. La clausola penale per l'inadempimento conserva al creditore il diritto di pretendere l'esecuzione.

Diversa è la multa *poenitentialis* che si ha quando le parti stabiliscono il diritto di recedere dal contratto pagando una certa somma.

8. LA CAPARRA

Nei contratti a prestazioni corrispettive, a rafforzamento del diritto del creditore, le parti possono convenire che una consegni nelle mani dell'altra una caparra, ossia una somma di denaro o una quantità di cose fungibili.

Si distingue tra:

— **caparra confirmatoria** (art. 1385): se il contratto viene adempiuto, la caparra va restituita o imputata alla prestazione; in caso di inadempimento della parte che ha versato la caparra, l'altra può recedere e ritenere la caparra; se inadempiente è la parte che ha ricevuto la caparra, l'altra può recedere ed esigere il doppio: resta solo, comunque, il diritto di agire per il normale adempimento o per la risoluzione, trattenendo la caparra come anticipo sul risarcimento del danno;

— **caparra penitenziale** (art. 1386): la somma che una parte dà all'altra è il corrispettivo per l'attribuzione della facoltà di recesso; essa si attua rinunziando alla caparra nelle mani della controparte, se recede il soggetto che l'ha consegnata o provvedendo al pagamento di una doppia penale, nell'ipotesi inversa.

Autore : dott. Silvio Li Donni - www.lulu.com

162   Capitolo Venticinquesimo

TERMINI

Onere della prova: per tale principio i diritti ricevono protezione giurisdizionale *solo se* ed *in quanto* chi li fa valere in giudizio fornisce la *prova* dei fatti sui quali si fondano.

Perpetuatio obligationis: uno degli effetti della *mora del debitore* è la *perpetuatio obligationis*, in virtù della quale il rischio dell'impossibilità sopravvenuta dell'obbligazione, che prima della mora grava sul creditore, passa in capo al *debitore*, che è tenuto ad indennizzare il primo anche delle conseguenze della forza maggiore verificatesi dopo la mora (*qui in re illicita versatur tenetur etiam pro casu*). Così se la prestazione diviene impossibile per causa non imputabile al debitore, questi viene ugualmente ritenuto responsabile, salvo che l'impossibilità non sia imputabile al creditore. Tuttavia, il debitore può sottrarsi a tale responsabilità dimostrando che l'oggetto della prestazione sarebbe ugualmente perito presso il creditore (es.: a causa di una calamità naturale), o che il perimento è dipeso dal fatto di quest'ultimo.

CAPITOLO VENTISEIESIMO

I MODI DI ESTINZIONE DIVERSI DALL'ADEMPIMENTO

1. INTRODUZIONE

Esistono diversi modi di estinzione dell'obbligazione, oltre al normale modo di estinzione dell'obbligazione che è l'adempimento. Alcuni hanno carattere satisfatorio, poiché comunque realizzano l'interesse del creditore e sono la *compensazione* e la *confusione*, oltre alla *prestazione in luogo dell'adempimento* (v. cap. 24), altri sono modi di estinzione a carattere non satisfattorio, nei quali il debito si estingue senza che il creditore sia stato soddisfatto, essi sono la *novazione* e la *remissione del debito* oltre l'*impossibilità sopravvenuta* (v. cap. 25).

2. LA NOVAZIONE (ARTT. 1230-1235)

È un modo di estinzione non satisfattorio: essa si verifica quando all'obbligazione originaria si sostituisce una nuova obbligazione avente un oggetto, un soggetto o un titolo diverso.

La novazione si distingue dalla dazione in pagamento perché quest'ultima è un modo di estinzione satisfattorio, con la novazione non abbiamo adempimento, bensì sostituzione di un'obbligazione con un'altra.

La novazione si fa per contratto, se la novazione è invalida resterà in vita tra i soggetti il vecchio rapporto.

Ne costituiscono requisiti:

— l'esistenza dell'obbligazione da novare: in mancanza, la novazione sarebbe nulla per mancanza di causa,

— l'*aliquid novi*: ossia un mutamento o dell'oggetto o del titolo;

— l'*animus novandi*: la volontà di estinguere l'obbligazione precedente, creandone una nuova.

3. LA REMISSIONE DEL DEBITO (ARTT. 1236-1240)

È un modo di estinzione non satisfattorio: il debito si estingue per volontà del creditore, purché il debitore non si opponga dichiarando, entro un congruo termine, di non volerne profittare.

La remissione è una *rinuncia* ossia un atto abdicativo unilaterale. Essa può essere:
— *espressa*: quando il creditore dichiara, con comunicazione al debitore, di rimettere il debito;
— *tacita*: ad es.: mediante la restituzione del titolo.

4. LA COMPENSAZIONE (ARTT. 1241-1252)

È un modo di estinzione satisfattorio: essa si verifica quando due soggetti siano contestualmente creditore e debitore l'uno dell'altro.

In tal caso, la legge prevede che le reciproche obbligazioni si estinguono fino a concorrenza dell'ammontare comune.

La compensazione può essere:

— *legale*: opera automaticamente se i due debiti sono omogenei (aventi ad oggetto somme di denaro o altre cose fungibili), liquidi (determinati) ed esigibili (non sottoposti a termine iniziale, né a condizione sospensiva).

La compensazione legale opera dal momento della coesistenza e non può essere rilevata d'ufficio;

— *giudiziale*: essa si ha quando il debito opposto in compensazione non è liquido, ma di facile e pronta liquidazione: in tale ipotesi è il giudice a pronunciare la compensazione per la parte del debito che riconosce esistente o sospendere la condanna per il credito liquido fino all'accertamento di quello opposto in compensazione;

— *volontaria*: essa opera per accordo delle parti indipendentemente dai requisiti di legge.

Alcuni crediti non sono compensabili: ad es.: il credito agli alimenti, i crediti impignorabili.

5. LA CONFUSIONE (ARTT. 1253-1255)

È un modo di estinzione satisfattorio: essa si verifica quando le qualità di debitore e di creditore vengono a riunirsi in capo alla stessa persona.

Questa situazione può verificarsi:

— per atto fra vivi (cessione dell'azienda);
— per atto *mortis causa* (quando il creditore divenga erede del debitore o viceversa).

Gli effetti della confusione sono:

— l'estinzione dell'obbligazione,
— l'estinzione delle garanzie prestate da terzi.

Quando la confusione si verifica in relazione a diritti reali limitati essa prende il nome di *consolidazione*.

Autore : dott. Silvio Li Donni - www.lulu.com

I modi di estinzione diversi dall'adempimento   165

TERMINI

Novazione soggettiva: è il negozio con il quale si sostituisce un nuovo debitore a quello originario, che viene liberato. Come la *novazione oggettiva* anche la novazione soggettiva è un modo di estinzione dell'obbligazione, ferma restando, in linea di principio, che la *liberazione* del debitore e la sua *sostituzione* possono anche dar luogo ad una mera *successione nel debito*; tale ultima ipotesi si verifica allorquando la sostituzione del soggetto passivo non esplichi alcuna efficacia novativa del precedente rapporto obbligatorio.

Alla novazione soggettiva il codice civile estende l'applicazione delle norme sulla *delegazione, espromissione* ed *accollo*.

CAPITOLO VENTISETTESIMO

MODIFICAZIONI DEL RAPPORTO OBBLIGATORIO

1. SUCCESSIONI NEL CREDITO IN GENERALE

Nella moderna concezione giuridica, il credito costituisce un elemento del patrimonio del creditore e come tale liberamente trasferibile.

Tale trasferimento comporta una successione nel lato attivo dell'obbligazione e può essere a titolo universale (*mortis causa*) o a titolo particolare. Quest'ultimo può derivare da:

— un atto di disposizione (cessione del credito);
— un altro fatto (pagamento) e si parlerà di surrogazione del terzo nei diritti del creditore.

2. LA SURROGAZIONE NEI DIRITTI DEL CREDITORE

È la successione a titolo particolare nel credito che dipende da fatto diverso da un atto di disposizione dello stesso.

Il fatto che determina la surrogazione è il pagamento: il terzo che ha pagato al posto del debitore si surroga nelle ragioni del creditore.

La surrogazione può aversi:

a) *per volontà del creditore* che, ricevendo il pagamento da un terzo dichiari espressamente di volerlo far subentrare nei propri diritti verso il debitore (art. 1201) **(surroga per quietanza)**;

b) *per volontà del debitore* che, prendendo a mutuo una somma per pagare il creditore, può surrogare il mutuante nella posizione del creditore soddisfatto (art. 1202) **(surroga per imprestito)**;

c) per *volontà di legge*: in deroga al principio per cui il pagamento del terzo estingue l'obbligazione, ricorre in tutti i casi previsti dall'art. 1203 nei quali la legge autorizza il terzo (che paga un debito altrui) a surrogarsi nei diritti del creditore, indipendentemente dalla volontà del creditore e del debitore (**surrogazione legale**): ad es.: l'assicuratore che ha pagato il danno all'assicurato si surroga nelle ragioni dello stesso verso l'autore del danno.

3. LA CESSIONE DEL CREDITO

È la successione a titolo particolare nel credito che dipende da un atto di disposizione dello stesso: il creditore (cedente) trasferisce ad altro soggetto (cessionario) il proprio credito senza che occorra il consenso del debitore ceduto.

Autore : dott. Silvio Li Donni - www.lulu.com

Modificazioni del rapporto obbligatorio   167

Non sono cedibili i crediti strettamente personali (ad es.: il credito degli alimenti) ed altri crediti espressamente previsti dalla legge.

La cessione del credito ha efficacia nei confronti del debitore ceduto quando questi l'abbia accettata o gli sia stata notificata o, comunque, ne abbia avuto conoscenza: il ceduto potrà opporre al cessionario, tutte le eccezioni personali e reali, che poteva opporre al cedente.

La notificazione è utile anche alla risoluzione del conflitto tra i più eventuali cessionari: l'acquisto si verifica a favore di chi, per primo lo abbia notificato al debitore o per primo ha ricevuto l'accettazione di questi, con atto di data certa.

Il cedente a titolo oneroso è tenuto a garantire l'esistenza del credito, ma non la solvibilità, salvo che intervenga apposito patto (*cessione pro solvendo*).

4. IL FACTORING

La materia è stata disciplinata dalla legge n. 52/1991: il factoring è un contratto mediante il quale un'impresa cede crediti presenti e futuri ad un soggetto, detto *factor* (anch'esso imprenditore) ricevendo l'importo degli stessi, dedotto un corrispettivo, che costituisce il guadagno del *factor.*

Prevalente funzione di tale forma di cessione è il funzionamento delle imprese (mediante capitalizzazione anticipata dei crediti) cui si accompagna, talvolta, l'erogazione di servizi di contabilizzazione e di gestione.

5. LA SUCCESSIONE NEL DEBITO: GENERALITÀ

La successione nel debito può aversi sia *mortis causa* che per atto tra vivi. Nella prima ipotesi il debito si trasmette all'erede insieme al patrimonio. Quando, invece, il debitore vuole trasmettere il proprio debito per atto tra vivi è necessario il consenso del creditore.

Le tre figure che realizzano la modificazione del lato passivo del rapporto obbligatorio sono: la delegazione, l'espromissione e l'accollo.

Per ciascuno di questi istituti possono verificarsi due ipotesi:

— il nuovo debitore si aggiunge al precedente e si ha così delegazione cumulativa o semplice, espromissione cumulativa o semplice, accollo cumulativo o semplice;

— il nuovo debitore, previo consenso del creditore, si sostituisce al vecchio debitore che rimane liberato.

6. DELEGAZIONE

Si ha delegazione quando il debitore (delegante) ordina ad un terzo (delegato) di assumersi il debito nei confronti del creditore (delegatario).

La delegazione può essere di **due tipi**:

— **delegazione di pagamento**: quando il debitore delega un terzo-delegante ad eseguire il pagamento al creditore-delegatario;

— **delegazione di debito**: quando il debitore delega un altro soggetto ad assumersi l'obbligazione verso il creditore.

Nella delegazione sono distinguibili due rapporti:

— il *rapporto di provvista*, che intercorre tra delegante e delegato in base al quale quest'ultimo assume il debito o paga;

— il *rapporto di valuta*, che intercorre tra delegante e delegatario, in base al quale il primo deve adempiere ad un obbligo nei confronti del secondo.

L'espresso riferimento a tali rapporti sottostanti rende l'*obbligazione titolata*: in mancanza, essa si definisce pura o astratta.

Il delegato può opporre al delegatario le eccezioni derivanti da eventuali rapporti diretti con lui, ma non quelle che avrebbe potuto opporre al delegante, salvo che la delegazione sia titolata.

Nel caso di **delegazione cumulativa**, delegante e delegato non rispondono solidamente, poiché il delegatario deve prima escutere il delegato.

7. ESPROMISSIONE (ART. 1272)

Consiste in un contratto fra il creditore (espromissario) ed un terzo (espromittente) per cui il terzo, senza intervento del debitore (espromesso) ne assume, verso il creditore, il debito.

L'espromittente non può opporre al creditore le eccezioni relative ai suoi rapporti con il debitore (espromesso).

L'espromissione *differisce* dalla delegazione in quanto in essa il terzo assume il debito spontaneamente, senza intervento del debitore.

8. ACCOLLO (ART. 1273)

È un contratto fra debitore (accollato) e terzo (accollante), con il quale il terzo si assume il debito dell'altro: a tale accordo non partecipa il creditore. L'accollo è considerato *un contratto* a *favore del terzo creditore*.

L'**accollo** può essere di due tipi:

— **interno**: quando l'accordo non è manifestato al creditore che rimane terzo estraneo al rapporto;

— **esterno**: quando il creditore aderisce alla convenzione.

L'accollo esterno a sua volta può essere:

— **cumulativo** nel qual caso assume natura di garanzia personale;

— **liberatorio** quando il creditore nell'aderire alla convenzione dichiara di liberare il debitore.

9. LA CESSIONE DEL CONTRATTO

Si ha cessione del contratto quando un soggetto (cessionario) si sostituisce ad un altro (cedente) in tutti i rapporti nascenti da un contratto a prestazioni corrispettive non ancora eseguite: il terzo cessionario assume, rispetto all'altro contraente (ceduto), la stessa posizione giuridica del cedente.

Autore : dott. Silvio Li Donni - www.lulu.com

Modificazioni del rapporto obbligatorio   169

Perché la cessione si perfezioni è necessario il consenso del ceduto, consenso che può essere anche preventivo.

TERMINI

Successione a titolo particolare: quando è trasferita solo una determinata posizione soggettiva attiva o passiva. Può essere *mortis causa* (legato) o *inter vivos*.
Nella successione *inter vivos* si inquadrano anche gli istituti della successione nel credito.

Successione a titolo universale: un soggetto subentra in tutti i rapporti patrimoniali attivi e passivi di altro soggetto. Il nostro ordinamento riconosce solo la successione universale *mortis causa*.

CAPITOLO VENTOTTESIMO

LA RESPONSABILITÀ PATRIMONIALE E LE GARANZIE DELL'OBBLIGAZIONE

1. LA REALIZZAZIONE DEL DIRITTO DEL CREDITORE E IL SISTEMA DI GARANZIE

La tutela del creditore si concreta nella predisposizione di misure che inducano il debitore ad adempiere e, nell'ipotesi di inadempimento, nella previsione di strumenti di realizzazione coattiva del suo diritto.

A norma dell'art. 2740 il debitore risponde delle sue obbligazioni con tutti i suoi beni presenti e futuri.

Nell'ipotesi di inadempimento e quando non sia possibile l'esecuzione in forma specifica, si procede alla trasformazione dell'obbligazione in una somma di denaro (liquidazione) a titolo di risarcimento.

In particolare:

— mediante una prima liquidazione, e mediante un processo di cognizione, l'obbligazione inadempiuta si traduce nell'obbligo di una somma determinata;
— mediante una seconda liquidazione e mediante un processo di esecuzione, si riducono in denaro liquido i beni del debitore nella misura necessaria al pagamento dell'obbligazione di risarcimento.

Al sistema della **generica garanzia patrimoniale** si aggiunge un ulteriore sistema di garanzie attraverso:

— la moltiplicazione dei soggetti passivi (fideiussione);
— la riserva di un bene determinato dalla soddisfazione di un solo creditore (pegno ed ipoteca);
— l'ottenimento di un anticipo di esecuzione (caparra e clausola penale).

2. I MEZZI DI CONSERVAZIONE DELLA GARANZIA PATRIMONIALE

Poiché il vincolo di generica garanzia che insiste sul patrimonio del debitore non si traduce (né sarebbe economicamente opportuno) in un vincolo di indisponibilità dello stesso, la legge predispone strumenti atti ad impedire che il patrimonio del debitore possa subire, per negligenza o per dolo del debitore stesso, diminuzioni che incidono sulla solvibilità.

Essi sono: l'azione surrogatoria, l'azione revocatoria, il sequestro conservativo.

Autore : dott. Silvio Li Donni - www.lulu.com

La responsabilità patrimoniale e le garanzie dell'obbligazione   171

A) L'azione surrogatoria (art. 2900)

L'azione surrogatoria consente al creditore di sostituirsi al debitore (che mostri un atteggiamento negligente e pregiudizievole per la sua situazione patrimoniale) nell'esercizio di singoli diritti o azioni a lui spettanti.

Vengono, in tal modo, recuperati al patrimonio del debitore gli aumenti dovuti e si evitano diminuzioni dello stesso, senza che si determini la sostituzione in una posizione patrimoniale o amministrativa altrui.

Non possono essere, però, esercitati per surrogatoria i diritti e le azioni strettamente personali.

B) L'azione revocatoria (o pauliana) (artt. 2901-2904)

Nell'ipotesi che il debitore, per sottrarre i propri beni ai creditori, li alieni ad altri (realmente e non simulatamente), il creditore può esercitare l'azione in parola quando ricorrano i seguenti requisiti:

— l'*eventus damni*: l'atto di disposizione deve pregiudicare le aspettative del creditore;

— il *consilium fraudis*: la consapevolezza del debitore di arrecare un danno al creditore.

L'azione revocatoria non invalida l'atto compiuto dai debitori, ma lo rende inefficace (inefficacia relativa) soltanto nei confronti del creditore che ha promosso l'azione.

Peraltro, nei confronti del terzo acquirente (nonché del terzo avente causa dello stesso) ha effetto la revoca soltanto se l'acquisto sia stato a titolo gratuito o a titolo oneroso, ma in malafede.

Può essere revocato anche l'atto di alienazione anteriore all'assunzione dei debito se si prova che tale atto sia stato dolosamente preordinato a pregiudicare il creditore.

C) Il sequestro conservativo (artt. 2905-2906)

È una misura cautelare preventiva che il creditore può chiedere quando (prima della definizione del giudizio) abbia fondato timore di perdere le garanzie del proprio credito (*periculum in mora*).

L'effetto del sequestro è d'impedire l'alienazione dei beni sequestrati nel senso che gli eventuali atti di disposizione compiuti sarebbero inefficaci nei confronti del sequestrante.

Esso si distingue dal *sequestro giudiziario* che sottrae, ai soggetti in lite, la disponibilità di un determinato bene oggetto di controversia o mezzo di prova fino alla fine del giudizio.

D) Il diritto di ritenzione

È un mezzo di pressione sulla volontà del debitore, cui non si accompagnano garanzie reali o privilegi.

Talvolta, infatti, la legge concede al creditore di trattenere una cosa che egli avrebbe il dovere di restituire al proprietario, al fine di indurre quest'ultimo a soddisfare un suo debito.

Autore : dott. Silvio Li Donni - www.lulu.com

172   Capitolo Ventottesimo

Ad esempio l'usufruttuario può trattenere il bene per indurre il proprietario a rimborsarlo delle spese da lui sostenute e che sono di sua spettanza.

3. L'ESECUZIONE FORZATA E IL CONCORSO DEI CREDITORI

La realizzazione del diritto del creditore, sia nella fase cognitiva, sia nella fase di concreta esecuzione sui beni dei debitori, è avocata dallo Stato.

L'esecuzione forzata ha ad oggetto tutti i beni del debitore e presuppone che il creditore agisca in forza di un titolo esecutivo (sentenza esecutiva, cambiale etc.).

Poiché i creditori hanno tutti uguale diritto sul patrimonio del comune debitore (art. 2741), sul ricavato dell'esecuzione si effettua una ripartizione proporzionale, senza tener conto del tempo in cui ciascun credito è sorto, qualora i crediti non possano essere pienamente soddisfatti.

Ciò, tuttavia, vale soltanto per i creditori che diligentemente siano intervenuti nel processo esecutivo prima della sua conclusione: ai ritardatari non rimane che suscitare una nuova esecuzione sui beni residui.

4. L'ESECUZIONE CONCORSUALE. IL FALLIMENTO

A particolare tutela dei creditori di imprenditori commerciali la legge non consente azioni esecutive individuali ma impone una procedura collettiva intesa a tutelare la parità di trattamento fra i creditori. Tale particolare forma di esecuzione ha lo scopo di liquidare l'attivo dell'imprenditore per soddisfare i suoi creditori ed è detta procedura concorsuale o fallimentare.

Il fallimento presuppone la dichiarazione giudiziale, i cui requisiti sono: la qualità di imprenditore commerciale (privato) e lo stato di insolvenza.

In ordine al primo di tali requisiti, va precisato che sono sottratti al fallimento l'imprenditore agricolo e il piccolo imprenditore. Si ricordi che con l'entrata in vigore del D.Lgs. 12 settembre 2007, n. 169 (1° gennaio 2008) non sono soggetti al fallimento gli imprenditori che dimostrino di possedere tutti i requisiti patrimoniali e di indebitamento richiesti dall'art. 1, 2° comma L.F., oltre agli imprenditori agricoli.

In ordine al secondo requisito, va precisato che è insolvente «l'imprenditore che non è più in grado di soddisfare regolarmente le proprie obbligazioni».

Competente è il Tribunale del luogo ove il debitore ha la sede principale dell'impresa.

Nella sentenza dichiarativa di fallimento vengono nominati due organi fondamentali della procedura:

— il *giudice delegato*: che esercita funzioni di vigilanza e di controllo sulla regolarità della procedura

— il *curatore*: cui spetta l'amministrazione dei beni del fallito, sotto la vigilanza del giudice delegato e del comitato dei creditori.

In seguito alla dichiarazione di fallimento, il fallito viene privato del possesso dei suoi beni: gli atti da lui compiuti sono inefficaci nei confronti del creditore.

Nella procedura si distinguono due fasi:

— l'*accertamento del passivo*: questa fase inizia con le domande di ammissione al passivo che i creditori devono presentare nel termine fissato dalla sentenza; sulla base di esse, il giudice delegato forma il passivo;

Autore : dott. Silvio Li Donni - www.lulu.com

La responsabilità patrimoniale e le garanzie dell'obbligazione   173

— *formazione dell'attivo e sua liquidazione*: in questa fase può essere esercitata la revocatoria fallimentare che ha effetti più ampi di quella ordinaria; alcuni atti sono revocati per presunzione di legge; in seguito alla vendita dei beni, l'attivo viene ripartito tra i creditori secondo appositi piani di riparto.

La dichiarazione di fallimento comporta determinate incapacità per il fallito.

5. IL CONCORDATO E LE ALTRE PROCEDURE PARAFALLIMENTARI

A) Il concordato preventivo

Esso consente di evitare le lungaggini e l'onerosità della procedura fallimentare e si sostanzia in un accordo tra il fallito e i creditori che può prevedere anche che i creditori muniti di privilegio, pegno o ipoteca non vengano soddisfatti integralmente. Ad esso si può ricorrere solo prima della dichiarazione di fallimento.

B) Il concordato fallimentare

È una forma particolare di chiusura del fallimento che evita la fase di liquidazione dell'attivo: il debitore può proporre anche il pagamento parziale dei crediti muniti di privilegio, pegno e ipoteca.

C) L'amministrazione controllata

Essa consiste in una dilazione dei crediti e nell'affidamento della gestione, per un periodo non superiore a due anni, ad un commissario giudiziale, quando appaia opportuno evitare il fallimento nell'interesse degli stessi creditori, dell'impresa in crisi e dell'economia nazionale.

Poiché il D.Lgs. 5/2006 ha soppresso tale istituto, abrogando gli articoli ad esso relativi della legge fallimentare, l'amministrazione controllata non può più essere iniziata a partire dal 16 luglio 2006.

D) La liquidazione coatta amministrativa

È questa la procedura concorsuale prevista per quelle categorie di imprese sottratte al fallimento (ad es.: imprese di assicurazione e credito).

E) L'amministrazione straordinaria delle grandi imprese in crisi

Nell'ottica di un risanamento delle grandi imprese in crisi sono state sottratte al fallimento le aziende private che siano insolventi e che abbiano un numero di lavoratori subordinati, compresi quelli ammessi alla cassa integrazione guadagni, non inferiore a duecento da almeno un anno e debiti per un ammontare complessivo non inferiore ai due terzi del totale dell'attivo dello stato patrimoniale e dei ricavi provenienti dalle vendite: il risanamento è affidato ad un Commissario nominato dal Ministero competente.

6. LA CESSIONE DEI BENI AI CREDITORI E L'ANTICRESI

Il debitore può, mediante contratto, incaricare tutti o alcuni creditori di liquidare tutte o parte delle sue attività e di ripartirne il ricavato tra loro, in soddisfacimento dei rispettivi crediti (art. 1977).

Il contratto deve essere redatto per iscritto, produce effetti limitati ai creditori che vi partecipano e non è una vera cessione poiché spetta al debitore l'eventuale residuo.

L'**anticresi** è il contratto con cui il debitore o un terzo per lui si obbligano a consegnare un immobile al creditore, affinché questi ne percepisca i frutti, imputandoli agli interessi se dovuti e, quindi, al capitale (art. 1960). La durata dell'anticresi non può essere superiore ai 10 anni.

7. LE CAUSE LEGITTIME DI PRELAZIONE

La regola, ora descritta, della parità di trattamento dei creditori è derogata quando sussistano le c.d. *cause legittime di prelazione*, ossia i privilegi, il pegno e l'ipoteca.

Il creditore assistito da una di tali cause ha diritto ad essere soddisfatto per l'intero suo credito sul bene oggetto di prelazione, senza entrare in concorso con gli altri creditori (c.d. **chirografari**).

8. I PRIVILEGI

Il privilegio è un titolo di prelazione che la legge accorda al creditore in considerazione della particolare natura o causa del credito (art. 2745). *Fonte dei privilegi è solo la legge* e mai la volontà delle parti.

I privilegi si distinguono in *generali* o *speciali* a seconda che non siano o siano giustificati da un particolare rapporto con il bene: i primi, che possono essere solo *mobiliari*, si fanno valere sul ricavato della vendita di tutti i beni mobili (ad es.: le retribuzioni dei professionisti); i secondi, che possono essere *mobiliari o immobiliari*, gravano soltanto su determinati beni (il credito del locatore grava sui mobili di proprietà del conduttore).

I privilegi speciali hanno *diritto di seguito*: possono, cioè, esercitarsi anche in pregiudizio dei terzi.

Qualora coesistano più creditori privilegiati, la legge stabilisce un ordine di preferenza fondato sulla causa del credito e non sulla priorità di costituzione (ad es.: preferenza assoluta è accordata alle spese di giustizia).

9. DIRITTI REALI DI GARANZIA: PEGNO E IPOTECA

Contro i pericoli dell'insufficienza del patrimonio del debitore c della sottrazione dei beni alla pretesa creditoria, l'ordinamento prevede la possibilità di costituire **diritti reali di garanzia** che presentano i seguenti requisiti:

— l'*immediatezza*: per il loro esercizio non occorre la cooperazione di alcun soggetto;

— l'*assolutezza*: sono opponibili *erga omnes*;

— il *diritto di sequela*, nel senso che il creditore ha il potere di soddisfarsi sul bene anche se la proprietà è passata ad altri.

Tali diritti di garanzia sono il pegno e l'ipoteca: essi si caratterizzano per elementi in parte comuni ed in parte diversi.

Esaminiamo le differenze:

— il pegno ha ad oggetto beni mobili; l'ipoteca beni immobili;

Autore : dott. Silvio Li Donni - www.lulu.com

La responsabilità patrimoniale e le garanzie dell'obbligazione   175

— in relazione ai diversi modi di pubblicità per i beni mobili ed immobili, con il pegno si trasferisce materialmente il bene al creditore; l'ipoteca si costituisce mediante iscrizione nei pubblici registri ed il bene rimane in godimento del proprietario.

Caratteristiche comuni ad entrambi i diritti sono:

— l'*accessorietà*: se manca o si estingue l'obbligazione principale, viene meno o si estingue anche la garanzia;

— la *specialità*: il pegno e l'ipoteca si costituiscono soltanto su beni determinati;

— *determinatezza*: la garanzia giova unicamente per crediti determinati;

— *indivisibilità*: il diritto di pegno e di ipoteca si estende sull'intero bene che ne è oggetto e sulle sue parti, a garanzia dell'intero credito e di ogni parte di esso;

— *divieto del patto commissorio*: è vietato il patto con cui si stabilisce che, ove il debitore sia inadempiente, la proprietà della cosa oggetto del pegno o dell'ipoteca spetti al creditore (art. 2744).

10. IL PEGNO

Occorre distinguere il *diritto di pegno,* ossia il diritto del creditore su una cosa mobile a garanzia del credito, dal *contratto di pegno* che è «il modo di costituzione ordinaria del diritto di pegno»: esso è un contratto reale che si perfeziona solo a seguito della consegna della cosa al creditore.

Pertanto, al creditore passa il possesso della cosa (al fine, come detto, di pubblicità *erga omnes*) ma non anche l'uso e la disponibilità della stessa, salvo che il concedente vi abbia consentito.

Il creditore pignoratizio può esercitare tutte le azioni possessorie ed anche l'azione di rivendicazione che spetta al costituente.

Il creditore è tenuto a restituire la cosa solo quando il credito sia stato interamente soddisfatto.

Il diritto di prelazione del creditore, in caso di inadempimento, gli consente: di far vendere il bene e di soddisfarsi sul ricavato della vendita, a preferenza degli altri creditori e di farsi assegnare il bene pignorato in pagamento.

11. L'IPOTECA

A) Nozione ed oggetto

L'ipoteca è il diritto reale di garanzia, concesso dal debitore (o da un terzo) su di un bene, a garanzia di un credito, che attribuisce al creditore il potere di espropriare il bene e di soddisfarsi con preferenza sul prezzo ricavato.

Possono essere oggetto di ipoteca:

— i beni immobili e le loro pertinenze;

— i beni mobili registrati;

— l'usufrutto, il diritto di superficie, il diritto dell'enfiteuta;

— le rendite dello Stato.

L'ipoteca può costituirsi anche sulla quota di un bene indiviso.

Autore : dott. Silvio Li Donni - www.lulu.com

176   Capitolo Ventottesimo

Non sono ammesse, a differenza del passato, ipoteche generali vincolanti interi patrimoni: l'ipoteca è speciale e concessa per un credito la cui somma deve essere determinata.

L'ipoteca si costituisce mediante **iscrizione nei registri immobiliari**: tale iscrizione ha, dunque, *carattere costitutivo*.

B) Tipi di ipoteca in relazione alle fonti

In relazione alle fonti si distingue tra:

— *ipoteca legale*: essa si ha quando è la legge ad attribuire ad alcuni creditori (le ipotesi sono tassativamente elencate dall'art. 2817) il diritto ad ottenere l'iscrizione dell'ipoteca, senza il concorso della volontà del debitore;

— *ipoteca giudiziale*: essa si ha quando titolo per l'iscrizione dell'ipoteca è una sentenza di condanna al pagamento di una somma o all'adempimento di un'altra obbligazione o al risarcimento dei danni;

— *ipoteca volontaria*: è tale l'ipoteca concessa mediante contratto o dichiarazione unilaterale di volontà del concedente. È escluso, come fonte, il testamento per evitare alterazioni della situazione patrimoniale del debitore per il tempo successivo alla sua morte.

C) La pubblicità ipotecaria

Essa si attua appunto mediante l'iscrizione nei registri immobiliari dell'ufficio che ha competenza sulla località in cui l'immobile è situato.

L'iscrizione è essenzialmente diversa dalla trascrizione: essa ha, come detto, carattere costitutivo, laddove la trascrizione ha funzione meramente dichiarativa.

Il diritto di ipoteca è imprescrittibile, ma l'effetto della iscrizione è limitato a venti anni: per evitare la cessazione degli effetti, il creditore deve provvedere al rinnovo prima del compimento del ventennio.

L'ordine di preferenza fra le varie ipoteche iscritte sullo stesso bene è determinato dalla data dell'iscrizione: se più persone si presentano contemporaneamente per iscrivere ipoteca contro lo stesso soggetto e sullo stesso immobile, le ipoteche avranno uguale *grado*.

L'ipoteca si estingue o per estinzione dei credito garantito o per cause proprie (ad es.: perimento del bene): a seguito dell'estinzione perché il bene venga liberato, è necessario procedere alla *cancellazione* dell'ipoteca.

D) L'ipoteca ed i terzi

Al riguardo bisogna distinguere il caso:

1) *del terzo acquirente del bene ipotecato*: essendo l'ipoteca un diritto reale essa ha efficacia anche nei confronti di chi acquisti l'immobile dopo l'iscrizione: infatti i creditori ipotecari possono far espropriare i beni anche dopo l'alienazione.

Il terzo che voglia evitare ciò può:

— pagare i debiti prescritti;

— rilasciare i beni ipotecati;

— ricorrere alla purgazione delle ipoteche offrendo ai creditori il prezzo stipulato per l'acquisto.

2) *dal terzo datore di ipoteca*: che è colui che concede ipoteca sui propri beni, a garanzia del debito di un altro. Il terzo sia che subisca l'espropriazione, sia che preferisca pagare il debito, ha il diritto di regresso verso il debitore.

12. LE GARANZIE PERSONALI

Sono *garanzie personali o semplici* quelle che si concretano nell'assunzione di un obbligo personale accessorio ad altra obbligazione principale.
Tali sono: la fideiussione, l'avallo e il mandato di credito.

A) La fideiussione

Essa si costituisce mediante un contratto con il quale un terzo si obbliga personalmente verso il creditore garantendo l'obbligazione altrui (art. 1936).
Di regola, la fideiussione presuppone l'accordo con il debitore, ma esso non è essenziale.
La fideiussione e un'*obbligazione accessoria*: in quanto tale essa sussiste in quanto sia valida l'obbligazione principale.
L'obbligazione del fideiussore non ha carattere sussidiario ma solidale: ad esso il creditore può direttamente rivolgersi per l'adempimento alla scadenza salvo che sia previsto il *beneficium excussionis* che impone la preventiva escussione del debitore principale.
Il fideiussore che ha pagato è surrogato nei diritti che il creditore aveva contro il debitore ma gli è, altresì, riconosciuta un'azione di regresso.

Il fideiussore ha il diritto di non rimanere per sempre nell'incertezza di una sua responsabilità: pertanto l'art. 1957 prevede una decadenza dal diritto verso il fideiussore, nel caso che il creditore nei sei mesi successivi alla scadenza, non faccia valere i suoi diritti verso il debitore.

B) L'avallo

L'avallo è una *dichiarazione cambiaria* con quale taluno garantisce il pagamento della cambiale per uno degli obbligati cambiari (il traente, l'emittente, il girante).
Si tratta di un'obbligazione autonoma di garanzia.

L'avallo deve distinguersi dalla *fideiussione*: infatti, la fideiussione ha come sua caratteristica l'accessorietà (accede ad una obbligazione principale e ne segue le sorti); l'avallo invece è indipendente dall'obbligazione cambiaria per cui è dato, salvo che quest'ultima sia nulla per vizio di forma. Inoltre, mentre il fideiussore può opporre al creditore le eccezioni che spettano al debitore principale, salvo quella derivante dall'incapacità (art. 1945), l'avallante, per il principio dell'autonomia, non può opporre le eccezioni personali opponibili dall'avallato al creditore cambiario.

C) Il mandato di credito

L'art. 1958 prevede che una persona dia ad un'altra l'incarico di far credito ad un terzo soggetto: quando l'incarico è accettato, chi l'ha ricevuto non può rinunciarvi,

Autore : dott. Silvio Li Donni - www.lulu.com

178   Capitolo Ventottesimo

ma deve aprire il credito al terzo, e chi ha dato il mandato garantisce il debito futuro come se fosse un fideiussore.

Ad esempio, Tizio si obbliga verso Caio a far credito a Sempronio. Caio, che ha richiesto a Tizio di far credito, risponde verso quest'ultimo come un fideiussore del debito, che sarà assunto da Sempronio.

D) Il contratto autonomo di garanzia

Noto nella prassi bancaria è il contratto che sancisce l'impegno, generalmente assunto da una banca, di garantire l'esecuzione di un'obbligazione, a semplice richiesta scritta del garantito, rinunziando a far valere qualsiasi eccezione relativa alla validità del rapporto garantito.

CAPITOLO VENTINOVESIMO

IL CONTRATTO E LA SUA FORMAZIONE

1. IL CONTRATTO: DEFINIZIONE E FUNZIONE

Il contratto è definito dalla legge come «*l'accordo tra due o più parti per costituire regolare o estinguere tra loro un rapporto giuridico patrimoniale*» (art. 1321). Esso è lo strumento mediante il quale ciascuna delle parti, perseguendo un proprio interesse, muove alla ricerca di un punto di incontro con interessi opposti o concorrenti.

Il contratto è, senza dubbio, la più importante fonte di obbligazioni.

Va, tuttavia precisato che, accanto ai contratti con effetti giuridici limitati alle parti (*contratti obbligatori*), vi sono anche contratti che determinano il trasferimento o la costituzione di diritti reali (*contratti ad efficacia reale*).

L'obbligatorietà del patto intervenuto tra le parti è garantita dal dettato dell'art. 1372 a norma del quale «il contratto ha forza di legge tra le parti»: queste ultime non potranno, dunque, sottrarsi al regolamento da esse determinato, salvo che per mutuo consenso (*stare pactis*).

L'espressione «**autonomia contrattuale**» dell'art. 1322 ha un ampio significato, non soltanto le parti si vincolano solo ed unicamente se vogliono (libertà di contrattare), ma si impegnano nel modo che vogliono, dando ai loro accordi, entro i limiti legali, il contenuto, obbligatorio o altro, che essi preferiscono (libertà contrattuale). Il contratto, fonte di obbligazione, è dunque un *iuris vinculum*.

Le parti possono seguire uno degli schemi tipici previsti dalla legge, e si avranno così i c.d. *contratti nominati o tipici*, oppure, in caso contrario, possono anche concludere contratti che non trovano una espressa disciplina nella legge, e si avranno così i *contratti innominati o atipici*.

L'interesse di persone che concludono un contratto atipico deve risultare meritevole di tutela secondo l'ordinamento giuridico.

Tutti i contratti nominati o innominati sono sottoposti alle regole generali del codice, ai sensi dell'art. 1323.

Dato l'ampio significato della nozione di autonomia contrattuale di cui all'art. 1322, nell'esercizio della stessa le parti potranno:

— stabilire se intendono addivenire al contratto;

— precisare a quale contenuto attribuire al loro accordo;

Autore : dott. Silvio Li Donni - www.lulu.com

180   Capitolo Ventinovesimo

— scegliere tra l'adattare uno degli schemi già previsti dalla legge (c.d. **contratti tipici o nominati**) ovvero creare nuovi strumenti contrattuali (c.d. **atipici o innominati**): a questi ultimi l'ordinamento riconoscerà protezione nella misura in cui perseguano interessi meritevoli di tutela (ad es.: contratto di parcheggio di autoveicoli).

Laddove sia riscontrabile la *eadem legis ratio*, ai contratti innominati si applicherà la disciplina dettata per i contratti tipici analoghi, salvo che si tratti di **contratti misti**, ossia di contratti innominati che risultano dalla combinazione di più tipi contrattuali, in tal caso, infatti, nei diversi punti si applicherà la disciplina dei contratti tipici echeggiati.

Il contratto è sempre e soltanto produttivo di comandi vincolanti le sole parti dell'accordo, anche quando si sia in presenza di un **contratto normativo**, ossia di un contratto mediante il quale i contraenti dettano le regole che saranno vincolanti per i loro eventuali e futuri rapporti, senza che ne sorgano immediatamente legami di diritto-obbligo.

2. GLI ELEMENTI ESSENZIALI DEL CONTRATTO: IL CONSENSO

L'art. 1325 indica quali elementi essenziali del contratto:

— l'*accordo* o il *consenso* delle parti;
— la *causa*, ossia la funzione economico-sociale cui il contratto adempie;
— l'*oggetto*;
— la *forma*, quando è richiesta *ad substantiam*. Per «parte» si intende un unico centro di imputazione di interessi ed essa può essere costituita anche da più persone.

Il contratto può intervenire tra due parti (*contratto bilaterale*) o tra più parti (*contratto plurilaterale*). A proposito del contratto non si parla di persone ma di **parti**: anche più persone possono raggrupparsi nell'unico centro di interesse che costituisce la parte.

Talvolta la legge richiede che il contratto intervenga non solo tra parti diverse, ma anche tra soggetti diversi e ciò al fine di evitare abusi o conflitti di interesse; difatti l'art. 1395 sancisce l'annullabilità del contratto che un soggetto stipula nella duplice veste di parte e di rappresentante dell'altra parte, salvo che vi sia una specifica autorizzazione del rappresentato, o che il contenuto del contratto sia determinato in maniera tale da escludere ogni possibile conflitto o abuso (*contratto con se stesso*).

Nel nostro ordinamento vige il c.d. consensualismo, in virtù del quale il contratto è efficace per il solo consenso intervenuto tra le parti: il consenso si forma nel momento in cui gli impulsi volitivi delle parti convergono nell'*idem placitum*, che è a base dell'unico contratto bilaterale o plurilaterale.

3. L'OGGETTO E IL CONTENUTO DEL CONTRATTO

Occorre distinguere l'oggetto dal contenuto del contratto.

Per l'**oggetto** del contratto valgono le considerazioni fatte per l'oggetto dell'obbligazione: esso deve essere lecito, possibile, determinato o determinabile. È valido, salvo i divieti espressamente posti, il contratto che ha ad oggetto cose future.

Autore : dott. Silvio Li Donni - www.lulu.com

Il contratto in generale 181

Il **contenuto** del contratto è il complessivo regolamento contrattuale, frutto dell'autonoma determinazione delle parti.

Pertanto, qualora in ordine ad esso sorgano dei contrasti, il giudice dovrà: innanzitutto, interpretare la volontà delle parti; in secondo luogo, procedere alla qualificazione del contratto, identificare, cioè, il tipo di contratto posto in essere dalle parti.

4. LE TRATTATIVE

Le *trattative* hanno carattere preparatorio e strumentale rispetto alla conclusione del contratto, in quanto s'inseriscono in una fase antecedente e soltanto eventuale rispetto alla stipulazione vera e propria.

Pur non essendo le trattative vincolanti per la conclusione del contratto, durante le stesse le parti hanno l'obbligo di comportarsi secondo buona fede, cioè di tenere una condotta corretta e leale, informando l'altra parte di ogni circostanza che possa spiegare rilevanza in esito alla contrattazione.

In particolare, la parte che sia a conoscenza dell'esistenza di una causa d'invalidità del contratto ha l'obbligo di darne notizia all'altro contraente (art. 1338). Allo stesso modo, si ha violazione della buona fede se una parte recede ingiustificatamente dalle trattative ledendo il ragionevole affidamento della controparte sulla conclusione del contratto (art. 1337).

La violazione del dovere di correttezza nelle trattative dà luogo alla *responsabilità precontrattuale* (detta anche *culpa in contrahendo*) ed obbliga al risarcimento del danno, in favore della controparte, nelle forme del *danno emergente* (spese connesse alle trattative, come ad esempio le spese di viaggio) e del *lucro cessante* (vantaggio che la parte avrebbe potuto procurarsi contrattando con altri).

5. LA FORMAZIONE DEL CONTRATTO

Per la formazione del contratto occorre che intervengano due dichiarazioni di volontà: la proposta e l'accettazione.

La **proposta** è una dichiarazione di volontà, di regola recettizia, idonea a costituire il vincolo contrattuale e contenente tutti gli elementi essenziali del contratto.

L'**accettazione** è una dichiarazione recettizia che perfeziona il contratto quando è portata a conoscenza del proponente: essa deve essere tempestiva e coincidente in pieno con tutte le clausole contenute nella proposta, altrimenti vale solo come controproposta.

Il contratto è concluso nel momento in cui chi ha fatto la proposta ha conoscenza dell'accettazione dell'altra parte. A superamento di ogni difficoltà di prova dell'avvenuta conoscenza (in ispecie tra contraenti lontani) l'art. 1335 pone una presunzione legale, stabilendo che proposta ed accettazione si considerano conosciute quando giungano all'indirizzo del destinatario, salvo che questi provi di non averne avuto notizia per fatto incolpevole.

Tanto la proposta quanto l'accettazione devono rivestire la forma del contratto che si deve concludere.

La proposta assume la veste di un'*offerta al pubblico* quando contenga tutti gli elementi del contratto e sia *ad incertam personam*: essa può essere revocata, ma la revoca deve rivestire la stessa

Autore : dott. Silvio Li Donni - www.lulu.com

182   Capitolo Ventinovesimo

forma dell'offerta. L'offerta al pubblico deve distinguersi dall'invito ad offrire che, non contenendo tutti gli estremi del contratto da concludere, si atteggia ad invito ad iniziare le trattative.

Il proponente può revocare la proposta fintantoché egli non venga a conoscenza dell'accettazione dell'altra parte (art. 1328). Tuttavia, se l'accettante ha già intrapreso in buona fede l'esecuzione del contratto, prima di avere notizia della revoca, il proponente lo deve indennizzare delle spese e delle perdite subite (art. 1328).

Eccezioni alla regola della revocabilità si hanno nell'ipotesi di *proposta ferma* (art. 1329), nel caso di *opzione* (quando le parti si accordano per l'irrevocabilità della proposta e la facoltatività dell'accettazione (art. 1331) ed, infine, nel caso di contratti con prestazioni a carico del solo proponente (*contratti unilaterali*), nei quali, il contratto è concluso se il rifiuto dell'altra parte non interviene nel termine richiesto dalla natura degli affari o degli usi.

La proposta è caducata dalla morte o dalla sopravvenuta incapacità di contrattare del proponente anteriore alla conoscenza dell'intervenuta accettazione, salvo il caso in cui la proposta è irrevocabile o proveniente da un imprenditore nell'esercizio della sua impresa (art. 1330).

La revoca della proposta e dell'accettazione possono, se effettuate in malafede, costituire un'ipotesi di *culpa in contrahendo* e determinano l'obbligo di risarcire il danno (vedi infra par. 8).

6. IL CONTRATTO PRELIMINARE

Nello svolgimento delle trattative, talora le parti redigono minute che fissano i punti già accordati e che costituiscono punti di riferimenti per le ulteriori trattative: esse non sono vincolanti per le parti.

Pur inserendosi nella fase delle trattative, rappresenta, invece, un vincolo per le parti il *contratto preliminare*, mediante il quale le parti si obbligano a stipulare un futuro contratto. L'oggetto consiste, dunque, in un *facere* ossia nell'obbligo di prestare un futuro consenso.

A pena di nullità il contratto preliminare deve essere stipulato nella stessa forma del contratto definitivo (art. 1351).

┌─ *Differenze* ───

Dal contratto preliminare va tenuto distinto il c.d. *compromesso*, che è un contratto definitivo da cui deriva l'obbligo di riprodurre, in forma particolare, il consenso già intervenuto (ad es.: al fine di ottenere la trascrizione).

Inoltre, il contratto preliminare va distinto dal contratto di opzione e dal patto di prelazione. Con il *contratto di opzione* una parte resta vincolata alla propria dichiarazione mentre l'altra ha facoltà di accettarla o meno; in tal caso la conclusione del contratto non è obbligatoria per entrambe le parti, come nel caso del preliminare, ma lo è soltanto per la parte che si è obbligata con la propria dichiarazione.

Il *patto di prelazione* è invece l'accordo con il quale un soggetto (promittente) si obbliga a preferire un altro soggetto (promissario o prelazionario) rispetto ad altri e a parità di condizioni, nel caso in cui decida di stipulare un contratto. In tal caso, a differenza di quanto avviene con il contratto preliminare, che obbliga a contrarre a condizioni predeterminate, il promissario conserva la libertà di scegliere se stipulare o meno il contratto e a quali condizioni.

Autore : dott. Silvio Li Donni - www.lulu.com

Il contratto in generale 183

In caso di inadempimento dell'obbligo a contrarre, l'altra parte può provocare, mediante domanda giudiziale, l'emanazione di una sentenza costitutiva, che sostituisca il consenso e che procuri gli stessi effetti del contratto definitivo non concluso (art. 2932).

La L. 28 febbraio 1997, n. 30 ha introdotto nel codice l'art. 2645*bis* che ha previsto la trascrizione del contratto preliminare avente ad oggetto taluni dei contratti elencati nell'art. 2643, se lo stesso risulti da atto pubblico o da scrittura privata con sottoscrizione autenticata o accertata giudizialmente.

La legge garantisce una più incisiva tutela del promissario acquirente consentendogli di anticipare l'opponibilità del contratto definitivo o della sentenza *ex* art. 2932 alla data di trascrizione del preliminare. Si tratta, pertanto, di un *effetto prenotativo* che tuttavia non ha una durata illimitata nel tempo: esso cade se il contratto definitivo o la domanda giudiziale volta ad ottenere la sentenza costitutiva di cui all'art. 2932 non siano a loro volta trascritti entro un anno dalla data in cui era prevista la stipula del definitivo, e comunque non oltre tre anni dalla trascrizione del preliminare.

7. I CONTRATTI DEL CONSUMATORE

Con l'emanazione del D.Lgs. 6 settembre 2005, n. 206 (**Codice del consumo**), il legislatore ha provveduto al *riordino* ed alla *semplificazione* della normativa afferente ai diritti del consumatore.

Nel merito, l'art. 36 del Codice del consumo ribadisce la **nullità delle clausole vessatorie** inserite nel contratto concluso tra professionista e consumatore, cioè di quelle clausole che, malgrado la buona fede, determinano a carico del consumatore un *significativo squilibrio dei diritti e degli obblighi* derivanti dal contratto. Si parla di *inefficacia parziale*, poiché il contratto resta valido per la parte non inficiata dalle clausole abusive. La nullità delle clausole è rilevabile anche d'ufficio, ma esclusivamente a vantaggio del contraente debole.

L'art. 35, che riproduce il disposto dell'art. 1469quater c.c., prescrive l'obbligo per il professionista di redigere le clausole in modo chiaro e comprensibile; sancisce inoltre la prevalenza, in caso di dubbio sul senso di una clausola, dell'interpretazione più favorevole al consumatore.

L'art. 37 (già art. 1469sexies) disciplina il promovimento dell'**azione inibitoria**, consentendo alle associazioni rappresentative dei consumatori e dei professionisti ed alle Camere di commercio, industria, artigianato e agricoltura, di convenire in giudizio non solo il professionista che effettivamente *utilizzi* le clausole, ma anche i professionisti o le associazioni di professionisti che semplicemente ne *raccomandino l'inserzione*. La tutela apprestata dalla norma è di significativo spessore, poiché affianca alla debole difesa individuale lo strumento, ben più incisivo, dell'azione collettiva.

Dal 1° gennaio 2010, inoltre, dopo ripetuti rinvii è entrata in vigore la cd. *class action*, ossia l'**azione collettiva risarcitoria**: grazie ad essa i singoli consumatori, i cui diritti siano stati lesi da una medesima violazione, possono aderire ad un'unica azione legale proposta da un'associazione, anziché agire individualmente in giudizio (art. 140bis).

Infine, dall'impianto del nuovo codice appare manifesta la volontà di incentivare la **composizione stragiudiziale** delle controversie, al duplice fine di pervenire ad una più rapida definizione delle stesse e di alleggerire il contenzioso nelle aule di giustizia.

Autore : dott. Silvio Li Donni - www.lulu.com

184   Capitolo Ventinovesimo

8. LIMITAZIONI ALL'AUTONOMIA CONTRATTUALE

L'esperienza storica ha insegnato che, in talune ipotesi, l'autonomia contrattuale, lungi dall'assicurare la migliore protezione possibile agli interessi individuali, finisce per essere strumento di preservazione di situazioni di squilibrio.

Pertanto il legislatore è intervenuto creando, in applicazione di un generale canone di solidarietà, una serie di correttivi agli effetti dell'autonomia contrattuale.

A) Tipica limitazione alla libertà contrattuale, a tutela del contraente in un regime non concorrenziale, è il c.d. **obbligo legale di contrarre**, imposto alle imprese che esercitino un'attività in condizione di monopolio legale (art. 2597);

B) Poiché i sistemi economici contemporanei tendono a realizzare particolari tecniche di contrattazione più spedite, idonee a superare la fase delle trattative, l'ordinamento riconosce la figura del c.d. *contratto per adesione*: il contenuto del contratto è già predisposto dal contraente (produttore industriale, banche etc.) e l'altro contraente è tenuto ad aderire in blocco se vuole stipulare il contratto.

Il fenomeno concerne, per lo più, le imprese di pubblica utilità che devono contrattare con masse di consumatori per l'erogazione di servizi di interesse collettivo (assicurazione, trasporti, forniture di gas etc.) ed evidenzia, altresì una posizione di supremazia del predisponente.

C) Allo *scopo* di contemperare l'esigenza di speditezza nella conclusione dei contratti con l'opposta esigenza di tutelare il contraente più debole, la legge:

— da un canto, prevede che le **condizioni generali di contratto** (ossia le condizioni predisposte in modo uniforme dai contraenti e valevoli per tutti i contratti conclusi con consumatori ed utenti) sono efficaci per l'altro contraente, se, al momento della conclusione del contratto, questi le ha conosciute o avrebbe dovuto conoscerle usando l'ordinaria diligenza (art. 1341, 1° comma).

— dall'altro, sancisce la nullità delle *clausole vessatorie* (ossia particolarmente gravose per la controparte) non approvate per iscritto da quest'ultima (art. 1341, 2° comma);

— sancisce, infine, la prevalenza delle clausole aggiunte ai moduli o formulari, in caso di incompatibilità (art. 1342).

TERMINI

Clausola vessatoria: è quella che impone particolari *oneri* ad uno dei contraenti. L'art. 1341 c.c. contiene una elencazione, considerata tassativa, di clausola vessatoria vessatorie, disponendo, ai fini della loro efficacia, che esse siano approvate specificamente per iscritto se contenute in condizioni generali di contratto o in contratti conclusi con moduli o formulari.

A particolare tutela del *consumatore* è stato, da ultimo, emanato il Codice del consumo (D.Lgs. 206/2005), che sancisce l'inefficacia delle clausola vessatoria abusive poste nei

Autore : dott. Silvio Li Donni - www.lulu.com

Il contratto in generale

185

contratti (aventi ad oggetto la cessione di beni o la prestazione di servizi) conclusi tra consumatori e professionisti. Sono considerate clausola vessatoria vessatorie le clausole che comportano una sproporzione tra diritti ed obblighi del contraente e clausole che alterano notevolmente l'iter di formazione del contratto.

Offerta al pubblico *art. 1336 c.c.*

È un particolare tipo di proposta consistente in un'offerta diretta *al pubblico*, cioè *in incertam personam*, e fatta col sistema dei *pubblici proclami*, affinché sia eventualmente accettata da chi vi è interessato.

Da un punto di vista pratico l'espressione *per pubblici proclami* va intesa come comprensiva di ogni forma che renda l'offerta *facilmente conoscibile* al pubblico (es.: la pubblicità sui giornali, l'affissione di manifesti murali etc.).

Trattandosi di una proposta, l'offerta al pubblico deve presentarne tutti i requisiti: deve perciò essere *completa* di tutti gli elementi essenziali del contratto, e manifestata con l'intenzione di impegnarsi.

L'offerta al pubblico costituisce proposta *revocabile*: non è necessario che la *revoca* giunga a conoscenza di tutti coloro che hanno preso cognizione della proposta, ma è sufficiente che sia fatta *nella stessa forma della proposta* (art. 1336 c.c.).

CAPITOLO TRENTESIMO

EFFETTI DEL CONTRATTO E CLASSIFICAZIONE

1. GLI EFFETTI DEL CONTRATTO

A) Gli effetti tra le parti

Il contratto, una volta concluso, ha tra le parti la stessa forza vincolante della legge. Di conseguenza il contratto può sciogliersi solo per mutuo consenso (con un nuovo contratto) o solo, nei casi ammessi dalla legge, per recesso.

B) Gli effetti nei confronti dei terzi

La regola generale è quella della limitazione degli effetti del contratto alle sole parti (nonché agli eredi e agli aventi causa), per cui il *contratto non produce effetti rispetto al terzo*. Terzo è colui che non è parte e non è parificato alla parte.

Gli effetti che il contratto non può produrre nei confronti dei terzi sono gli *effetti diretti*, ossia quelli che hanno fonte immediata nel contratto (ad es.: il trasferimento della proprietà e gli obblighi nascenti dal contratto, nella compravendita): vi sono, infatti, degli effetti che si ricollegano in modo riflesso al contratto e che si ripercuotono anche sui terzi.

Espressione della relatività del contratto è il *divieto contrattuale di alienazione*: il patto al quale una parte si obbliga verso l'altra a non alienare una data cosa per un certo tempo non ha effetto nei confronti dei terzi eventuali acquirenti ed estranei, colui che si è obbligato a non vendere e vende dovrà risarcire il danno alla controparte, ma la vendita è valida ed efficace.

Similmente avviene nel caso della *promessa del fatto del terzo* (art. 1381), ossia quando si promette, mediante un contratto, l'obbligazione o il fatto di un terzo. In questa ipotesi, il principio di relatività impone che sia il promittente a restare obbligato per la promessa e a dover indennizzare l'altro contraente se il terzo non adempie alla prestazione.

2. IL CONTRATTO PER PERSONA DA NOMINARE (ARTT. 1401-1405)

Si ha contratto per persona da nominare quando, al momento della conclusione del contratto, una parte si riserva la facoltà di nominare la persona nella cui sfera giuridica il negozio deve produrre effetti.

Il contratto produce i suoi effetti nei confronti del terzo solo se:

— la dichiarazione di nomina (*electio amici*) viene comunicata nel termine fissato dalle parti o, in mancanza, entro tre giorni;

Autore : dott. Silvio Li Donni - www.lulu.com

Effetti del contratto e classificazione   187

— la dichiarazione è accompagnata dall'accettazione della persona nominata o dalla procura di questa, anteriore al contratto;
— la dichiarazione è espressa nella stessa forma che le parti hanno usato per il contratto.

Attraverso l'atto di nomina, il terzo subentra quale parte sostanziale del contratto, in sostituzione o in aggiunta allo stipulante, acquistando con effetto retroattivo diritti e obblighi derivanti dal contratto.

In mancanza, il contratto produce i suoi effetti nei confronti dello stipulante originario.

3. IL CONTRATTO A FAVORE DEL TERZO (ARTT. 1411-1413)

Il contratto può produrre effetti diretti a favore dei terzi: costituisce applicazione di tale principio il contratto a favore del terzo.

Esso è un negozio in virtù del quale una parte (stipulante) designa un terzo quale avente diritto alle prestazioni dovute dalla controparte (promittente). Lo stipulante deve avere interesse, anche solo morale, a che il terzo riceva il beneficio dal promittente (ad es.: contratto di assicurazione sulla vita di cui sia beneficiario il terzo).

I punti fondamentali della disciplina possono essere così sintetizzati:
— il terzo acquista il diritto alla prestazione da parte del promittente fin dal momento della stipulazione del contratto, del quale tuttavia non diviene parte;
— il terzo deve dichiarare se intende profittare del beneficio, e finché non emette tale dichiarazione lo stipulante può revocare o modificare la stipulazione;
— in caso di rifiuto del terzo, la prestazione rimane a beneficio dello stipulante, salvo che risulti diversamente dalla volontà delle parti;
— il promittente può opporre al terzo solo le eccezioni fondate sul contratto dal quale il terzo deriva il suo diritto, e non quelle fondate su altri rapporti tra lui e lo stipulante.

4. CONFLITTO TRA PIÙ AVENTI CAUSA

L'esigenza di certezza nella circolazione dei beni detta particolari criteri di risoluzione del conflitto tra più aventi causa (in deroga al principio *qui non abet dare non potest*), nell'ipotesi che un soggetto alieni nuovamente un diritto da lui già precedentemente alienato.

Pertanto:
— nel caso di acquisto di beni mobili (non registrati) è preferito chi per primo ne ha acquistato il possesso in buona fede;
— nel caso di immobili (o mobili registrati) è preferito chi per primo ha curato la trascrizione del titolo;
— nel caso di diritti personali di godimento è preferito chi, per primo ha conseguito il godimento della cosa.

5. INTEGRAZIONE DEL CONTENUTO E DEGLI EFFETTI DEL CONTRATTO

Il contratto detta anche la disciplina del rapporto, disciplina che viene integrata, per forza di legge, dalle *clausole d'uso*, clausole, che, pur non essendo previste dalle parti, si intendono

Autore : dott. Silvio Li Donni - www.lulu.com

188   Capitolo Trentesimo

consuetudinariamente inserite in quanto generalmente valevoli in quel tipo di mercato. È questa la c.d. *integrazione del contenuto del contratto.*

È prevista, altresì, l'integrazione degli effetti del contratto, in caso di lacune del regolamento negoziale. Tale integrazione avviene attraverso la applicazione, in ordine gerarchico, della legge, degli usi o dell'equità.

6. L'INTERPRETAZIONE DEL CONTRATTO

La legge detta una serie di regole da seguire per l'interpretazione del contratto: regole di interpretazione soggettiva (artt. 1362-1365) e regole di interpretazione oggettiva (artt. 1367-1371) che, consentono di accettare in via sussidiaria la volontà che le parti presumibilmente vollero esternare.

Tra le prime norme, importanza fondamentale ha l'art. 1362, in virtù del quale occorre accertare la comune intenzione delle parti e non limitarsi al senso letterale che emerga dalle parole usate.

Tra i criteri di interpretazione oggettiva, fondamentale è quello della conservazione del contratto: nel dubbio, il contratto deve essere interpretato nel senso in cui possa avere qualche effetto nella realtà giuridica esterna (art. 1367).

Trait d'union tra i due gruppi di criteri è l'art. 1366, per il quale «il contratto deve essere interpretato secondo buona fede».

Le clausole ambigue si interpretano secondo ciò che si pratica nel luogo nel quale, il contratto è stato concluso (usi interpretativi). Qualora il significato rimanga ugualmente oscuro, a norma dell'art. 1371: se il contratto è gratuito, esso deve essere inteso nel senso meno gravoso per l'obbligato; se è a titolo oneroso, va interpretato in modo da realizzare un comportamento di interesse.

7. CLASSIFICAZIONE DEI CONTRATTI

A) Contratti consuensuali e contratti reali

I *contratti obbligatori* sono la maggioranza e si perfezionano con il semplice consenso (es.: se voglio vendere la mia automobile, il contratto si perfeziona quando si forma l'accordo con il compratore, indipendentemente dalla consegna dell'auto). I *contratti reali*, invece, richiedono per il loro perfezionamento, oltre al consenso delle parti, anche la consegna della cosa che, pertanto, non è un effetto obbligatorio del contratto, ma un elemento costitutivo dello stesso.

I contratti reali costituiscono un numero chiuso. Essi sono: il comodato, il deposito, il pegno, la donazione di modico valore, il contratto estimatorio, il contratto di trasporto di cose per ferrovia.

B) Contratti obbligatori e contratti con efficacia reale

I *contratti obbligatori* sono quelli che danno luogo alla nascita di un rapporto obbligatorio: pertanto non fanno sorgere diritti reali, ma solo diritti personali di obbligazione (es.: locazione, deposito etc.).

Autore : dott. Silvio Li Donni - www.lulu.com

Effetti del contratto e classificazione   189

I *contratti ad effetti reali o traslativi* sono quelli che producono, come effetto, il trasferimento della proprietà di un bene determinato o la costituzione o il trasferimento di un diritto reale su un bene determinato (art. 1376).

L'efficacia reale può essere differita o eventuale, quando il trasferimento della proprietà avviene in un momento successivo rispetto alla conclusione del contratto. Ciò si verifica: nella vendita di cosa generica (per il trasferimento occorre l'individuazione della cosa); nella vendita di cosa futura o di cosa altrui (la proprietà si trasferisce rispettivamente, quando la cosa viene ad esistenza o entra nel patrimonio del venditore); nella vendita alternativa (occorre la concentrazione), nella vendita sottoposta a condizione sospensiva.

È importante stabilire quando avvenga il trasferimento della proprietà, poiché esso comporta anche il trasferimento dei rischio di perimento della cosa, indipendentemente dalla consegna della stessa.

C) Contratti ad esecuzione istantanea e di durata

I *contratti ad esecuzione istantanea* sono quelli che esauriscono i loro effetti in un solo momento, o all'atto della conclusione del contratto (contratti ad esecuzione immediata) o in un momento successivo (contratti ad esecuzione differita).

I *contratti di durata* sono quelli la cui esecuzione si protrae nel tempo o modo continuo (contratti ad esecuzione continuata) o ad intervalli (contratti ad esecuzione periodica).

Tra i contratti ad esecuzione continuata ricordiamo la locazione, nella quale la prestazione del locatore è unica ed ininterrotta nel tempo.

Tra i contratti ad esecuzione periodica, ricordiamo la somministrazione di derrate.

Nei contratti di durata, la risoluzione o il recesso non incidono sulle prestazioni già eseguite.

D) Contratti aleatori e commutativi

I *contratti aleatori* sono quelli in cui, all'atto della stipulazione, non è nota l'entità del sacrificio e l'entità del vantaggio cui ciascuna parte si espone. Ad esempio alla prestazione certa di una parte corrisponde una prestazione incerta dell'altra, ovvero vi è incertezza nell'individuazione della parte che deve eseguire la prestazione, ovvero vi è incertezza nella misura della prestazione.

I contratti aleatori possono essere tali per natura (assicurazione) o per volontà delle parti. Ad essi, poiché non vi è una corrispondenza economica iniziale da tutelare, non si applicano gli istituti della rescissione per lesione o della risoluzione per eccessiva onerosità.

I *contratti commutativi* sono quelli in cui, fin dal momento della conclusione, ciascuna delle parti conosce l'entità del vantaggio e del sacrificio che riceverà dal contratto (es.: compravendita).

TERMINI

Recesso: fra le cause di risoluzione ammesse dalla legge è espressamente disciplinato il recesso che va definito come il *diritto di sciogliere il contratto concluso, mediante una dichiarazione unilaterale comunicata all'altra parte.*

Autore : dott. Silvio Li Donni - www.lulu.com

190   Capitolo Trentesimo

Tale diritto può essere:

— previsto dalla legge, come accade per alcuni contratti nominati (*società, locazione, mandato, mutuo, appalto, deposito, contratto di lavoro*); si tratta, per lo più, di contratti la cui esecuzione si protrae nel tempo e di cui non è stabilito in anticipo il momento della cessazione;

— previsto contrattualmente dalle parti con apposita clausola (si parla in questo caso di *recesso convenzionale*).

CAPITOLO TRENTUNESIMO

LA RISOLUZIONE DEI CONTRATTI

1. CONTRATTI UNILATERALI E A PRESTAZIONI CORRISPETTIVE. IL CONCETTO DI SINALLAGMA

La distinzione tra contratti unilaterali e contratti a prestazioni corrispettive impone una precisazione: i contratti unilaterali sono, comunque, negozi bilaterali. La distinzione, quindi, attiene non alla pluralità delle manifestazioni di volontà, ma agli effetti obbligatori generati.

Il **sinallagma** è il legame reciproco che in alcuni contratti esiste tra la prestazione e la controprestazione, un legame così forte da rendere le prestazioni interdipendenti tra loro: la **corrispettività** è il rapporto tra prestazione e controprestazione.

I contratti a prestazioni corrispettive si caratterizzano per il fatto che il contratto genera due attribuzioni patrimoniali contrapposte (prestazione e controprestazione) e per la circostanza che tra le due prestazioni si stabilisce uno speciale nesso di corrispettività (**sinallagma**), che consiste nella interdipendenza tra esse, per cui ciascuna parte non è tenuta alla prestazione, se non è effettuata anche la prestazione dell'altra parte (ad es.: compravendita, permuta, locazione.)

Il sinallagma può essere:

— *genetico*, quando esso sussiste al momento della conclusione del contratto: la sua mancanza determina la nullità dell'intero contratto;
— *funzionale*, indica la corrispettività sussistente durante la vita del contratto. In tale ipotesi, l'impossibilità sopravvenuta della prestazione o la sopravvenuta eccessiva onerosità di questa dà luogo alla risoluzione del contratto.

I *contratti unilaterali* con obbligazioni a carico di una sola delle parti sono contratti che, pur implicando la esistenza di due parti e di due distinte dichiarazioni di volontà, generano l'obbligo della prestazione per una sola parte, che si trova nella posizione esclusiva del debitore (donazione).

Vi sono, inoltre, contratti nei quali anche se ciascuna parte può pretendere una prestazione dall'altra, le prestazioni reciproche non sono legate da nesso di corrispettività: essi sono, dunque, contratti unilaterali, anche se derivano obbligazioni a carico di entrambe le parti (ad es. deposito o mandato a titolo oneroso).

2. LA RISOLUZIONE DEL CONTRATTO

La legge prevede il rimedio della risoluzione del contratto nell'ipotesi in cui si riscontrino anomalie nel funzionamento del sinallagma dopo la conclusione del con-

Autore : dott. Silvio Li Donni - www.lulu.com

192   Capitolo Trentunesimo

tratto: il fondamento economico dell'operazione non è viziato in origine, ma viene ad alterarsi in seguito.

La risoluzione mira ad eliminare lo squilibrio, non colpendo il negozio, ma i suoi effetti: essa incide non sull'atto, ma sul rapporto. Per tale motivo è possibile chiedere anche il risarcimento del danno per l'altrui colpa contrattuale.

La risoluzione può essere volontaria o legale. È *volontaria* quando le parti esprimono un nuovo consenso (c.d. *mutuo dissenso*) nel senso della estinzione del rapporto obbligatorio.

Pertanto, un diritto di recesso può essere previsto nello stesso contratto (nella duplice forma della *multa poenitentialis* e dell'*arrha poenitentialis*) od anche attribuito dalla legge (ad es.: nel contratto di opera, nel contratto di società).

Nei contratti di durata indeterminata è comunemente ammessa l'estinzione del rapporto per disdetta unilaterale.

La risoluzione è, invece, *legale* nei tre casi espressamente previsti dell'adempimento, dell'impossibilità sopravvenuta di una prestazione e dell'eccessiva onerosità.

A) Risoluzione per inadempimento

1. *Risoluzione giudiziale*

Innanzitutto, ciascuno dei contraenti può rifiutarsi di adempiere la propria obbligazione se l'altro non adempie o non offre di adempiere contemporaneamente la propria: è questa la c.d. **eccezione di inadempimento** (art. 1460). Si tratta di una forma di autotutela privata ed è operativa soltanto se il rifiuto è opposto in buona fede: essa ha un mero effetto sospensivo. Inoltre, ciascuna delle parti di un contratto a prestazioni corrispettive può sospendere la prestazione se le condizioni patrimoniali dell'altro siano divenute tali da mettere in pericolo il conseguimento della prestazione. È anche questa una forma di autotutela privata.

Con la clausola del **solve et repete** (art. 1462) le parti possono, peraltro, escludere il diritto di una di esse di opporre eccezioni per evitare o ritardare la prestazione. Essa deve essere approvata per iscritto e non vale per le cause di nullità, annullabilità e rescissione del contratto.

Infine, il codice stabilisce all'art. 1453 che quando uno dei contraenti non adempie le sue obbligazioni e si tratti di un inadempimento colpevole e di non scarsa importanza, l'altro possa agire in giudizio per ottenere, a sua scelta, adempimento o la risoluzione del contratto.

Va precisato, però, che:

— la domanda di risoluzione può essere proposta anche quando il giudizio è stato promosso per ottenere l'adempimento;

— la richiesta di adempimento non è più ammessa quando è stata domandata la risoluzione (art. 1453, 2° comma).

La ragione di tale inammissibilità è nel fatto che la parte che domanda la risoluzione mostra di non aver più interesse alla prestazione.

Il giudice, accertati presupposti, dichiara risolto il contratto con sentenza costitutiva.

2. *Risoluzione di diritto*

Non è sempre necessario ricorrere ad una sentenza costitutiva del giudice per aversi risoluzione.

Questa può, infatti, prodursi anche di diritto nelle seguenti ipotesi:

— *diffida ad adempiere*: la parte adempiente può inoltrare all'inadempiente una diffida ad adempiere, assegnandogli un congruo termine che non può essere inferiore ai 15 giorni: decorso tale termine inutilmente, il contratto si intende risolto (art. 1454);

— *clausola risolutiva espressa*: è cioè stabilito che il contratto si risolve se l'obbligazione non è adempiuta con le modalità convenute (art. 1456);

— *scadenza del termine essenziale*: scaduto, cioè, il termine essenziale senza che si sia avuta la prestazione, il contratto si intende risolto a meno che la parte, a favore della quale il termine è posto non dichiari, entro tre giorni, di voler ugualmente esigere l'adempimento.

La risoluzione, in tutte le sue forme, ha efficacia retroattiva e non pregiudica i diritti acquistati dai terzi.

B) Risoluzione per impossibilità sopravvenuta

L'impossibilità sopravvenuta estingue l'obbligazione, liberando la parte che vi era tenuta. Nei contratti a prestazioni corrispettive, l'impossibilità sopravvenuta di una prestazione non comporta necessariamente l'impossibilità dell'altra: tuttavia, per effetto della risoluzione cade anche l'obbligo della prestazione ancora possibile per il fatto che essa è collegata funzionalmente alla prestazione impossibile.

Ad esempio Tizio dà a Caio in locazione la propria casa per un anno, dietro pagamento di un canone mensile. La casa, per eventi estranei alla volontà di Tizio, va distrutta in un incendio. Tizio, proprietario-locatore, non può più adempiere la propria prestazione, e cioè far godere il bene, mentre Caio potrebbe continuare a pagare il canone cui è obbligato, ma in virtù del rapporto sinallagmatico esistente le prestazioni reciproche vengono entrambe ad estinguersi.

Nell'ipotesi di prestazione parzialmente impossibile, si ha *risoluzione parziale*: l'altra parte ha, cioè, diritto ad una corrispondente riduzione della presentazione, ma può recedere dal contratto se non abbia un apprezzabile interesse all'adempimento parziale (art. 1464).

Le conseguenze del fortuito che rendano impossibile una delle prestazioni sono, senza dubbio, supportate dal debitore della prestazione divenuta impossibile poiché egli perde automaticamente il diritto a ricevere la controprestazione che è ancora possibile.

Nei contratti ad efficacia reale immediata, il rischio del fortuito è sopportato dall'acquirente già proprietario del bene, indipendentemente dalla consegna dello stesso (*res perit domino*).

Non altrettanto può dirsi per i contratti ad efficacia reale differita: così nella vendita di cosa generica, il rischio è sopportato dal venditore fino all'individuazione, che segna il passaggio della proprietà dell'acquirente.

Autore : dott. Silvio Li Donni - www.lulu.com

194   Capitolo Trentunesimo

C) La risoluzione per eccessiva onerosità

L'azione di risoluzione tende ad ovviare al pericolo di un'onerosità sopravvenuta e, quindi, ad uno squilibrio economico verificatosi dopo la conclusione del contratto.

L'azione è ammessa soltanto nei contratti di durata o ad esecuzione differita; non deve trattarsi di contratti aleatori; l'eccessiva onerosità deve dipendere da avvenimenti straordinari ed imprevedibili; l'onerosità deve essere tale da superare la normale alea del contratto. La risoluzione può essere evitata allorché la parte, contro la quale la si richiede, offra di modificare equamente le condizioni del contratto. La risoluzione per eccessiva onerosità non opera di diritto, ma deve essere pronunciata dal giudice.

TERMINI

Clausola del «solve et repete»: è una clausola con cui le parti stabiliscono che una di esse *non* può opporre eccezioni per evitare o ritardare la prestazione.
Tale clausola, per avere valore, deve essere specificamente *approvata per iscritto*. In ogni caso comunque la clausola *non ha effetto* per le eccezioni di nullità, di annullabilità e di rescissione del contratto.

Eccessiva onerosità: l'azione è prevista per ovviare ad una onerosità *sopravvenuta* e quindi ad uno *squilibrio* fra le prestazioni verificatosi *dopo la conclusione del contratto* (es: un commerciante ha venduto della merce da consegnare dopo tre mesi; per un evento imprevisto, una guerra, un'improvvisa ed eccezionale carenza di quella merce, il valore della stessa si eleva notevolmente, sicché il prezzo già pattuito diventa sproporzionato).

Mutuo consenso: si sostanzia in un contratto con il quale le parti estinguono un precedente vincolo contrattuale. Richiede la stessa forma del contratto che viene sciolto ed ha efficacia retroattiva, per cui il contratto si considera come mai concluso (art. 1372).

CAPITOLO TRENTADUESIMO

OBBLIGAZIONI NON CONTRATTUALI NASCENTI DA ATTO LECITO

1. LE PROMESSE UNILATERALI IN GENERALE

Le promesse unilaterali consistono in una dichiarazione emessa da una parte che si obbliga ad effettuare una data prestazione verso un'altra senza che questa debba accettare.

Le promesse unilaterali producono effetti obbligatori solo nei casi espressamente previsti dalla legge e costituiscono, pertanto, un numero chiuso (art. 1987).

Tra esse possono ricordarsi: la promessa di pagamento e la ricognizione del debito (art. 1988); i titoli di credito (artt. 1992-2027); la concessione di ipoteca (art. 2821); la promessa al pubblico (art. 1989).

2. LA PROMESSA DI PAGAMENTO E LA RICOGNIZIONE DEL DEBITO

La *promessa di pagamento* è un atto unilaterale con il quale una persona si obbliga ad un determinato pagamento verso un'altra persona.

La *ricognizione del debito* è un atto unilaterale con cui una persona riconosce l'esistenza di un proprio debito verso un altro soggetto.

Entrambe le figure non sono fattispecie costitutive di un nuovo debito, ma la conferma di un precedente impegno.

Una volta effettuate, esse consentono al creditore di pretendere l'adempimento senza dover provare l'esistenza del rapporto fondamentale. A proposito si parla anche di *astrazione processuale dalla causa*, poiché determinano un'inversione dell'onere della prova: chi promette il pagamento o riconosce il debito si accolla, una volta effettuata la promessa, l'onere di provare l'illiceità o l'inesistenza del rapporto per liberarsi dall'obbligo di pagamento.

3. LA PROMESSA AL PUBBLICO

La promessa al pubblico è una promessa unilaterale a destinatario indeterminato che ha per contenuto una prestazione da effettuarsi a favore di chi si trovi in una determinata situazione o compia una data azione (art. 1989).

È utile ricordare che essa si distingue dall'offerta al pubblico che è, come detto, una proposta contrattuale *ad incertam personam*.

Autore : dott. Silvio Li Donni - www.lulu.com

196   Capitolo Trentaduesimo

L'obbligatorietà della promessa cessa se, entro un anno dalla stessa, al promittente non sia stato comunicato l'avveramento della situazione o il compimento dell'azione. La promessa è vincolante nel momento in cui è resa pubblica: essa può essere revocata solo per giusta causa, purché nelle stesse forme della pubblicazione e soltanto se non si sia ancora verificata o compiuta l'azione.

4. LA GESTIONE DEGLI AFFARI ALTRUI

La sfera patrimoniale dei singoli è generalmente salvaguardata da influenze altrui, tuttavia, l'ordinamento consente quelle ingerenze che, motivate da umana solidarietà, rispondano ad un criterio di utilità sociale.

La gestione degli affari altrui, ossia l'assunzione spontanea dell'amministrazione di uno o più affari patrimoniali di altro soggetto, pur senza incarico dello stesso, è ammessa, pertanto, quando ricorrano i seguenti requisiti:

— l'*utilità iniziale della gestione* (*utiliter coeptum*): questa deve valutarsi obiettivamente al momento in cui sia stato intrapreso l'affare, né essa può essere pregiudicata dal successivo sviluppo negativo della gestione;
— la *mancanza di un divieto* alla gestione da parte del dominus (*prohibitio domini*);
— la consapevolezza dell'alienità dell'affare (c.d. *animus aliena negotia gerendi*): altrimenti, il gestore potrà, al più invocare il rimborso delle spese;
— la liceità dell'affare;
— la capacità di agire del gestore (art. 2029).

La gestione può essere semplice o rappresentativa, a seconda che non vi sia o vi sia *contemplatio domini* rispetto ai terzi.

Il gestore ha l'obbligo di continuare la gestione intrapresa finché l'interessato non sia in condizione di provvedervi egli stesso.

Il *dominus* deve adempiere gli obblighi assunti dal gestore nel nome di lui (gestione rappresentativa) e tenerlo indenne dagli obblighi che il gestore abbia assunto in nome proprio (gestione semplice), rimborsandogli le spese sostenute.

5. IL PAGAMENTO DELL'INDEBITO

Ciò che è stato pagato senza essere dovuto va restituito, poiché ogni pagamento deve essere giustificato da un debito preesistente.

Il pagamento dell'indebito può essere:

— *oggettivo*, quando il *solvens* (colui che paga) paga un debito che assolutamente non esiste oppure paga un debito (cui è tenuto ma) ad una persona che non ha diritto al pagamento: in entrambi i casi il credito non esiste, perché chi riceve la prestazione non è il creditore;
— *soggettivo*, quando il *solvens*, che non è debitore, paga ad un creditore quanto a costui è dovuto da un terzo: in questo caso il credito esiste, ma chi paga non è il debitore. Nell'ipotesi di indebito soggettivo, la restituzione è ammessa soltanto quando, il solvens abbia pagato in base ad un errore scusabile, poiché, come è noto, la legge consente a chiunque di adempiere il debito altrui (cfr. art. 1180).

Autore : dott. Silvio Li Donni - www.lulu.com

Obbligazioni non contrattuali nascenti da atto lecito   197

Nessuna indagine sull'errore è invece compiuta nel caso di indebito oggettivo, poiché, in tal caso il *solvens* può aver volontariamente proceduto al pagamento, ad es.: per bloccare un'azione esecutiva. In entrambe le ipotesi di indebito è ammessa l'azione di ripetizione dell'indebito.

L'azione di ripetizione è sottoposta ad un termine di prescrizione decennale e non può essere esercitata quando:

— il pagamento sia stato effettuato in adempimento di un'obbligazione naturale;
— la prestazione non dovuta costituiva, anche per il *solvens*, offesa al buon costume (art. 2035).

6. L'INGIUSTIFICATO ARRICCHIMENTO

Tutte le volte in cui al depauperamento di un soggetto corrisponda l'arricchimento senza causa di un altro soggetto, l'ordinamento riconosce al depauperato una *speciale azione di ingiustificato arricchimento* (art. 2041).

Non è, pertanto, necessario che l'arricchimento abbia un fondamento economico o etico: è sufficiente giustificazione ogni idoneo titolo legale, giuridico o convenzionale.

Quindi, elementi per l'esperimento dell'azione sono:

— arricchimento di un soggetto;
— diminuzione patrimoniale di un altro;
— nesso causale fra le due variazioni patrimoniali;
— mancanza di causa giustificatrice.

L'azione in esame è generale e sussidiaria; essa può essere esercitata solo se al danneggiato non spetti altra azione specifica.

Ciò è giustificato dalla circostanza che chi agisce *ex* art. 2041 può ottenere, laddove la restituzione non sia più possibile, un indennizzo, limitato alla somma minore tra l'impoverimento da lui ricevuto e il corrispondente arricchimento ottenuto da altra persona in buona fede: in sostanza un indennizzo inferiore a quello ottenibile mediante l'esercizio di altre azioni specifiche.

TERMINI

Actio negotiorum gestorum contraria: spetta al gestore per ottenere l'adempimento delle obbligazioni del *dominus*.

Actio negotiorum gestorum diretta: spetta al *dominus* per ottenere l'adempimento delle obbligazioni del gestore.

Azione generale di arricchimento (cd. *actio de in rem verso*): si pone come rimedio generale per l'ipotesi di arricchimento senza causa. Tale azione ha carattere sussidiario (art. 2042) nel senso che è proponibile solo nell'ipotesi in cui il danneggiato non abbia altre azioni dirette per la reintegrazione del pregiudizio subìto.
Si può precisare che si ricorre a tale azione solo se non sia possibile esperire né l'azione di ripetizione dell'indebito (mancandone i presupposti) né altri rimedi diretti.

CAPITOLO TRENTATREESIMO

I TITOLI DI CREDITO

1. FONDAMENTO, DEFINIZIONE E CARATTERI

Nelle moderne dinamiche economiche, la partecipazione di portatori di capitali ha determinato l'emersione del credito come bene in sé considerato, cedibile in quanto tale a terzi.

Al fine di garantire il celere e sicuro trasferimento del credito, lo si è vincolato dalle regole di cessione dello stesso che, come è noto, espongono il cessionario al rischio che il cedente non sia titolare, che il ceduto abbia già estinto il proprio debito o che lo stesso gli opponga eccezione: si è, pertanto, creato un documento creditizio nel quale il credito è, per così dire, incorporato.

Tale documento è considerato un bene mobile al quale si applica la regola del «possesso vale titolo».

Il titolo di credito può definirsi come il *documento nel quale è incorporata la promessa unilaterale di effettuare una prestazione a favore di chi lo presenterà al debitore, essendo legittimato in base alla legge di circolazione del credito.*

Carattere fondamentale del titolo di credito è, dunque, l'**incorporazione**: il diritto è incorporato nel titolo sì da far corpo con esso.

È, pertanto, sufficiente il possesso del titolo per:

— provare l'esistenza del diritto in esso incorporato;
— per fondare la legittimazione ad ottenere la prestazione.

Si badi: in tema di titoli di credito si argomenta di legittimazione e non di titolarità del diritto incorporato nel documento, poiché ciò che conta è il possesso dello stesso.

Peraltro, la legittimazione non si fonda sul semplice possesso, ma su di un possesso conforme alle leggi che regolano la circolazione di ciascuna categoria di titoli di credito.

Da quanto detto emerge che sono caratteri del titolo di credito:

— la *letteralità*: il diritto è determinato dal tenore letterale dei titoli. Il contenuto e la portata della promessa sono soltanto quelli che risultano dal contesto letterale del titolo;
— l'*autonomia*: l'indipendenza cioè, delle obbligazioni dei singoli debitori l'una dall'altra;
— l'*inopponibilità delle eccezioni*: colui che risulta, in base alla legge di circolazione del titolo, titolare di esso, esercita un diritto autonomo dai precedenti rapporti tra altri titolari e debitore. Quest'ultimo non può, pertanto, opporre al possessore del titolo le eccezioni personali riguardanti i rapporti con i precedenti

Autore : dott. Silvio Li Donni - www.lulu.com

I titoli di credito   199

possessori, a meno che non si dimostri che il possessore, nell'acquistare il titolo, ha agito, intenzionalmente, a danno del debitore stesso (art. 1993, 2° comma).

Peraltro, di fronte all'immediato contraente (ad es.: il venditore al quale l'acquirente abbia rilasciato, in pagamento, una cambiale) il debitore potrà opporre tutte le eccezioni.

A norma dell'art. 1993 ciascun debitore potrà opporre al possessore del titolo le eccezioni a questo personali (ad es.: compensazione) e le eccezioni reali, relative, cioè, all'invalidità del titolo per difetto di forma, per falsità della firma, per difetto di capacità o rappresentanza.

2. LA CLASSIFICAZIONE DEI TITOLI DI CREDITO

Dei titoli di credito possono farsi numerose classificazioni:

a) in base al *rapporto fondamentale* (il rapporto che ha, cioè, determinato la creazione del titolo), si distingue tra:

— **titoli causali**: in essi, insieme alla promessa è indicato anche il rapporto fondamentale cui l'obbligazione cartolare (ossia incorporata nel titolo) rimane legata. Si tratta, per lo più, di titoli che danno diritto ad una prestazione non pecuniaria: si parla, infatti, di *titoli di partecipazione* (che attribuiscono uno status giuridico: ad es.: di socio) e di *titoli rappresentativi* (che attribuiscono un diritto reale: ad es.: la nota di pegno);

— **titoli astratti**: si tratta di titoli espressamente indicati dalla legge. Essi non contengono l'enunciazione del rapporto fondamentale che è, dunque, del tutto irrilevante: si tratta, altresì, di titoli di pagamento, che danno, cioè, diritto ad una determinata prestazione di carattere pecuniario (cambiale, assegno etc);

b) in base alle *leggi di circolazione dei titoli* (da cui deriva, come detto, la legittimazione del possessore) si distingue tra:

— **titoli al portatore** non intestati ad alcun titolare. Per il trasferimento è sufficiente la semplice consegna del titolo: il possesso in buona fede tutela contro la rivendicazione altrui e attribuisce la preferenza tra più aventi causa. Sono tali i biglietti di banca e i buoni del tesoro;

— **titoli all'ordine**: sono intestati ad un titolare. Il trasferimento avviene mediante consegna del titolo accompagnata da una girata. La **girata** è l'ordine incondizionato a pagare ad una determinata persona («per me pagate a...») rivolto dal creditore al debitore.

Il possesso di un titolo all'ordine si giustifica in base ad una serie continua di girate (art. 1008): primo girante deve essere il primo prenditore, il secondo girante il primo giratario etc.
Sono titoli all'ordine la cambiale, la fede di deposito, la nota di pegno, la polizza di carico;

— **titoli nominativi**: intestati ad un titolare. Il trasferimento avviene mediante la doppia annotazione del nome dell'acquirente sul titolo e nel registro del-

Autore : dott. Silvio Li Donni - www.lulu.com

200   Capitolo Trentatreesimo

l'emittente (o con rilascio di un nuovo titolo intestato al nuovo titolare). Sono tali le azioni delle s.p.a., le obbligazioni ferroviarie, i titoli del credito fondiario.

3. LA CAMBIALE: DEFINIZIONE ED ELEMENTI

La cambiale è il *titolo di credito, all'ordine, letterale, autonomo, astratto e formale* che attribuisce al legittimo possessore il diritto di farsi pagare la somma indicata alla scadenza fissata.

Si distingue tra:

— *cambiale tratta*: essa contiene l'ordine di pagare che l'emittente (traente) dà ad un terzo (trattario). Se il trattario accetta l'ordine, egli rimane obbligato, come debitore principale, nei confronti del prenditore e dei successivi giratari;
— il *vaglia cambiario* (o cambiale propria o pagherò): esso contiene la promessa incondizionata dell'emittente di pagare la somma indicata.

La legge cambiaria richiede che la cambiale presenti i seguenti requisiti formali:

— la denominazione «cambiale» inserita nel titolo;
— l'ordine incondizionato di pagare ovvero la promessa di pagamento di una somma indicata in cifre o lettere;
— il nome di colui che è designato a pagare;
— l'indicazione della scadenza;
— l'indicazione del luogo di pagamento;
— la sottoscrizione dell'emittente e del traente.

Nella cambiale il girante assume una responsabilità per l'eventuale inadempimento degli obbligati precedenti.

Inoltre, ciascuna obbligazione cambiaria può essere garantita mediante *avallo* da una terza persona. L'obbligazione dell'avallante è posta sullo stesso piano di quella dell'avallato.

Pertanto, alla scadenza del termine, il possessore che abbia vanamente escusso l'emittente o il trattario (che ha accettato) e i loro avallanti (c.d. debitori principali), può agire in via di regresso nei confronti dei giranti che sono obbligati in solido.

La cambiale, in quanto titolo all'ordine, deve essere trasferita mediante girata. Peraltro, il traente e l'emittente possono imprimerle una circolazione anomala mediante le parole «non all'ordine».

Accanto alla funzione essenziale di trasferimento, la girata ha anche, come detto, una funzione di garanzia.

La girata è piena quando indica il nome e il cognome del giratario, è *in bianco* quando si effettua con la sottoscrizione del girante e senza indicazione del giratario.

La *cambiale costituisce titolo esecutivo*, per cui, se alla scadenza il debitore non paga, il creditore non dovrà citarlo in giudizio, ma potrà procedere direttamente ad esecuzione forzata.

Il rifiuto a pagare viene constatato mediante **protesto**, atto solenne, non soggetto a contestazione, che costituisce in mora il debitore: il mancato protesto impedisce l'azione cambiaria di regresso, esercitabile contro i c.d. obbligati di regresso (traente, giranti, avallanti degli stessi).

Autore : dott. Silvio Li Donni - www.lulu.com

I titoli di credito
201

Contro i c.d. debitori principali (accettante, emittente, e i loro avallanti) si può esercitare l'azione cambiaria diretta: essa si prescrive in tre anni.

Qualora il portatore della cambiale non potesse esercitare nessuna di tali azioni gli è concesso il ricorso all'azione di arricchimento.

4. L'ASSEGNO BANCARIO

L'assegno bancario è un titolo di credito che contiene l'ordine, rivolto da una persona (traente) ad una banca (trattario) di pagare a vista una determinata somma di denaro all'ordine di un terzo o dello stesso traente.

Esso ha struttura analoga alla cambiale tratta. Si tratta di uno *strumento di pagamento* (e non di credito, come la cambiale) e non può essere emesso in bianco.

L'assegno bancario presuppone l'esistenza di un *rapporto di valuta* (con il terzo) e di *provvista* (con il trattario banchiere) che nasce per il fatto che il traente ha a sua disposizione presso la banca, un conto corrente.

La mancanza di somme disponibili al momento dell'emissione importa l'applicazione di sanzioni penali. L'assegno deve essere presentato per il pagamento nel breve termine di otto giorni (se è pagabile nello stesso comune di emissione) o di quindici (se è pagabile all'estero).

Il possessore dell'assegno può agire con l'azione di regresso e il procedimento ha il rigore cambiario se è stata pagata l'imposta di bollo prescritta per la cambiale.

Se all'assegno è apposta la clausola «non trasferibile» l'assegno non può essere pagato che al prenditore.

L'assegno circolare ha, invece, struttura analoga al vaglia cambiario: esso contiene, infatti, una promessa diretta di pagamento emessa da un istituto bancario specialmente autorizzato.

Esso è uno strumento di pagamento, è sottoposto alla disciplina cambiaria e deve essere presentato per il pagamento entro 30 giorni.

CAPITOLO TRENTAQUATTRESIMO

I CONTRATTI PER LA CIRCOLAZIONE DEI BENI

1. LA COMPRAVENDITA

A) Definizione

La compravendita è un «contratto avente ad oggetto il trasferimento della proprietà di una cosa o il trasferimento di un altro diritto verso il corrispettivo di un
prezzo» (art. 1470).

La compravendita è un contratto:

— *consensuale*: per il suo perfezionamento è sufficiente il semplice consenso delle parti
senza che occorra né la consegna della cosa né il pagamento del prezzo. Pagamento del
prezzo e consegna della cosa costituiscono obbligazioni scaturenti dal contratto;

— *traslativo* e *normalmente ad effetti reali*, in quanto produce il trasferimento della proprietà
della cosa ovvero di un altro diritto. Vi sono, tuttavia, delle ipotesi in cui la compravendita
ha efficacia meramente obbligatoria: non trasferisce la proprietà immediatamente, ma
obbliga il venditore a trasferirla successivamente;

— *non formale*: il consenso può essere espresso con qualsiasi forma a meno che la natura
dell'oggetto non richieda una forma particolare (ad es.: bene immobile che richiede la
forma scritta);

— *a prestazioni corrispettive*.

B) Gli elementi essenziali

Gli elementi essenziali della compravendita sono: il consenso, la cosa e il prezzo.
La cosa venduta può essere un bene (mobili o immobile) o un diritto, o una
universitas (ad es.: l'eredità).

La vendita dei beni immobili può avvenire:

— *a misura*: nel caso in cui l'immobile sia alienato con l'indicazione della sua misura per un
prezzo fissato in relazione all'unità di misura;

— *a corpo*: quando tale riferimento alla misura del bene manchi del tutto.

La compravendita può avere ad oggetto anche cose determinate solo nel genere:
si parla di vendita di cosa generica. Essa può avvenire anche allo scoperto, ossia
anche se il venditore non ha, al momento, la disponibilità della cosa.

Autore : dott. Silvio Li Donni - www.lulu.com

I contratti per la circolazione dei beni   203

È valida, altresì, la vendita di cosa futura: in essa l'effetto traslativo si realizza quando la cosa viene ad esistenza (ad es.: vendita del futuro raccolto).

Questo tipo di vendita (*emptio rei speratae*) va tenuta distinta dalla c.d *emptio spei*, ossia dalla vendita di cosa che potrebbe non venire ad esistenza o presentare mancanze qualitative (vendita aleatoria).

È ammessa, infine, anche la vendita di cosa altrui; è tale quella avente ad oggetto una cosa che, al momento della stipulazione del contratto, non appartiene al venditore, ma ad un terzo.

Il venditore ha l'obbligo di procurare il bene e il compratore ne acquista la proprietà nel momento stesso in cui il venditore ne diviene proprietario.

Il prezzo deve essere vero e certo. La sua determinazione può essere anche rimessa ad un terzo arbitratore e, qualora questi non accetti l'incarico o le parti non concordino sulla sua nomina, esso è nominato dal presidente del Tribunale.

Si parla di vendita C.I.F. quando il prezzo copre il costo delle merci, l'assicurazione e il trasporto; si parla, invece, di vendita F.O.B quando le spese di caricamento sono a carico del venditore.

C) Gli obblighi del venditore

Il venditore ha l'obbligo di:

— consegnare la cosa: attuare, cioè, il materiale trasferimento del bene al compratore, nella vendita con efficacia reale immediata;
— fare acquistare al compratore la proprietà della cosa, nel caso di vendita con effetti reali differiti;
— garantire il compratore dall'evizione e da eventuali vizi della cosa.

Si ha **evizione** quando il compratore è spogliato dall'acquisto in conseguenza di una pronuncia giudiziaria che accerta un difetto nel diritto del venditore, a vantaggio di un terzo che può vantare sulla cosa venduta un diritto di proprietà o altro diritto reale (art. 1483). Pertanto:

— quando vi è pericolo che altri rivendichi la cosa, l'acquirente può sospendere il pagamento del prezzo;
— nel caso di giudizio petitorio instaurato contro il compratore, questi deve chiamare in giudizio il venditore perché provi la sua legittimazione;
— nel caso di compimento di evizione il venditore deve restituire il prezzo pagato, rimborsare le spese e risarcire il danno al compratore.

Il venditore è, altresì, tenuto a garantire che la cosa venduta sia immune da difetti che la rendono inidonea all'uso o ne diminuiscano, in modo apprezzabile, il valore.

Si parla tradizionalmente di garanzia per vizi occulti in quanto esso è dovuto solo quando i vizi erano ignoti al compratore e non facilmente riconoscibili al momento dell'acquisto. In tal caso, il compratore ha diritto alla scelta fra:

— la risoluzione del contratto (c.d. *actio redhibitoria*);
— la riduzione del prezzo (c.d. *actio aestimatoria*).

Analoghe conseguenze determina la mancanza delle qualità promesse o delle qualità essenziali.

Vizi e mancanza di qualità debbono essere denunziati dal compratore entro otto giorni dalla scoperta, pena la decadenza dell'azione che si prescrive in un anno dalla consegna.

Autore : dott. Silvio Li Donni - www.lulu.com

204   Capitolo Trentaquattresimo

Nell'ipotesi in cui il venditore ha garantito il buon funzionamento della cosa mobile, il difetto deve essere denunziato entro trenta giorni e la relativa azione si prescrive in sei mesi (art. 1512).

D) Gli obblighi del compratore

L'obbligazione principale del compratore consiste nel pagamento del prezzo nel modo e nel luogo stabiliti dal contratto.

Sono a carico del compratore le spese del contratto di vendita: quando la cosa venduta produce frutti o proventi, il compratore deve pagare gli interessi sulla somma dovuta, dal giorno del contratto.

2. FIGURE PRINCIPALI DI VENDITA

A) Vendita di beni immobili

I beni immobili sono soggetti a *particolare* disciplina riguardante:

— la *forma degli atti*: in quanto gli atti relativi ad immobili vanno sempre redatti con *forma scritta*;
— la *pubblicità*: che per gli immobili si attua con la *trascrizione* in particolari registri (2);
— la *garanzia* e la *tutela*: i beni immobili, infatti, offrono una maggiore garanzia ai creditori in quanto sono ipotecabili.

La vendita di detti beni può avvenire:

— *a misura*: nel caso in cui l'immobile sia alienato con l'indicazione della sua misura, e per un prezzo stabilito in ragione di un tanto per ogni unità di misura;
— *a corpo*: quando tale riferimento alla misura del bene manchi del tutto.

B) Vendita di beni mobili

La vendita di beni mobili non richiede l'adozione di una forma particolare, ma è circondata da particolari garanzie. Infatti, il rapporto deve avere pronta esecuzione e le conseguenze di un eventuale inadempimento devono essere rapidamente liquidate. Pertanto sono previsti:

— la risoluzione di diritto, quando — prima della scadenza del termine stabilito per l'esecuzione della vendita — una delle parti abbia fatto l'offerta della propria prestazione e l'altra parte abbia lasciato scadere il termine di esecuzione senza adempiere;
— la vendita in danno, nel caso di adempimento del compratore; la compera in danno, nel caso di inadempimento del venditore;
— la rivendicazione del venditore diretta ad ottenere nuovamente il possesso delle cose vendute, se il prezzo non viene pagato.

3. VENDITE SOTTOPOSTE A CONDIZIONE

A) Vendita con patto di riscatto

Ricorre quando il venditore si riserva il diritto di riavere la proprietà della cosa alienata mediante la restituzione del prezzo (art. 1500).

L'istituto risponde all'esigenza di consentire al venditore di procurarsi denaro liquido, con possibilità di riavere il bene.

Autore : dott. Silvio Li Donni - www.lulu.com

I contratti per la circolazione dei beni   205

Il patto di riscatto è, sostanzialmente, una condizione risolutiva della vendita: il relativo diritto deve essere esercitato entro il termine massimo di due anni per i beni mobili e di cinque per gli immobili.

La vendita con patto di riscatto si distingue dal *patto di retrovendita* mediante il quale le parti si impegnano a compiere una nuova vendita in senso inverso.

B) Vendita con riserva di proprietà

È una forma particolare di vendita in cui le parti stabiliscono che il prezzo venga pagato frazionatamente (a rate) entro un certo tempo: la cosa viene consegnata subito, ma la proprietà passa al compratore solo dopo il pagamento dell'ultima rata del prezzo (art. 1523).

In effetti, l'effetto reale della vendita è sottoposto alla condizione sospensiva del pagamento, mentre gli altri effetti (consegna, godimento e rischio del perimento) si producono immediatamente.

Per tutelare il compratore contro patti vessatori, il legislatore ha dichiarato inefficace la clausola secondo cui il mancato pagamento di una sola rata dà luogo alla risoluzione, se la rata non supera l'ottava parte del prezzo.

4. PARTICOLARI FORME DI VENDITA

1. *Vendita con patto di prelazione*: il venditore si riserva la facoltà di ricomprare la cosa nell'ipotesi che il compratore decida di rivenderla, con preferenza, a parità di condizioni, rispetto agli altri eventuali acquirenti potenziali;
2. *Vendita con riserva di gradimento*: tale vendita non si perfeziona finché il gradimento non è comunicato al venditore. Essa presenta una certa affinità con l'opzione;
3. *Vendita a prova*: si tratta di vendita sottoposta alla condizione sospensiva che la cosa abbia le qualità pattuite o sia idonea all'uso cui è destinata; la prova va eseguita nei termini e con le modalità stabilite dalle parti;
4. *Vendita in massa*: le cose generiche o fungibili, offerte in blocco, costituiscono un bene individuato e, pertanto, la proprietà si trasferisce immediatamente;
5. *Vendita su documenti*: ricorre quando le merci non sono disponibili in loco. Pertanto, per eliminare eventuali rischi, si attribuisce funzione rappresentativa ai documenti, dimodoché la consegna degli stessi corrisponde alla consegna delle merci.

5. LA VENDITA DEI BENI DI CONSUMO

Attualmente la disciplina della materia è contenuta nel D.Lgs. 6-9-2005, n. 206 (*Codice del Consumo*).

Possono definirsi **beni di consumo** tutti i beni mobili, anche da assemblare, ad esclusione di:

1) beni oggetto di vendita forzata o venduti da autorità giudiziarie;
2) acqua e gas (a meno che non siano confezionati per la vendita in quantità o volume determinati);
3) energia elettrica.

Autore : dott. Silvio Li Donni - www.lulu.com

206   Capitolo Trentaquattresimo

In particolare, in caso di vendita di beni di consumo, il venditore ha l'*obbligo di consegnare al consumatore beni conformi al contratto di vendita* ed è *responsabile* nei confronti del consumatore stesso *per qualsiasi difetto di conformità* esistente al momento della consegna del bene.

Il consumatore **decade** dai diritti previsti dalle norme in esame se non *denuncia al venditore il difetto di conformità entro due mesi dalla scoperta* (ma la denuncia non è necessaria se il venditore ha riconosciuto l'esistenza del difetto o l'ha occultato).

Il venditore finale (responsabile verso il consumatore) ha **diritto di regresso** nei confronti del produttore o di un precedente venditore o intermediario cui sia imputabile il difetto di conformità.

Qualsiasi patto, anteriore alla comunicazione al venditore del difetto di conformità, finalizzato a limitare o escludere, i diritti riconosciuti dalla normativa in esame, è **nullo**. La nullità può essere fatta valere solo dal consumatore e può essere rilevata d'ufficio dal giudice.

6. IL CONTRATTO DI RIPORTO

Con il contratto di riporto una parte (riportato) trasferisce in proprietà ad un'altra (riportatore) titoli di credito di una data specie contro il pagamento di un prezzo; al tempo stesso il riportatore si obbliga a trasferire al riportato altrettanti titoli della stessa specie contro il rimborso del prezzo, che può essere anche aumentato o diminuito in una misura convenuta.

Il riporto serve a procurare temporaneamente denaro a chi possiede titoli e viceversa.

7. LA PERMUTA

È un contratto consensuale, con effetti reali, che si distingue dalla vendita, poiché, invece di realizzare lo scambio di una cosa contro prezzo, realizza lo scambio di cosa contro cosa, mobile o immobile; è, in sostanza, l'antico baratto. Se le due cose, oggetto dello scambio, hanno valore diverso e, per colmare la differenza, è versato un conguaglio, l'operazione si qualificherà egualmente come permuta, se le parti attribuiscono prevalente rilievo alla cosa.

8. IL CONTRATTO ESTIMATORIO

Si ha contratto estimatorio quando «una parte (*tradens*) consegna determinate cose mobili — stimate per un certo prezzo — all'altra (*accipiens*) e questa si obbliga a pagarne il prezzo di stima, ma ha la facoltà di liberarsi da tale obbligo, restituendo integra la cosa entro un termine stabilito (art. 1556).

Questo contratto trova larga applicazione per merci di prezzo assai elevato o soggette a variabili umori della clientela o di ampia diffusione e di rapida obsolescenza (es.: giornali, libri etc.).

Autore : dott. Silvio Li Donni - www.lulu.com

I contratti per la circolazione dei beni   207

Tale contratto consente:

— di ridurre il rischio, per il dettagliante, di giacenze in magazzino;

— di ridurre, altresì, il lucro del dettagliante, costituito dalla differenza tra prezzo stimato e prezzo incassato.

Va, infine, osservato che l'*accipiens* ha la disponibilità del bene e su di esso ricade il rischio di perimento, pur non essendone egli il proprietario.

9. IL CONTRATTO DI SOMMINISTRAZIONE

La somministrazione è il contratto con il quale una parte si obbliga, dietro corrispettivo di un prezzo, ad eseguire, a favore dell'altra, prestazioni periodiche (foraggio per una scuderia) o continuative (erogazione di energia elettrica) di cose.

Esso si distingue dalla vendita a consegne ripartite poiché questa ultima non ha ad oggetto più prestazioni ma un'unica prestazione da eseguirsi in più volte.

Il contratto di somministrazione avendo ad oggetto cose, si distingue anche dall'appalto che ha ad oggetto il compimento di un'opera o di un servizio.

L'entità della somministrazione si configura secondo il fabbisogno, se non risulta altrimenti. L'inadempimento di una delle parti non comporta di per sé risoluzione del contratto a meno che esso non sia tale da menomare la fiducia nell'esattezza dei successivi adempimenti.

10. CONTRATTI NEGOZIATI FUORI DALLE SEDI COMMERCIALI E VENDITE A DISTANZA

Gli obblighi derivanti dall'appartenenza dell'Italia alla Comunità Europea hanno indotto il legislatore ad intervenire a tutela del consumatore, introducendo una normativa specifica in tema di *vendite stipulate fuori dai locali commerciali,* di *vendite a distanza* e, più in generale, di *contratti conclusi dal consumatore.*

Il D.Lgs. 15 gennaio 1992, n. 50 aveva dato attuazione, nel nostro ordinamento, alla Direttiva CEE n. 85/577 in materia di **contratti negoziati fuori dei locali commerciali**, apprestando al consumatore un'efficace tutela con il riconoscimento della possibilità di disdire il contratto attraverso l'esercizio di uno «*jus poenitendi*». Successivamente questa normativa è stata recepita nel D.Lgs. 6-9-2005, n. 206 recante il *Codice del consumo.*

Le nuove norme si applicano ai *contratti tra un professionista ed un consumatore*, per la fornitura di beni o la prestazione di servizi, stipulati:

— durante la visita del professionista al domicilio del consumatore o di un altro consumatore ovvero sul posto di lavoro del consumatore o nei locali nei quali il consumatore si trovi, anche temporaneamente;

— durante un'escursione organizzata dal professionista al di fuori dei propri locali commerciali;

— in area pubblica o aperta al pubblico, mediante la sottoscrizione di una nota d'ordine, comunque denominata;

Autore : dott. Silvio Li Donni - www.lulu.com

208   Capitolo Trentaquattresimo

— per corrispondenza o, comunque, in base ad un catalogo che il consumatore ha avuto modo di consultare senza la presenza del professionista.

I contratti di **vendita a distanza** sono, invece, contratti aventi per oggetto beni o servizi stipulati tra un professionista e un consumatore nell'ambito di un sistema di vendita o di prestazione di servizi a distanza organizzato dal professionista che, per tale contratto, impiega esclusivamente una o più tecniche di comunicazione a distanza fino alla conclusione del contratto compresa.

11. IL FRANCHISING

Con l'emanazione della L. 6 maggio 2004, n. 129 il contratto di *franchising*, denominato **affiliazione commerciale**, ha assunto autonoma configurazione e disciplina, uscendo dal novero dei contratti atipici. Alla base della nuova normativa, vi è l'esigenza di approntare una maggiore tutela per l'affiliato (*franchisee*), che è la parte più debole del rapporto.

Si definisce *affiliazione commerciale* il «contratto tra due soggetti giuridici, economicamente e giuridicamente indipendenti, in base al quale, una parte concede all'altra la disponibilità, verso corrispettivo, di un insieme di diritti di proprietà industriale o intellettuale relativi a marchi, denominazioni commerciali, insegne, modelli di utilità, disegni, diritti d'autore, know-how, brevetti, assistenza o consulenza tecnica o commerciale, inserendo l'affiliato in un sistema costituito da una pluralità di affiliati distribuiti sul territorio, allo scopo di commercializzare determinati beni o servizi».

TERMINI

Consumatore: è tale il cittadino che si trovi nel ruolo di *acquirente* o *utilizzatore finale di beni e servizi.*

Le esigenze di tutela del consumatore si sono progressivamente imposte all'attenzione del legislatore in coincidenza con il delinearsi di un nuovo tipo di conflittualità, quella appunto tra il consumatore (o utente) e l'impresa, dovuto al rafforzamento di quest'ultima nell'ambito del moderno processo di industrializzazione, allo sviluppo frenetico della contrattazione di massa ed alle nuove vie aperte al commercio dalla crescente utilizzazione dei sistemi informatici.

In attuazione dei principi affermati nel Trattato CE e nella normativa comunitaria derivata, anche in Italia è stata progressivamente introdotta una legislazione per la tutela del consumatore: diverse norme, infatti hanno riconosciuto e garantito i diritti e gli interessi, individuali e collettivi, del consumatore, in specie, relativamente alla salute, qualità e sicurezza dei prodotti e dei servizi, rapporti con la pubblica amministrazione, informazione e pubblicità, ambiente, risparmio.

CAPITOLO TRENTACINQUESIMO

CONTRATTI DI LOCAZIONE E DI PRESTITO

1. LA LOCAZIONE

A) Definizione e caratteri

La **locazione** è il contratto mediante il quale una parte si obbliga a far godere all'altra una cosa, immobile o mobile, per un dato tempo, verso un determinato corrispettivo.

La locazione di cosa mobile si definisce *nolo* o *noleggio*. La locazione di cosa produttiva si definisce *affitto* (vedi infra par. 4).

La locazione si distingue per i seguenti caratteri:

— è un *contratto consensuale* e produce effetti obbligatori tra le parti: difatti, colui che prende in locazione un bene non diviene titolare di alcun diritto sul medesimo, bensì solo del diritto a godere del bene nei confronti del locatore, per un dato tempo e per un uso determinato;
— ha per oggetto *cose mobili* o *immobili*;
— è un *contratto sinallagmatico*;
— una *particolare forma* (atto pubblico o scrittura privata e trascrizione) è richiesta, a pena di nullità, solo per le locazioni immobiliari di durata superiore ai nove anni;
— deve essere rispettata, di regola, anche dall'acquirente del bene locato (*empio non tallit locatum*), purché il contratto di locazione abbia data certa anteriore all'alienazione dello stesso;
— *non può avere durata superiore ai 30 anni*: si riduce a tale tempo quello superiore convenuto tra le parti.

Si parla di **sublocazione** allorquando il conduttore subloca parte della cosa ad un terzo. L'art. 1595 concede al locatore un'azione diretta contro il subconduttore per soddisfare il suo credito sul prezzo della sublocazione non ancora versato al primo conduttore inadempiente.

B) Obblighi del locatore e del conduttore

Il locatore è obbligato:

— al *mantenimento della cosa in buon uso*, con l'obbligo delle riparazioni necessarie (quelle di piccola manutenzione sono a carico del conduttore);
— a *garantire il pacifico godimento del conduttore*, per l'ipotesi che un terzo pretenda di avere diritti sulla cosa.

Obblighi del conduttore sono:

— *prendere in consegna* la cosa e *servirsene per l'uso stabilito* con la diligenza del buon padre di famiglia;

Autore : dott. Silvio Li Donni - www.lulu.com

210   Capitolo Trentacinquesimo

— *corrispondere il canone stabilito*;
— *restituire la cosa nello stato in cui l'aveva ricevuta*, non tenendosi conto del deterioramento dovuto all'uso.

Quanto ai *miglioramenti* apportati dal conduttore, quest'ultimo ha diritto ad un'identità soltanto per quelli cui il locatore aveva consentito.

Quanto alle *addizioni*, se sono separabili il conduttore potrà esercitare il suo *ius tollendi* (diritto di asportazione), salvo che il locatore non eserciti il suo *ius retinendi* dietro pagamento di un indennizzo.

C) La locazione di immobili urbani

La legge del 27 luglio 1978, n. 392 (c.d. legge sull'equo canone) distingueva tra:

— locazione di *immobili destinati ad uso abitativo*: in relazione ad essa erano previsti una durata minima (4 anni), la determinazione del canone secondo criteri prefissati, la possibilità per il solo conduttore di recedere dal contratto con il preavviso di 6 mesi;
— *locazione di immobili destinati ad uso non abitativo*: in relazione ad essa era prevista la libera contrattazione fra le parti per la determinazione iniziale del canone locativo non modificabile per i primi 3 anni.

A modifica di tale regolamentazione è intervenuta la legge n. 359 del 1992 che ha previsto la graduale abolizione dell'equo canone, stabilendo:

— il *divieto di sublocazione totale dei beni locati ad uso abitativo* (la sublocazione parziale è, invece, ammessa, per gli immobili ad uso non abitativo); la *non applicabilità della legge 392/78* agli immobili di nuova costruzione adibiti ad uso abitativo;
— l'*ammissibilità*, per i contratti di locazione conclusi dopo l'entrata in vigore della legge 359/92, di *patti in deroga alle disposizioni della legge 392/78*, sempre che il proprietario rinunzi alla facoltà di disdire il contratto alla prima scadenza;
— la *proroga del contratto per altri due anni* nel caso di mancato accordo tra le parti, accordo che deve essere approvato anche dalle associazioni di categoria dei proprietari di casa e degl'inquilini.

2. L'AFFITTO

Si ha **affitto** quando la locazione ha per oggetto una *cosa mobile o immobile produttiva*. L'affittuario, dietro pagamento di un canone, deve curare la gestione della cosa in conformità alla sua destinazione economica e all'interesse della produzione.

L'affitto del fondo rustico (regolato dalla legge n. 203/1982, in misura prevalente) può essere a *coltivatore diretto* o a *conduttore non coltivatore*.

Per l'affitto a coltivatore diretto è prevista una durata minima di 15 anni; il canone è determinato secondo criteri prefissati; è vietato il subaffitto, in considerazione del carattere personale dell'accordo e infine è previsto un diritto di prelazione in caso di nuovo affitto.

3. IL LEASING

Si ha il **leasing** quando un imprenditore, avendo interesse all'utilizzazione di un bene (ad es.: un macchinario) che non può acquistare (preferendo impiegare i liquidi per ampliare la sua attività produttiva) lo prende in *locazione* da una società (che lo produce o se ne procura la proprietà) pagando un corrispettivo per il godimento, per un certo periodo di tempo, alla scadenza del quale, l'imprenditore potrà:

— *restituire il bene*;

— *proseguire nel godimento,* pagando un canone inferiore;

— *acquistare la proprietà del bene*, pagando una somma ulteriore (in genere, bassa): c.d. opzione di acquisto.

Si distingue tra:

— *leasing operativo*, nel quale il bene è concesso all'imprenditore dalla stessa società che lo produce: esso, soprattutto, garantisce all'imprenditore servizi di manutenzione del bene;

— *leasing finanziario*, nel quale il concedente acquista il bene dato in leasing: la sua finalità è quella di finanziare l'imprenditore consentendogli di utilizzare nella sua impresa denaro e bene altrui.

4. IL COMODATO

È una delle due forme giuridiche che assume il prestito. Esso è «il contratto col quale una parte (comodante) consegna all'altra (comodatario) una cosa mobile o immobile, affinché se ne serva per un tempo o per un uso determinato, con l'obbligo di restituire la stessa cosa ricevuta» (art. 1803, 1° comma).

In particolare, il comodato è un contratto:

— *reale*: si perfeziona, infatti, con la consegna della cosa;

— *obbligatorio*: il comodatario acquista solo un diritto personale e non vi è traslazione di proprietà della cosa data in uso;

— *gratuito*: se fosse stabilito un corrispettivo si configurerebbero altri contratti;

— *unilaterale*: esso implica la prestazione di una sola parte (restituzione della cosa da parte del comodatario).

Il comodatario ha diritto all'uso della cosa che deve conservare con la diligenza del buon padre di famiglia. Egli ha, altresì, l'obbligo di restituire la cosa alla scadenza del termine prestabilito.

Il comodato si definisce precario quando non è stato convenuto un termine, né esso risulta dall'uso cui la cosa era destinata.

5. IL MUTUO

Il **mutuo** è l'altra forma giuridica (accanto al comodato) che assume il prestito. Esso è «il contratto con il quale una parte (mutuante) consegna all'altra (mutuatario) una determinata quantità di danaro o di altre cose fungibili, e l'altra si obbliga a restituire altrettante cose della stessa specie e qualità» (art. 1813).

Autore : dott. Silvio Li Donni - www.lulu.com

212   Capitolo Trentacinquesimo

Il mutuo è, pertanto:

— un *contratto traslativo*: determina, infatti, il trasferimento della proprietà della cosa;
— *reale*: per il perfezionamento occorre la consegna della cosa al mutuatario.

Il codice regola, tuttavia, anche la *promessa di mutuo*: ciò induce taluno a considerare il mutuo come contratto consensuale.

— *oneroso*, se il mutuo ha ad oggetto il denaro (poiché comporta l'obbligo di corrispondere gli interessi sulla somma ricevuta); *gratuito*, se il mutuo ha ad oggetto altro bene fungibile;
— a *prestazioni corrispettive*, se il mutuo ha ad oggetto il denaro (poiché si considerano gli interessi come controprestazione), *contratto unilaterale* negli altri casi.

Il termine fissato, per la restituzione, nel contratto, si presume stipulato a favore di entrambi: se il mutuo è gratuito il termine si presume a favore del mutuatario.

TERMINI

Interessi: sono i *frutti civili* del denaro. Essi costituiscono il costo del denaro, in quanto rappresentano il corrispettivo del godimento di questo. Circa la *fonte*, si hanno interessi:
— *legali*: la cui fonte è nella legge. L'art. 1282 c.c. stabilisce che ogni credito di somme liquide ed esigibili produce interessi di pieno diritto e ciò perché il debitore, trattenendo presso sé le somme dovute (liquide ed esigibili), lucra quell'utile (rappresentato dai frutti) che spetterebbe al creditore se potesse impiegare le stesse somme. La facoltà di modificare la misura degli interessi legali è stata attribuita al Ministro del tesoro (ora Ministro dell'economia e delle finanze) dalla L. 662/1996;
— *convenzionali*: sono quelli previsti dalla volontà delle parti, le quali possono fissare, per iscritto, un tasso diverso da quello legale, che, tuttavia, deve essere stabilito dalle parti *per iscritto*. La pattuizione di interessi usurari rende *nulla* la relativa clausola e fa sì che gli interessi *non siano dovuti*.
In base alla *funzione*, si hanno interessi:
— *moratori* (art. 1224 c.c.), che conseguono ad un ritardo dell'adempimento. Si tratta di una *forma di risarcimento del danno* provocato al creditore per il mancato godimento, durante il periodo di ritardo, delle somme spettantegli. Essi sono dovuti dal giorno della *mora* e non escludono la risarcibilità del danno *ulteriore*, se il creditore riesca a provarlo;
— *corrispettivi* (artt. 1282, 1815 c.c.): sono dovuti per la sola esistenza di un credito in denaro liquido ed esigibile e costituiscono il prezzo dell'utilità conseguita da chi ha goduto il capitale;
— *compensativi* (artt. 1499 c.c.): sono quelli prodotti da un credito liquido, anche se non esigibile, e costituiscono il compenso per il godimento di una cosa fruttifera.

CAPITOLO TRENTASEIESIMO

I CONTRATTI PER L'ESECUZIONE DI SERVIZI

1. L'APPALTO

L'**appalto** «è il contratto con il quale una parte assume, con organizzazione dei mezzi necessari e con gestione a proprio rischio, il compimento di un'opera o di un servizio, verso corrispettivo in denaro» (art. 1655).

La caratteristica fondamentale del contratto è nel fatto che l'obbligo della prestazione viene assunto da una impresa che si avvale di una vasta organizzazione di mezzi.

Si tratta, altresì di un contratto in cui la prestazione del bene o del servizio si intende sempre come risultato il cui rischio è a carico dell'appaltatore.

L'appaltatore deve garantire l'opera da eventuali vizi e difformità: da tale responsabilità egli è, tuttavia liberato se il committente accetta l'opera.

La morte dell'appaltatore non è causa di scioglimento del contratto, salvo che la persona dell'appaltatore non sia stata determinante per la sua conclusione. Il committente può recedere, pagando le spese.

Il diritto dell'appaltatore al corrispettivo è subordinato all'accettazione dell'opera da parte del committente: l'appaltatore deve invitare quest'ultimo a collaudare lo stesso, per constatare se sia stata eseguita ad arte.

Il prezzo può essere stabilito globalmente oppure a misura.

L'appaltatore è responsabile, per dieci anni dalla costruzione, della rovina dell'edificio o di ogni altra opera a destinazione duratura.

2. IL CONTRATTO D'OPERA

Il **contratto d'opera** è quel contratto in forza del quale «una persona si obbliga a compiere, verso un corrispettivo, un'opera od un servizio, con lavoro prevalentemente proprio e senza vincolo di subordinazione nei confronti del committente» (art. 2222).

— *Differenze* —————————————————————————

Esso si distingue:

— dall'*appalto*: in esso, infatti, viene in rilievo, non già un'organizzazione di mezzi, bensì il lavoro diretto del soggetto che si impegna e dei suoi dipendenti;
— dalla *vendita*: in esso, infatti, si dà prevalenza, non già alla materia (come nella vendita) bensì al lavoro da eseguire.

L'esigenza di distinguere tra contratto d'opera e vendita si pone, peraltro, soltanto nel-
l'ipotesi che, il prestatore fornisca anche il materiale per l'esecuzione dell'opera: pertanto si ha contratto d'opera se è prevalente il lavoro, si ha vendita se è prevalente la materia;
— dal *contratto di lavoro subordinato*: in questo ultimo, il prestatore è inserito nell'organizzazione imprenditoriale con vincolo di subordinazione.
Anche dal contratto in esame, come dall'appalto, deriva un'obbligazione di risultato e
il rischio è a carico del prestatore d'opera.

3. IL MANDATO

Il **mandato** «è il contratto con il quale una parte (mandatario) si obbliga a compiere uno o più atti giuridici per conto dell'altra parte (mandante)» (art. 1703).
Oggetto del mandato è sempre il *compimento di atti giuridici.*

Il mandato può essere:

— **con rappresentanza**: in questa ipotesi, il mandatario agisce non solo per conto,
ma anche in nome del mandante. Il mandato è in tal caso collegato ad una *procura* (atto unilaterale con cui l'interessato investe il rappresentante di un potere),
per cui gli effetti dell'attività del mandatario si producono direttamente nella
sfera giuridica del mandante;
— **senza rappresentanza**: in questo caso, il mandatario agisce in nome proprio ed
assume gli obblighi e acquista i diritti derivanti dal negozio compiuto.

In particolare:
— per gli *immobili e per i beni mobili registrati*, il mandatario ne diviene proprietario,
ma ha l'obbligo di ritrasferirli al mandante mediante successivo negozio: in mancanza il mandante può ottenere una sentenza costitutiva *ex* art. 2932;
— per i *beni mobili*, si ritiene che il mandante possa rivendicarne la proprietà verso terzi
direttamente, salvo possesso in buona fede;

— **generale**, se concerne tutti gli atti di ordinaria amministrazione;
— **specifico**, se inerisce a specifici atti di ordinaria amministrazione;
— **congiuntivo**, ossia conferito a più persone, destinate ad agire congiuntamente;
— **disgiuntivo**, conferito a più mandatari i quali, tuttavia, possono agire separatamente;
— **collettivo**, conferito da più mandanti pei il compimento di un affare di interesse
comune.

Il mandato è un contratto *consensuale ed obbligatorio.* Solitamente è a *titolo
oneroso*: le parti, tuttavia, possono accordarsi per la sua gratuità.
In quest'ultima ipotesi, la responsabilità del mandatario, che deve agire con la
diligenza del buon padre di famiglia, è valutata con minor rigore.
L'atto che esorbita i limiti fissati nel mandato rimane a carico del mandatario,
salvo ratifica del mandante.

Il mandato si estingue per: *scadenza del termine, il compimento dell'affare, morte, inabilitazione ed interdizione del mandante o del mandatario, revoca del mandante* (salvo che sia
prevista una causa di irrevocabilità), *rinunzia del mandatario.*

Autore : dott. Silvio Li Donni - www.lulu.com

I contratti per l'esecuzione di servizi   215

4. LA COMMISSIONE

La **commissione** è il contratto che *ha per oggetto l'acquisto o la vendita di beni per conto del committente da parte del commissionario che agisce in nome proprio* (art. 1731). È, in sostanza, un'ipotesi di mandato senza rappresentanza inerente la compravendita.

Tale forma di contratto ha larga applicazione nell'ambito della distribuzione dei prodotti di grandi industrie che incaricano i commissionari di curare rapporti con la clientela.

Al commissionario è dovuta una provvigione, aumentata se egli garantisce al committente l'adempimento del terzo contraente (star del credere).

La disciplina di tale contratto è, in larga misura, quella del mandato senza rappresentanza.

5. IL CONTRATTO DI TRASPORTO

Il **contratto di trasporto** è quello mediante il quale *una parte* (vettore) *si obbliga, verso corrispettivo, a trasferire persone o cose da un luogo all'altro* (art. 1678).

Si distingue, pertanto, tra *trasporto di persone* e *trasporto di cose*.

Poche sono le disposizioni comuni ad entrambe le fattispecie e la disciplina è altresì differente a seconda che il trasporto debba attuarsi per via terra, oppure per via di acqua o di aria.

È regolato, altresì, il pubblico servizio di linea. Poiché si tratta di servizi esercitati in regime di monopolio (su concessione amministrativa) alle imprese è imposto l'obbligo legale di contrarre a parità di trattamento.

A) Il trasporto terrestre di persone

In tale forma di trasporto è specialmente regolata la *responsabilità del vettore*.

Egli è, infatti, responsabile, oltre che per l'inadempimento e il ritardo, anche per i sinistri che colpiscano la persona del viaggiatore e per la perdita o l'avaria delle cose che il viaggiatore porta con sé.

Si tratta di una *responsabilità contrattuale*: ne consegue che il danneggiato non deve fornire la prova della colpa del vettore il quale potrà liberarsi soltanto dimostrando di aver adottato tutte le necessarie misure di prevenzione.

Mentre le regole fin qui esposte valgono anche per il *trasporto gratuito* (l'obbligo del trasporto è assunto senza corrispettivo) non altrettanto deve dirsi per il *trasporto amichevole* (che è un rapporto di cortesia non obbligatorio poiché manca l'*animus obligandi*): in questa ultima ipotesi, potrà, pertanto, aversi soltanto responsabilità extracontrattuale e la prova del danno incomberà sul danneggiato.

B) Trasporto terrestre di cose

In tale forma di trasporto. particolare rilievo assumono i *documenti* che le parti si rilasciano. Si distingue tra:

— **lettera di vettura**: è rilasciata dal mittente al vettore su richiesta di quest'ultimo e contiene la descrizione ed elencazione delle cose trasportate;

Autore : dott. Silvio Li Donni - www.lulu.com

216   Capitolo Trentaseiesimo

— **duplicato della lettera di vettura** (o ricevuta di carico): è rilasciata dal vettore al mittente su richiesta di quest'ultimo e testimonia l'avvenuta consegna delle merci al vettore per il trasporto.

Entrambi questi documenti possono essere rilasciati all'ordine come titoli di credito causali.

Il vettore può liberarsi dalla responsabilità per l'avaria o la perdita delle cose trasportate solo provando che esse sono dovute a fatto a lui non imputabile, del quale deve fornire la prova positiva.

C) Trasporto marittimo ed aereo

Sono entrambi disciplinati dal codice della navigazione.

Anche in queste forme di trasporto vi sono dei documenti, rilasciati dal vettore al caricatore (mittente) che valgono come titoli rappresentativi della merce: si pensi alla *polizza di carico* (per il trasporto marittimo) e alla *lettera di trasporto aereo* (per il trasporto aereo).

Va, infine, precisato che, se il contratto ha per oggetto la nave come cosa, si avrà *contratto di locazione*: se il contratto ha ad oggetto la navigazione della nave che il danneggiato si impegna a fornire come risultato della sua attività imprenditoriale, si avrà *noleggio*.

6. IL CONTRATTO DI SPEDIZIONE

Esso è un *mandato senza rappresentanza con cui una parte* (spedizioniere) *assume l'obbligo di concludere, in nome proprio e per conto del mandante, un contratto di trasporto e di compiere tutte le operazioni necessarie* (art. 1737).

Tale contratto si distingue da quello di trasporto poiché lo spedizioniere non è egli stesso il vettore, ma ha l'obbligo di concludere, per conto del mittente, il contratto di trasporto con uno o più vettori.

7. IL CONTRATTO DI AGENZIA

«Con il **contratto di agenzia** una parte (agente) assume stabilmente l'incarico di promuovere, per conto dell'altra (preponente), verso retribuzione, la conclusione di contratti in una zona determinata» (art. 1742).

Caratteristiche essenziali del contratto sono:

— la *stabilità del rapporto*: l'agente è un ausiliario autonomo dell'imprenditore che, quando lavora per un'unica ditta, assume la qualifica di lavoratore parasubordinato (ad es.: all'agente si è dichiarato applicabile il nuovo rito del processo del lavoro);

— il *reciproco diritto di esclusiva*: per quel ramo di attività e per quella determinata zona, il preponente non può servirsi di altro agente e quest'ultimo non può assumere incarichi da altro preponente. L'agente ha diritto ad una provvigione per tutti gli affari conclusi nella sua zona di esclusiva.

Autore : dott. Silvio Li Donni - www.lulu.com

I contratti per l'esecuzione di servizi   217

8. LA MEDIAZIONE

È mediatore «colui che mette in relazione due o più parti per la conclusione di un affare senza essere legato ad alcuna di esse da rapporti di collaborazione, di dipendenza o di rappresentanza» (art. 1754).

Non è, inoltre, necessario che il mediatore agisca sulla base di un incarico: diritti ed obblighi nascono anche solo dal fatto che l'intermediario abbia efficientemente contribuito all'avvicinamento.

A seguito della legge 3-2-1989 n. 39, l'attività di mediazione può essere esercitata soltanto da coloro che sono iscritti in un apposito albo.

La **mediazione è** un *contratto unilaterale*: non vi è corrispondenza tra gli obblighi del mediatore e quelli dei contraenti che si avvalgono della sua attività.

Il diritto del mediatore alla provvigione è collegato alla conclusione dell'affare: alla corresponsione della stessa è tenuta ciascuna delle parti che sia entrata in rapporto con il mediatore, anche se l'incarico sia stato conferito da una soltanto di essa.

Se il contratto è nullo il mediatore non ha diritto alla provvigione.

Il mediatore risponde in proprio quando ha dato garanzia oppure quando ha taciuto il nome di uno dei contraenti.

9. IL CONTRATTO DI DEPOSITO

Il **deposito** è «il contratto con il quale una parte (depositario) riceve dall'altra (depositante) una cosa mobile, con l'obbligo di custodirla e di restituirla in natura» (art. 1766).

Dal deposito sorge l'**obbligo principale di custodire per restituire**. Va precisato che, a norma dell'art. 1177, «l'obbligazione di consegnare, una cosa determinata include quella di custodirla fino alla consegna»: tale obbligo, generalmente accessorio, soltanto nel deposito è principale.

Il deposito è un contratto:

— **reale**: si perfeziona solo con la consegna della cosa al depositario;
— **gratuito**, salvo che non risulti diversamente dalla volontà delle parti o dalla qualità del depositario;
— **unilaterale**: anche quando fosse fissato un compenso, la sua corresponsione costituirebbe, comunque, un'obbligazione accessoria.

Il depositante deve custodire la cosa con la *diligenza del buon padre di famiglia* e deve restituire la cosa (della quale non può servirsi) in ogni momento in cui il depositante lo richieda.

Il deposito si definisce **irregolare** quando ha per oggetto una quantità di denaro o di altre cose fungibili delle quali viene concessa al depositario la facoltà di servirsi.

In questo caso il depositario acquista la proprietà delle cose e, quindi, può liberamente disporne, essendo tenuto a restituire solo il *tantundem eiusdem generis et qualitatis*.

Autore : dott. Silvio Li Donni - www.lulu.com

218   Capitolo Trentaseiesimo

Costituiscono forme speciali di deposito:

A) Il deposito alberghiero

In tale forma di deposito si distinguono due ipotesi:

— quella in cui i clienti consegnano le cose con finalità di custodia: l'albergatore è responsabile secondo le regole del deposito volontario;

— quella in cui il cliente non consegni la cosa: l'albergatore ha una responsabilità fissata entro un limite massimo (cento volte il prezzo giornaliero di alloggio) salvo che la perdita o il deterioramento dipenda da colpa sua o dei suoi dipendenti.

L'albergatore è naturalmente esonerato se prova che la perdita o il deterioramento sono dovuti a colpa grave del cliente o dei suoi accompagnatori.

B) Il deposito nei magazzini generali

Molto diffuso è il c.d. *deposito nei magazzini generali*, edifici attrezzati per la conservazione di merci, anche deperibili, in attesa che siano messe in circolazione.

A richiesta del depositante, possono essere rilasciati due titoli rappresentativi della merce:

— la **fede di deposito**: è un titolo di credito causale, trasferibile mediante girata, che quando è unito alla nota di pegno, legittima il portatore ad avere consegnata la merce depositata;

— la **nota di pegno**: è un titolo rappresentativo causale che, unitamente alla fede di deposito, come detto, legittima alla riconsegna della merce; da solo, attribuisce al possessore un diritto di pegno sulle cose.

10. IL SEQUESTRO CONVENZIONALE

È un *contratto di natura reale* con il quale due o più persone affidano ad un terzo (sequestratario) una cosa od una pluralità di cose rispetto alla quale sia nata tra loro una controversia circa la proprietà o il possesso, perché venga custodita e restituita a colui che risulterà vincitore.

TERMINI

Procura: è il *negozio* col quale *una persona conferisce ad un'altra il potere di rappresentarla*. È un *atto a rilevanza esterna*, perché incide sui rapporti esterni tra il rappresentato ed i terzi: il rappresentante, infatti, acquista il potere di impegnare direttamente il rappresentato con i terzi coi quali viene in contatto.

La procura deve essere conferita con la *stessa forma prescritta dalla legge per il negozio che il rappresentante deve concludere* (così, ad esempio, la procura per la vendita di un immobile richiede necessariamente la forma scritta *ex* art. 1392 c.c.).

CAPITOLO TRENTASETTESIMO

I CONTRATTI ALEATORI

1. IL CONTRATTO DI RENDITA

Occorre distinguere tra contratto di rendita perpetua e contratto di rendita vitalizia: soltanto quest'ultimo è un contratto aleatorio, ma ragioni di connessione ne suggeriscono una trattazione congiunta.

Con il **contratto di rendita perpetua** una parte, in cambio dell'alienazione di un immobile (*rendita fondiaria*) o della cessione di un capitale (*rendita semplice*), conferisce all'altra parte (l'alienante o la persona da lui designata), il diritto di esigere in perpetuo la prestazione periodica di una somma di denaro o di una quantità di cose fungibili.
Il debitore può liberarsi mediante riscatto.

Il **contratto di rendita vitalizia** è un contratto aleatorio poiché dipende dalla incerta durata della vita: per effetto di tale contratto la prestazione va eseguita per tutta la durata della vita del beneficiario o di altra persona. Non è ammesso il riscatto. Il contratto è nullo se manca l'alea.

La rendita può essere costituita anche mediante donazione o testamento: in quest'ultima ipotesi si distingue dall'usufrutto, godendo il beneficiario della rendita di una somma fissa anziché variabile.

2. IL CONTRATTO DI ASSICURAZIONE

A) Nozione

L'**assicurazione** è «il contratto col quale l'assicuratore, verso pagamento di un premio, si obbliga a rivalere l'assicurato, entro i limiti convenuti, del danno ad esso prodotto da un sinistro (assicurazione contro i danni) ovvero a pagare un capitale o una rendita al verificarsi di un evento attinente alla vita umana (assicurazione sulla vita)» (art. 1882).

Il contratto in parola è *aleatorio e consensuale*. L'art. 1883 prescrive, altresì, che l'impresa di assicurazione non può essere esercitata che da un istituto di diritto pubblico o da una società per azioni. Ciò per un duplice ordine di ragioni:
1. facilitare il controllo sull'attività assicurativa da parte dell'apposito istituto (ISVAP);
2. consentire lo sviluppo dell'attività assicurativa, attraverso la ripartizione del rischio fra il numero più ampio possibile di soggetti.

Autore : dott. Silvio Li Donni - www.lulu.com

220   Capitolo Trentasettesimo

Elementi essenziali del contratto sono:

— il **rischio**: se esso è inesistente il contratto è nullo; la reticenza dolosa o colposa dell'assicurato sulle circostanze del rischio determina l'annullamento, il recesso o la ratifica; la sua cessazione è causa di scioglimento del contratto;
— il **premio**: è la somma dovuta dall'assicurato all'assicuratore; se non viene pagato alle scadenze previste, l'assicurazione è sospesa;
— **la polizza**: è il documento, predisposto dall'assicuratore, di prova del contratto di assicurazione.

B) L'assicurazione contro i danni

L'assicurazione contro i danni copre i rischi cui sono esposti i beni o, più in generale, i diritti patrimoniali dell'assicurato.

Tale ramo assicurativo è dominato dal **principio indennitario**: l'indennizzo dovuto dall'assicuratore non può mai superare l'entità del danno sofferto dall'assicurato.

È frequente che l'assicurazione sia stipulata per una somma minore del valore reale della cosa assicurata: in tal caso, si applicherà il principio proporzionale, in virtù del quale, in caso di danno, l'assicurazione risarcirà il danno in proporzione al valore assicurato.

L'assicurato deve dare notizia del sinistro all'assicurazione entro 3 giorni dall'accadimento e deve attivarsi per ridurne le conseguenze.

Di particolare rilievo è la surrogazione riconosciuta all'assicuratore, che abbia pagato, nelle ragioni dell'assicurato verso i terzi responsabili.

C) L'assicurazione obbligatoria della responsabilità civile

Per talune fattispecie, di grande incidenza sociale, la legge impone la stipulazione di contratti di assicurazione. L'ambito di più significativa applicazione è quello della **responsabilità automobilistica**: la legge 24 dicembre 1969, n. 990 (ora recepita nel D.Lgs. 6-9-2005, n. 209, *Codice delle assicurazioni private*) ha reso obbligatoria l'assicurazione contro i danni derivanti dalla circolazione dei veicoli a motore o dei natanti.

L'assicurazione copre i danni causati alle persone trasportate, anche stretti congiunti, ma non al conducente.

Nel caso in cui il sinistro sia causato da un veicolo o natante non identificato o non assicurato, il danno è coperto da un apposito «Fondo di garanzia per vittime della strada» istituito dalla sopracitata legge.

D) L'assicurazione sulla vita

Tale forma di assicurazione è, invece, dominata da un **principio di previdenzialità**: l'ammontare della somma è rimesso all'assicurato cioè dipende dai premi che egli è disposto a versare.

Contraente, assicurato e beneficiario possono essere persone diverse: di TRABUCCHI è l'esempio del soggetto, contraente, che stipula il contratto per il caso di morte di un amico, assicurato, a beneficio dei suoi figli.

Autore : dott. Silvio Li Donni - www.lulu.com

I contratti aleatori   221

Per evitare che l'assicurazione sulla vita a favore di un terzo beneficiario costituisca incentivo all'omicidio, è necessario il consenso della persona sulla cui vita l'obbligazione è stipulata.

Si può stipulare un'assicurazione, a vantaggio di terzi, per l'ipotesi della propria morte, o, a vantaggio di se stesso (come rendita) per l'ipotesi di sopravvivenza ad una certa data.

TERMINI

Alea: genericamente l'alea indica il *rischio inerente ad ogni operazione negoziale*, relativo alle variazioni di costi e valori delle prestazioni.

Di regola, essa ricade su ciascuno dei contraenti quando non supera i limiti della normalità (cd. alea normale).

Diversamente, il superamento dei limiti dell'alea normale rende la prestazione *eccessivamente onerosa*: in tal caso la parte che vi è tenuta può invocare il rimedio della *risoluzione per eccessiva onerosità*.

In taluni casi, però, l'alea è assunta come *causa* del negozio, per cui il *contratto* diviene *aleatorio*.

Nel *contratto aleatorio* (es.: contratto di *assicurazione*), l'entità delle reciproche prestazioni dipende da fattori casuali, verificandosi una *incertezza totale o parziale* di una o di entrambe le prestazioni.

Ne consegue che nei contratti aleatori è *precluso il rimedio dell'eccessiva onerosità*, sempreché quest'ultima rientri nel rischio assunto dalla parte.

Contratti aleatori: sono quelli in cui, l'entità o l'esistenza della prestazione o della controprestazione è collegata ad un elemento incerto, e nei quali, pertanto, il rischio contrattuale (cd. *alea*) è più ampio ed assume rilevanza causale. Esempi: *contratto di assicurazione, gioco, scommessa, vendita di cose future*.

Contratti commutativi: in tali contratti, fin dal momento della conclusione, ciascuna delle parti conosce l'*entità del vantaggio e del sacrificio* che riceverà dal contratto commutativo (es.: vendita, nella quale il venditore sa che si spoglierà del bene e che in cambio riceverà una certa somma di danaro).

CAPITOLO TRENTOTTESIMO

I CONTRATTI DI BANCA, DI BORSA E DI CONTO CORRENTE

1. LE OPERAZIONI BANCARIE: DEFINIZIONE E CLASSIFICAZIONI

L'**attività bancaria**, di intermediazione del credito, può essere esercitata solo da enti pubblici, da casse di risparmio o da enti costituiti in società per azioni, ed è sottoposta all'autorizzazione alla vigilanza della Banca d'Italia.

Le operazioni bancarie possono essere:

— *passive*: mediante le stesse, le banche si procurano capitali, divenendo debitrici dei soggetti da cui li ricevono;

— *attive*: mediante le stesse, le banche concedono prestiti divenendo creditrici dei soggetti richiedenti;

— *accessorie*: mediante le stesse, le banche forniscono servizi.

2. Segue: LE OPERAZIONI PASSIVE

A) I depositi bancari in denaro

Con tale operazione un soggetto deposita una somma presso la banca, che ne acquista la proprietà, restando obbligata a restituire il *tantundem* alla scadenza del termine o a richiesta del depositante.

Tale deposito può, pertanto, essere:

— *libero*: la somma deve essere restituita a richiesta del depositante;

— *vincolato*: la somma deve essere restituita ala scadenza fissata.

L'operazione è disciplinata, in mancanza di norme speciali, dalle norme sul mutuo.

Le operazioni di deposito sono, di regola, annotate su un *libretto*, detto di **conto corrente** o di **risparmio**.

Tale libretto può essere:

— *al portatore*: in tal caso, colui che possiede il libretto può richiedere il pagamento;

— *nominativo*: in tal caso, solo il soggetto cui è intestato può compiere tutte le operazioni.

Autore : dott. Silvio Li Donni - www.lulu.com

I contratti di banca, di borsa e di conto corrente   223

B) Il risconto

Si ha tale figura quando una banca, dopo aver anticipato l'importo di un credito ad un cliente mediante lo sconto (vedi infra par. 3), avendo anch'essa esigenza di liquido, sconta il credito presso un'altra banca.

3. Segue: LE OPERAZIONI ATTIVE

A) L'apertura di credito

Con tale contratto, una banca si obbliga a tenere a disposizione dell'altra parte una somma di denaro, per un certo periodo di tempo anche a tempo indeterminato. Esso è un contratto, *consensuale, oneroso, unilaterale*. Può essere:

— allo *scoperto*: la restituzione della somma utilizzata è assicurata esclusivamente dal patrimonio dell'accreditato;

— *garantita*: la concessione di credito è subordinata al rilascio di garanzie reali o personali;

— in *conto corrente*: l'accreditato può utilizzare più volte il credito e, con successivi versamenti ripristinare la disponibilità per utilizzarla nuovamente.

B) L'anticipazione bancaria

Si tratta di una sottospecie di apertura di credito garantita, in cui la garanzia è costituita da pegno di titoli di credito o di merci.

C) Lo sconto

Tale operazione evidenzia la funzione d'incentivo al commercio operata dalle banche.

Poiché il titolare di un credito non scaduto può avere esigenze di capitalizzazione anticipata dello stesso, può ottenere da una banca (scontatrice) l'anticipazione dell'importo: la banca riceverà in cessione il credito trattenendo dalla somma anticipata gli interessi, secondo un certo saggio (c.d. *tasso di sconto*).

La cessione ha luogo *salvo buon fine*: qualora, cioè il debitore non paghi, la banca può agire contro lo scontatario, per la restituzione della somma.

4. Segue: LE OPERAZIONI ACCESSORIE

A) Deposito regolare

Si ha **deposito regolare** quando un soggetto deposita presso la banca, ai fini di custodia, cose di pregio (delle quali conserva la proprietà), versando alla stessa un compenso per il servizio e le spese sostenute.

Esso può essere:

— *chiuso*: viene consegnato un involucro da restituire nella sua integrità;

— *aperto*: si consegnano oggetti da restituire nella loro individualità.

Oggetto di deposito possono essere titoli in amministrazione in tal caso, la banca fornisce, oltre alla custodia, anche ulteriori servizi.

Autore : dott. Silvio Li Donni - www.lulu.com

224   Capitolo Trentottesimo

B) Deposito nelle cassette di sicurezza

È il servizio bancario attraverso il quale si mette a disposizione del cliente una cassetta, posta in locali blindati, nella quale il cliente può custodire tutte le cose che vuole.

L'apertura della cassetta può avvenire soltanto alla presenza di un rappresentante della banca e del cliente, ciascuno in possesso di una delle due chiavi della stessa.

La banca è tenuta a garantire l'*idoneità dei locali* e l'*integrità della cassetta*, salvo caso fortuito.

I più intestatari hanno diritto di procedere separatamente all'apertura.

Nel caso di morte dell'intestatario, la banca potrà procedere all'apertura della cassetta soltanto con il consenso di tutti gli aventi diritto.

5. IL CREDITO AGRARIO

Particolari facilitazioni sono previste nell'ambito dell'attività bancaria di credito agricolo, concretantesi in speciali tassi di favore.

Il credito agrario si distingue in:

— *credito agrario di esercizio*: esso è finalizzato a garantire all'agricoltura i fondi necessari alla gestione delle aziende;
— *credito agrario di miglioramento*: esso è finalizzato al finanziamento di sperimentazioni allo scopo di perfezionamento del fondo.

Il prestito è concesso a mezzo di cambiale agraria.

6. IL CONTRATTO DI CONTO CORRENTE

Tale contratto ricorre, tipicamente, tra soggetti legati da continui rapporti di affari, da cui derivano debiti e crediti suscettibili di compensazione.

Difatti, mediante il contratto di conto corrente, le parti si obbligano reciprocamente ad annotare in un conto i crediti derivanti da reciproche rimesse, considerandoli inesigibili ed indisponibili fino alla chiusura del conto stesso: esso è, pertanto, uno strumento di razionalizzazione dei rapporti.

Le *rimesse* sono operazioni da cui sorge un credito pecuniario da annotare.

Il contratto di conto corrente determina:

— l'*obbligo*, per ciascuna delle parti, di *inserire nel conto le rimesse ricevute*;
— l'*inesigibilità dei crediti* fintantoché il conto rimane aperto;
— *esigibilità del saldo*, risultante dalla compensazione, a chiusura del conto.

7. IL CONTO CORRENTE BANCARIO

È necessaria una precisazione preliminare: il conto corrente bancario, qui in esame, va distinto dalle molte operazioni bancarie, attive e passive che, pure, possono essere compiute in conto corrente, ossia con possibilità di modificare il credito con versamenti e prelievi.

Il **conto corrente bancario** è il contratto con il quale la banca assume l'incarico di compiere una serie di operazioni di cassa (di pagamento e di riscossione, su ordine del cliente).

Autore : dott. Silvio Li Donni - www.lulu.com

I contratti di banca, di borsa e di conto corrente   225

Esso presuppone un *mandato* del cliente alla banca e la creazione di una disponibilità presso la stessa.

Il conto corrente bancario si distingue dal contratto di conto corrente per il fatto che le somme non sono, come in quest'ultimo, inesigibili ed indisponibili.

8. I CONTRATTI DI BORSA

Il codice civile non contiene una disciplina specifica dei c.d. *contratti di borsa,* né provvede alla individuazione degli stessi.

La denominazione viene riferita, pertanto, ad alcuni contratti — formati attraverso la pratica delle *borse* ed originariamente regolati solo dagli *usi di borsa* — inquadrabili nello schema generale della compravendita.

Tali contratti si definiscono:

— *a mercato fermo*, allorquando i contraenti si obbligano ad eseguirli secondo il contenuto stabilito al momento della conclusione (c.d. contratti *con impegni definitivi*);

— *a mercato libero*, allorquando un contraente versa all'altro una somma (*premio*) ed acquista il diritto di variare il contenuto del contratto o di sciogliersi da esso (c.d. contratti *con impegni non definitivi, o a premio*).

Una delle particolarità dei contratti di Borsa è la *standardizzazione*: i contratti in cui si sostanziano le negoziazioni in Borsa sono, infatti, previamente individuati e ammessi dalla Consob.

Gli effetti del nuovo assetto organizzativo della Borsa valori, e dei mercati in genere, hanno, inoltre, prodotto trasformazioni riguardanti sia gli schemi contrattuali, che la dinamica della formazione del negozio.

In particolare l'introduzione della liquidazione a contante ha comportato l'inevitabile eliminazione dei contratti "a termine fermo" e ha influenzato la disciplina dei riporti e dei contratti a premio. Le maggiori trasformazioni si hanno, comunque, per quanto concerne la dinamica della formazione del negozio.

Attraverso l'introduzione delle tecnologie informatiche e telematiche il perfezionamento del contratto si attua attraverso il cosiddetto "*matching*" (incrocio) automatico da parte del sistema centrale delle proposte di negoziazione immesse dagli intermediari nel sistema.

Il luogo di perfezionamento del contratto, concluso in via telematica, deve considerarsi quello in cui è collocato l'apparato che gestisce le negoziazioni.

CAPITOLO TRENTANOVESIMO

I CONTRATTI DIRETTI A DIRIMERE LE CONTROVERSIE

1. LA TRANSAZIONE

La composizione extragiudiziale del potenziale o attuale conflitto tra parti può avvenire:

— mediante il **riconoscimento** che una parte faccia della pretesa della controparte;

— mediante **arbitrato** (vedi infra par. 2); in tal caso, si parla di eterocomposizione in quanto deferita a terzi arbitri;

— mediante **transazione**: è questo «il contratto col quale le parti, facendosi reciproche concessioni, pongono fine a una lite già incominciata o prevengono una lite che può sorgere tra loro» (art. 1965). Elemento essenziale alla transazione è uno stato di incertezza soggettiva.

Mediante le reciproche concessioni le parti possono:

— *incidere sul rapporto che è oggetto della lite* (transazione non novativa);

— *costituire nuovi rapporti* (transazione novativa);

— *modificare o estinguere rapporti preesistenti* (transazione mista).

Oggetto di transazione possono essere diritti patrimoniali di qualsiasi natura e le conseguenze economiche di diritti attinenti allo stato delle persone, purché si tratti di diritti disponibili.

Sono invalide, altresì, le transazioni che hanno ad oggetto diritti del prestatore di lavoro derivanti da disposizioni di legge inderogabili o da contratti collettivi: l'impugnazione deve essere proposta, a pena di decadenza, entro 6 mesi dalla cessazione del rapporto di lavoro.

2. IL COMPROMESSO

Abbiamo accennato che l'eterocomposizione dell'attuale o potenziale conflitto tra parti si realizza attraverso il deferimento della controversia ad arbitri: si parla, in tal caso, di **compromesso**. Esso presuppone la rinuncia delle parti a ricorrere all'autorità giudiziaria, determina l'oggetto della controversia e contiene la nomina degli arbitri o l'indicazione dei criteri di nomina e del numero degli arbitri.

La decisione degli arbitri (che giudicano secondo diritto o, se autorizzati dalle parti, secondo equità) si definisce *lodo*: essa va depositata nella cancelleria della pretura e viene dichiarata esecutiva con decreto del pretore.

Si definisce **clausola compromissoria** il patto, aggiunto ad un contratto, che stabilisce il deferimento di eventuali future controversie ad arbitri.

CAPITOLO QUARANTESIMO

LE SUCCESSIONI PER CAUSA DI MORTE

1. CONCETTO DI SUCCESSIONE

In generale, si ha «**successione**» in un rapporto giuridico quando questo, pur restando inalterato nei suoi elementi oggettivi, viene trasmesso da un soggetto ad un altro. La successione comporta pertanto il *subingresso di un soggetto ad un altro nella titolarità di uno o più rapporti giuridici.*

In particolare, si ha successione *mortis causa* cioè a causa di morte, quando la successione trova la sua causa, nonché il suo presupposto essenziale, nella morte del soggetto dante causa.

Il principio fondamentale è che con la morte, i diritti patrimoniali di una persona si trasmettono ad altri soggetti. Costoro possono essere designati o dal titolare del patrimonio (detto «de cuius» cioè *is de cuius successione agitur*) mediante testamento, o dalla legge.

2. FONDAMENTO

La successione *mortis causa* costituisce uno dei modi di acquisto a titolo derivativo di diritti patrimoniali ed ha scopo e funzione giuridica che attengono soprattutto al diritto patrimoniale.

Essa realizza il primario obiettivo di assicurare una *continuità* fra il *de cuius* e il suo successore, evitando così le conseguenze che deriverebbero dall'estinzione automatica, ad esempio, dei rapporti obbligatori (con gravi danni per i creditori e ingiustificate cause di arricchimento).

La successione soddisfa poi l'esigenza di *certezza del diritto*: tecnicamente, infatti, si ha una *devoluzione* di diritti e di rapporti a determinati soggetti (per volontà del defunto o per legge), così da evitare i rischi che graverebbero sull'ordine sociale ed economico per l'esistenza di patrimoni senza titolare.

3. L'OGGETTO DELLA SUCCESSIONE

Può dirsi che sono oggetto di successione *mortis causa* tutti i rapporti giuridici reali e personali, sia nel lato attivo che passivo, che si trovano nel patrimonio del defunto al momento della morte.

Autore : dott. Silvio Li Donni - www.lulu.com

228   Capitolo Quarantesimo

È ovvio che non sono oggetto di successione tutte quelle situazioni giuridiche che si estinguono con la morte del titolare e cioè:

— *i diritti della personalità* ed i *diritti derivanti da rapporti familiari* (matrimonio, potestà genitoria etc.);
— tra i *diritti reali*, l'*usufrutto*, l'*uso* e l'*abitazione*;
— tra i diritti personali, il *diritto* e l'*obbligo agli alimenti* e tutti i rapporti giuridici costituiti «intuitu personae» come il contratto di appalto, di mandato, di lavoro etc.

Vi sono poi rapporti che, pur essendo trasmissibili, esulano dalle norme generali sulle successioni legittime o testamentarie (cd. *forme di successione anomala*). Esempi ne sono:

— il rapporto di locazione abitativa che si trasmette solo a favore dei congiunti conviventi (art. 6 L. 392/1978);
— l'indennità di fine rapporto che si trasmette a persone che non sempre coincidono con gli effettivi eredi del *de cuius* (art. 2122);
— il caso del coniuge divorziato che versi in stato di bisogno, cui la legge (L. 1/8/78 n. 436) attribuisce il diritto ad un assegno alimentare a carico dell'eredità (ricordiamo che il coniuge divorziato perde i diritti successori).

4. APERTURA DELLA SUCCESSIONE

L'apertura della successione segna il momento in cui il patrimonio del defunto rimane privo del titolare. Essa avviene al **momento della morte** del *de cuius* e nel **luogo** in cui il defunto aveva l'ultimo domicilio (e non già nel luogo in cui è avvenuta la morte).

La morte (sia accertata nei modi consueti che indiziariamente con la dichiarazione di morte presunta) costituisce pertanto l'evento fondamentale che dà luogo all'apertura della successione.

Altro presupposto essenziale dell'apertura della successione è la sopravvivenza del chiamato.

Aperta la successione, vi è la necessità di valutare in primo luogo quale sia il *titolo* (legge o testamento) in base al quale avverrà la successione. È questa la **vocazione** cioè la chiamata all'eredità, il titolo in base al quale si succede; è la designazione di colui che dovrà succedere.

Una volta individuato il titolo della successione, è poi possibile individuare i singoli chiamati all'eredità coloro cioè che hanno diritto ad accettare l'eredità e così a divenire eredi. Questa è la **delazione** ossia l'attribuzione (offerta) in favore del chiamato, del diritto a succedere sul fondamento della vocazione.

La differenza tra vocazione e delazione (che generalmente coincidono temporalmente) si vede bene nella successione del concepito (art. 462): la *vocazione*, ossia la chiamata, si ha al momento dell'apertura della successione, mentre la *delazione* si avrà solo al momento della nascita, ossia dell'acquisto della capacità a succedere da parte del chiamato.

Autore : dott. Silvio Li Donni - www.lulu.com

Le successioni per causa di morte

229

5. VOCAZIONE LEGITTIMA E TESTAMENTARIA

La vocazione può aversi solo (art. 457):

— per **testamento**, ossia per atto di volontà del *de cuius*, il quale dispone delle proprie sostanze per il tempo in cui avrà cessato di vivere (successione testamentaria);

— per **legge** (successione legittima o *ab intestato*), ossia quando mancando il testamento, l'eredità è devoluta ai soggetti indicati dalla legge (coniuge e parenti entro il sesto grado).

Il nostro sistema testamentario è previsto in modo completo, nel senso che non manca mai un successore: se non vi aspirino parenti entro il sesto grado, la successione si deferisce allo Stato.

Si noti che queste due forme di vocazione possono anche coesistere: quando il testamento contiene solo parziali disposizioni circa i beni del defunto, il restante patrimonio viene devoluto ai successori indicati dalla legge.

La volontà del testatore prevale così sulla legge (se cioè vi è testamento non si applicano le norme sulla successione legittima), ma è comunque sottoposta a dei limiti:

— devono essere rispettati i **diritti dei legittimari**, ossia dei più stretti congiunti ai quali deve essere sempre garantita una quota del patrimonio ereditario;

— sono nulli i **patti successori** (v. però par. 7) ossia gli accordi tra vivi aventi ad oggetto una eredità non ancora aperta.

6. SUCCESSIONE A TITOLO UNIVERSALE ED A TITOLO PARTICOLA-RE

Si ha **successione a titolo universale** (**eredità**) quando un soggetto (*erede*) succede indistintamente *nell'universalità o in una quota di beni* (patrimonio ereditario) *da solo o in concorso con altre persone*.

Si intende per *universalità di beni* il patrimonio ereditario considerato come unità astratta ed ideate di tutti quanti i rapporti giuridici attivi e passivi, di cui era titolare il defunto.

Si ha, invece, **successione a titolo particolare** (**legato**) quando un soggetto (*legatario*) succede in uno o più determinati diritti reali o in uno o più rapporti determinati, che non vengono considerati come quota dell'intero patrimonio.

Si intende per **quota** una parte ideale ed astratta o, più precisamente, una frazione aritmetica dell'universalità del patrimonio.

Si deve pertanto considerare erede che succede sia nella universalità del patrimonio, che in una frazione di esso (es.: chi succede in un terzo, in un centesimo etc. del patrimonio). Per le norme vigenti che regolano la successione testamentaria non si tengono in nessun conto le espressioni atecnicamente usate dal testatore, ma risulta decisiva la effettiva istituzione nella universalità o in una quota dei beni (eredità) oppure la specifica attribuzione di uno o più rapporti determinati (legato).

Non sempre, però, nel caso in cui il testatore abbia assegnato un solo bene o un determinato gruppo di beni ad un soggetto, si è in presenza di un legato: se, infatti, tale attribuzione è stata intesa dalla volontà del testatore (che dovrà essere interpretata sulla base del testamento

Autore : dott. Silvio Li Donni - www.lulu.com

230   Capitolo Quarantesimo

nel suo complesso) come attribuzione di una quota, si tratterà di eredità e non di legato (**institutio ex re certa**).

Esempio: se nel patrimonio del testatore vi è un solo bene immobile ed il restante patrimonio è costituito da oggetti di poco valore, l'assegnazione di questo bene ad un soggetto determinato dovrà configurarsi come designazione di erede, e non di legatario.

Il fatto che vi sia successione a titolo universale, cioè eredità, porta come principale conseguenza il fatto che in caso di accettazione dell'eredità (a meno che sia stata fatta con beneficio d'inventario) si verificherà la *confusione* tra il patrimonio dell'erede con quello del defunto. Ciò comporta che nel caso esistano obbligazioni dell'eredità, l'erede ne risponderà anche con il suo patrimonio ed anche nel caso in cui (*damnosa hereditas*) il passivo superi l'attivo ereditario.

Tutto ciò non si verifica nella successione a titolo particolare, perché in essa il legatario acquista il solo diritto a ricevere i singoli beni per i quali è stato istituito. Non si attua, in questo caso, confusione tra i due patrimoni, il legatario non risponde dei debiti ereditari.

7. IL DIVIETO DEI PATTI SUCCESSORI E IL PATTO DI FAMIGLIA

Nel nostro ordinamento, come si è detto, la vocazione può aversi per legge (successione legittima) o per testamento (successione testamentaria).

È esclusa, pertanto (ad eccezione del *patto di famiglia*: v. *infra*), la validità dei cc.dd. *patti successori*, cioè di patti con i quali la persona:

a) si vincoli a disporre dei propri beni, in vista della morte, a favore dell'uno o dell'altro successibile (*patti costitutivi*): ad esempio, Tizio s'impegna con Caio a lasciargli in eredità i propri beni;

b) disponga di diritti che eventualmente gli possono spettare su una futura successione (*patti dispositivi*): ad esempio, Tizio si obbliga a vendere a Caio i beni che dovrebbero prevenirgli in eredità dallo zio Sempronio, che non è ancora defunto;

c) rinunzi a successioni non ancora aperte (*patti abdicativi*): ad esempio, Tizio s'impegna con Caio a rinunziare all'eredità di Mevio che è ancora in vita.

I patti successori sono vietati perché si è voluto:

— da un lato, evitare il pericolo di creare una aspettativa, nascente dal patto, della morte altrui (*votum captandae mortis*);

— dall'altro, tutelare quella piena libertà di disporre che la legge riconosce ad ogni persona fino al momento della sua morte.

Il c.d. **patto di famiglia,** disciplinato dagli artt. 786*bis*-786*octies* (introdotti dalla L. 14 febbraio 2006, n. 55), costituisce l'*unica deroga al generale divieto dei patti successori.*

Esso consiste nel *contratto* con cui l'imprenditore ovvero il titolare di partecipazioni societarie rispettivamente trasferiscono, in tutto o in parte, l'azienda o le proprie quote ad uno o più discendenti.

Per la validità del patto è richiesta la *forma scritta* ed è necessaria la *partecipazione* del coniuge e di tutti coloro che sarebbero legittimari ove in quel momento si aprisse la successione nel patrimonio dell'imprenditore (si tratta, dunque, di un contratto *plurilaterale*). Per evita-

Autore : dott. Silvio Li Donni - www.lulu.com

Le successioni per causa di morte   231

re possibili sperequazioni è previsto che gli *assegnatari* dell'azienda o delle partecipazioni societarie debbano liquidare gli altri partecipanti al contratto con il pagamento di una somma o con il trasferimento di beni in natura per un valore pari a quello delle quote ereditarie riservate ai legittimari.

L'azione di *impugnazione* del patto si prescrive nel termine di *un anno*, decorrente dal giorno indicato dal secondo comma dell'art. 1442.

Quanto allo *scioglimento* del patto, esso può avvenire:

— mediante *successivo contratto* avente caratteristiche e presupposti analoghi al precedente;
— mediante *recesso*, qualora tale possibilità sia espressamente contemplata dal contratto.

8. LA CAPACITÀ DI SUCCEDERE

La **capacità di succedere** è *l'attitudine a subentrare nella titolarità dei rapporti giuridici di cui era titolare il de cuius*. Essa costituisce uno degli aspetti che assume in concreto la capacità giuridica e non va, quindi, confusa con la capacità di agire che è necessaria, invece, per accettare l'eredità.

L'art. 462 stabilisce che è capace di succedere chi sia nato o concepito al momento in cui si apre la successione. Si presumono concepite al momento dell'apertura della successione (salvo prova contraria) le persone che nascono entro 300 giorni dall'apertura della successione (art. 462 2° comma).

Nella successione testamentaria si è poi ampliata ulteriormente la capacità di succedere: infatti, possono essere chiamati alla successione, mediante testamento, anche i figli non ancora concepiti di chi è vivente al momento dell'apertura della successione.

Gli enti possono succedere solo per *testamento*, salvo il caso dello Stato, quando succede ai sensi dell'art. 586. In particolare hanno piena capacità di succedere tanto le persone giuridiche quanto gli enti non riconosciuti.

Per le prime, in seguito all'abrogazione dell'art. 17 ai sensi della L. 127/1997, non è più necessaria l'autorizzazione all'acquisto di eredità e legati; per gli enti non riconosciuti, in seguito all'abrogazione dell'art. 600 per effetto della L. 192/2000, l'efficacia della disposizione non è più subordinata alla presentazione dell'istanza di riconosicmento.

9. L'INDEGNITÀ

È indegno e come tale escluso dalla successione il chiamato che abbia compiuto uno degli atti indicati dal codice all'art. 463.

Nell'elencazione si distinguono due ordini di cause, in un primo gruppo sono previste ipotesi di gravi colpe verso la persona del *de cuius*; in un secondo gruppo l'indegnità è prevista a carico di chi abbia compiuto determinati gravi atti contro la libertà testamentaria o il testamento.

L'indegnità ha sempre carattere relativo, nel senso che si perde il diritto soltanto e rispetto a quel Tizio o a quel Caio che si è gravemente offeso o di cui si voleva carpire l'eredità.

L'indegnità ha carattere personale, e pertanto in luogo dell'indegno si può aprire la successione a favore del suo rappresentante.

Autore : dott. Silvio Li Donni - www.lulu.com

232   Capitolo Quarantesimo

L'indegnità è regolata nel codice ad un capo diverso dall'incapacità. L'indegno, nella concezione del legislatore, non è incapace ma è un successibile che può essere escluso o rimosso dalla successione.

L'indegnità è causa di esclusione che funziona tanto nella successione legittima quanto in quella testamentaria.

L'indegno può essere riabilitato espressamente con atto pubblico o con successivo testamento della persona della cui successione si tratta.

TERMINI

Domicilio: è una delle relazioni territoriali della persona (insieme a *dimora* e *residenza*) rilevante per il diritto.

Per domicilio si intende *il luogo ove il soggetto stabilisce la sede principale dei propri affari ed interessi*. Esso costituisce una *situazione di diritto* che consegue alla localizzazione degli affari o interessi, non essendo necessario che di fatto il soggetto dimori nel luogo di domicilio.

Il domicilio, in particolare, ha rilievo per l'*apertura della successione* e per la dichiarazione di *fallimento* dell'*imprenditore commerciale*.

Legittimario: è colui al quale la legge attribuisce il diritto intangibile ad una quota del patrimonio del *de cuius*, indipendentemente dalle disposizioni testamentarie.

Il fondamento di tale normativa va ricercato nella difesa del superiore interesse della famiglia: si vuole assicurare ai più stretti congiunti, tassativamente indicati, una porzione del *patrimonio ereditario*, dopo la morte del titolare.

I legittimari sono:

— il *coniuge superstite*;

— i *figli legittimi* (compresi i *legittimati* e gli *adottivi*) ed i loro discendenti, in quanto succedono per *rappresentazione*;

— i *figli naturali* (o i loro discendenti);

— gli *ascendenti legittimi*.

I legittimari, se il defunto ha leso con il testamento o a mezzo di donazioni i diritti loro riservati, devono, entro 10 anni dall'*apertura della successione, agire in riduzione* per ottenere quanto loro spetta per legge, altrimenti restano valide ed efficaci le disposizioni lesive del testatore.

Riabilitazione dell'indegno: è la dichiarazione, contenuta in un *atto pubblico* o in un *testamento*, mediante la quale il testatore rimuove una situazione di *indegnità a succedere*, ammettendo alla successione l'indegno.

Si parla, invece, anche se atecnicamente, di riabilitazione dell'indegno *tacita* (o *parziale*) allorché il testatore non provveda ad eliminare la situazione di indegnità a succedere, ma si limiti soltanto a disporre a favore dell'indegno; in questo caso, se il testatore era a conoscenza della causa d'indegnità, il soggetto beneficiato è legittimato a succedere, ma soltanto *nei limiti della disposizione testamentaria*.

Si noti che la riabilitazione espressa contenuta in un testamento non perde efficacia nell'ipotesi di revoca del testamento in cui è contenuta.

CAPITOLO QUARANTUNESIMO

LA SUCCESSIONE LEGITTIMA

1. LA SUCCESSIONE LEGITTIMA: GENERALITÀ

L'espressione **successione legittima** o **ab intestato** significa successione per *volontà di legge* e non per effetto di volontà privata espressa mediante testamento.

Sono successori legittimi: il *coniuge*, i *discendenti (legittimi e naturali)*, gli *ascendenti legittimi*, i *collaterali* e gli altri *parenti del defunto* fino al sesto grado (art. 565).

Se questi successori mancano, l'eredità è devoluta allo Stato (art. 586).

Ciascun ordine esclude il successivo.

2. LE CATEGORIE DI SUCCESSIBILI

— **Successione dei parenti**: al padre ed alla madre succedono, innanzitutto, i figli legittimi e naturali in parti uguali (art. 566). Ai figli legittimi sono equiparati i legittimati e gli adottivi.

La categoria dei discendenti esclude tutti gli altri parenti ad eccezione del coniuge.

Se non vi sono discendenti, succedono i genitori o gli ascendenti legittimi o gli adottanti con adozione speciale: in tal caso l'ascendente più prossimo esclude i remoti (es.: il genitore esclude il nonno).

Può capitare che vi siano più ascendenti dello stesso grado (es.: nonno materno e i due nonni paterni): in tal caso l'eredità si divide per metà a favore della linea materna e metà a favore della linea paterna (nell'esempio in esame, il nonno materno riceverà il doppio di ciascun nonno paterno).

I fratelli **unilaterali (consanguinei** — cioè i fratelli nati dallo stesso padre — o **uterini** — cioè i fratelli nati dalla stessa madre —) conseguono la metà della quota spettante ai **germani** (figli dello stesso padre e della stessa madre).

Qualora manchino le suddette categorie di successibili, subentrano gli altri parenti fino al sesto grado (il più vicino esclude gli altri).

— **Successione dei figli naturali**: la legge di riforma del diritto di famiglia ha determinato la piena parificazione successoria dei discendenti naturali a quelli legittimi, ma solo per quanto riguarda la successione dai genitori. Il figlio naturale non acquista infatti rapporti di parentela con i parenti dei genitori che lo hanno riconosciuto e quindi nemmeno alcun diritto successorio nei confronti di questi.

Così i fratelli naturali non potrebbero succedere tra loro: una sentenza della Corte Costituzionale (n. 184 del 1990) ha però sancito che i fratelli e le sorelle naturali per i quali sia stato accertato legalmente il rispettivo *status* di filiazione nei confronti del comune genitore, potranno ereditare tra loro in mancanza di altri che possano succedere e prima dello Stato.

Autore : dott. Silvio Li Donni - www.lulu.com

234   Capitolo Quarantunesimo

— **Successione dei figli naturali non riconoscibili** (art. 580): ai figli naturali non riconoscibili (categoria che è ora limitata ai figli incestuosi) spetta un assegno vitalizio pari all'ammontare della rendita della quota di eredità alla quale avrebbero avuto diritto se la filiazione fosse stata riconosciuta.

— **Successione del coniuge superstite**: il coniuge concorre con i figli legittimi o naturali, con gli ascendenti e con i fratelli del defunto, in mancanza a lui si devolve tutta l'eredità.

Presupposto per i diritti ereditari del coniuge è l'esistenza di un valido matrimonio. La separazione coniugale non comporta diminuzione dei diritti successori quando al coniuge superstite non è stata addebitata la separazione.

Quando invece sussiste l'addebito della separazione, al coniuge addebitato spetta soltanto un assegno vitalizio se al momento dell'apertura della successione godeva degli alimenti a carico del coniuge deceduto.

La stessa disposizione si applica nel caso in cui la separazione sia stata addebitata ad entrambi i coniugi. La riconciliazione, anche di fatto, fa riacquistare i diritti successori. Con il divorzio i coniugi perdono il reciproco diritto successorio.

— **Successione dello Stato.**

Il presupposto di tale successione è la *vacanza dell'eredità*, cioè l'assenza di un successibile appartenente alle categorie indicate innanzi, che possa acquistare l'eredità del defunto.

Il suo fondamento risiede nell'interesse generale a che vi sia, in ogni caso, un titolare del patrimonio ereditario, il quale provveda all'amministrazione dei beni del *de cuius* ed al pagamento del debiti ereditari, continuando così i rapporti patrimoniali che facevano capo al defunto.

Le caratteristiche della successione dello Stato sono:

— l'acquisto dello Stato ha luogo di diritto, senza necessità di accettazione e decorre dall'apertura della successione;
— lo Stato è l'unica figura di **erede necessario** del diritto successorio italiano e come tale non può rinunciare;
— lo Stato non risponde mai dei debiti e dei legati oltre il valore dei beni acquistati, senza che debba invocare il beneficio d'inventario.

TERMINI

Filiazione naturale: figli naturali sono quelli nati da *genitori non sposati* tra loro.

Parentela: con tale termine agli *effetti civili* si indica il vincolo che unisce chi discende da un identico capostipite (padre o madre). Tale vincolo è riconosciuto dalla legge fino al sesto grado.

CAPITOLO QUARANTADUESIMO

LA SUCCESSIONE TESTAMENTARIA

1. IL TESTAMENTO: GENERALITÀ

Il **testamento** è l'*atto revocabile col quale taluno dispone, per il tempo in cui avrà cessato di vivere, di tutte le proprie sostanze o di parte di esse* (art. 587).

Il testamento è un:

— atto «**mortis causa**» in quanto mira a disciplinare situazioni che sorgono per effetto della morte della persona. La sua funzione consiste nella determinazione della sorte del patrimonio di una persona dopo la sua morte.

— **negozio giuridico unilaterale non recettizio**: è cioè valido indipendentemente dall'accettazione e dalla conoscenza che ne abbia il successore;

— **atto personalissimo**, in quanto è vietata la rappresentanza (per questo motivo, per esempio, gli incapaci non possono fare testamento);

— **atto unipersonale** perché deve essere posto in essere da un solo soggetto.

È invalido, quindi, sia il *testamento reciproco* (in cui due persone *nello stesso atto* si nominano reciprocamente eredi o legatari) che il *testamento congiuntivo* (in cui due persone *nello stesso atto* manifestano la loro volontà *mortis causa*);

— **atto formale**, in quanto, per essere valido, deve rivestire una delle forme (scritte) previste dal legislatore:

— **atto revocabile.**

Il **contenuto tipico** del testamento è patrimoniale: il testamento ha cioè per contenuto tipico disposizioni (titolo universale o particolare) aventi ad oggetto i beni del patrimonio del testatore.

Ma il testamento può avere altresì un **contenuto atipico**, in quanto può contenere anche disposizioni di carattere non patrimoniale (art. 587), destinate ad avere efficacia dopo la morte del testatore. Tali disposizioni sono efficaci anche se mancano completamente disposizioni patrimoniali.

Ad esempio il testamento può contenere:

— il *riconoscimento del figlio naturale* (atto di per sé irrevocabile e che rimane valido anche in seguito alla revoca del testamento - art. 256);

— la *nomina del tutore*;

Autore : dott. Silvio Li Donni - www.lulu.com

236   Capitolo Quarantaduesimo

— la *riabilitazione dell'indegno*;
— la *revoca di un precedente testamento* etc.

Rimane il problema della rilevanza che si debba attribuire alle altre manifestazioni di volontà di ordine morale o personale. Ad esempio se Tizio fa obbligo al suo erede Caio di fare periodicamente visita alla sua tomba, ci troviamo di fronte a disposizioni efficaci, nel senso che debbono essere osservate o no?

Per disposizioni di questo tipo non esiste obbligo di adempimento; tuttavia se il testatore vuole assicurarsene l'osservanza deve imporle sotto forma di condizione oppure di *modus* quando vi sia un soggetto che abbia interesse alla prevista esecuzione.

Prima di addentrarci nell'analisi dei singoli istituti, è opportuno evidenziare i *principi generali* in materia di successioni. Essi sono (TRIMARCHI, LISERRE):

— il principio della *legittimità della trasmissione del patrimonio a causa di morte*, per cui, in base alla Costituzione, la legge non può sopprimere del tutto il diritto a succedere, ma solo limitarlo;
— il principio dell'*autonomia privata*, per cui la trasmissione del patrimonio del defunto è regolata in via principale dalla volontà di quest'ultimo;
— il principio della *solidarietà familiare come limite all'autonomia privata*, per cui i diritti dei parenti più stretti sono tutelati attraverso l'indisponibilità di parte della quota ereditaria.

2. LA CAPACITÀ DI TESTARE

Possono disporre per testamento tutti coloro che non sono dichiarati incapaci di testare. La **capacità di testare** (art. 591) costituisce la regola, mentre i casi di incapacità sono *eccezionale*.

Sono *incapaci* di testare:

a) i *minori*. Prima dei 18 anni nessuno, anche se emancipato da matrimonio o anche se autorizzato all'esercizio del commercio, gode della *testamenti factio attiva*, e non vale, per di più, l'assistenza degli organi tutelari essendo il testamento atto unipersonale;
b) gli *interdetti per infermità di mente*. I lucidi intervalli non contano. Il testamento fatto dall'interdetto è sempre invalido, anche se nel momento della redazione dell'atto il testatore era capace di intendere e di volere;
c) coloro che si provi essere stati, per qualsiasi causa, anche transitoria, *incapaci di intendere e di volere* nel momento della stesura del testamento.

In questi casi il testamento è annullabile su richiesta di chiunque vi abbia interesse (*annullabilità assoluta*).

3. LA CAPACITÀ DI RICEVERE PER TESTAMENTO

La **capacità di ricevere per testamento** è più ampia della capacità di *succedere ab intestato*: infatti, possono essere chiamati a succedere per testamento anche i nascituri non concepiti, le persone giuridiche e gli enti non riconosciuti.

I casi di incapacità a ricevere sono determinati da ragioni di incompatibilità tra la qualità d'istituito e la funzione esercitata nei confronti del testatore (es.: il tutore non può ricevere dall'interdetto o dal minore) o la partecipazione avuta in sede di formazione del testamento (es.: il notaio e i testimoni intervenuti nella redazione del testamento pubblico).

4. LA FORMA DEL TESTAMENTO

La legge distingue i testamenti in:

— **testamenti ordinari**: che si dividono, a loro volta, in *testamenti olografi* e *testamenti per atto di notaio (pubblici o segreti)*;

— **testamenti speciali** (artt. 609-619): sono forme particolari di testamento pubblico riconosciute solo per determinate situazioni o circostanze eccezionali: testamenti redatti in occasioni di malattie contagiose, calamità pubbliche, infortuni; testamenti in navigazione marittima o aerea; testamenti dei militari o assimilati in tempo di guerra.

L'efficacia dei testamenti speciali è limitata nel tempo, essi, infatti, perdono efficacia dopo tre mesi dal ritorno alla situazione normale.

La L. 387/1990, con cui l'Italia ha ratificato la Convenzione di Washington, ha introdotto nel nostro ordinamento una nuova forma di testamento: il **testamento internazionale**. Scopo di questa normativa è evitare di ricorrere ai criteri di collegamento dettati dal diritto internazionale privato, quando vi siano dei punti di contatto con altri ordinamenti.

Il testamento internazionale, che va stipulato *per iscritto* (anche in forma non autografa) in qualsiasi lingua, può essere utilizzato: a) da cittadini italiani in Italia; b) da cittadini stranieri in Italia; c) da cittadini italiani all'estero.

Il testatore, in presenza di due testimoni e del notaio (o di una persona abilitata a stipulare atti in materia secondo il diritto di ciascuno Stato contraente), deve dichiarare che il documento di cui si tratta è il suo testamento e deve apporre la propria *sottoscrizione*. Se invece ha già sottoscritto il testamento precedentemente, è sufficiente che riconosca e confermi la sua firma.

5. IL TESTAMENTO OLOGRAFO (ART. 602)

È il testamento *redatto, datato* e *sottoscritto* di pugno del testatore: costituisce, quindi, la forma più semplice di negozio testamentario.

I *singoli requisiti formali del testamento olografo*, sono:

— *autografia*: il testamento deve essere *interamente scritto a mano dal testatore*. L'autografia è necessaria per stabilire l'*autenticità* del documento; è perciò *invalido* un testamento scritto a macchina o a stampatello, anche se sia sottoscritto;

— *data*: l'indicazione del giorno, mese ed anno, in cui il testamento fu scritto. Essa può essere sostituita da forme equipollenti (per es.: Natale 1986) e serve ad accertare la capacità del testatore nel momento della redazione e l'eventuale revoca di disposizioni incompatibili, nel caso di due o più testamenti stilati dallo stesso soggetto;

— *sottoscrizione*: ha innanzi tutto la funzione di *individuare il testatore*, ma serve anche ad attestare che la volontà manifestata nello scritto è divenuta definitiva. Essa comprende di regola il nome ed il cognome, ma è comunque valida quando individua con certezza la persona del testatore (es.: la firma «il tuo papà» in un testamento redatto in forma di lettera). La sottoscrizione deve essere *posta in calce alle disposizioni*: eventuali *aggiunte non sottoscritte* sono perciò *prive di valore*.

Autore : dott. Silvio Li Donni - www.lulu.com

238   Capitolo Quarantaduesimo

Se manca l'*autografia* (perché ad esempio il documento è stato redatto a macchina o con l'intervento anche parziale della scrittura di un terzo) ovvero la *sottoscrizione*, il testamento è *nullo*.
Se invece manca la *data* il testamento è *annullabile* (art. 606).

6. IL TESTAMENTO PUBBLICO (ART. 603)

Il testamento pubblico è un documento redatto con le richieste formalità da un notaio, dopo che il testatore gli ha esposto le sue ultime volontà davanti a due testimoni: esso fa **piena prova**, fino a *querela di falso*, delle dichiarazioni del testatore.

I *requisiti formali del testamento pubblico*, sono:
— *la dichiarazione di volontà orale al notaio*, previo accertamento dell'identità personale del testatore da parte del notaio;
— *la presenza di almeno due testimoni* (di regola);
— *la redazione per iscritto della volontà testamentaria a cura del notaio*;
— *la lettura dell'atto al testatore ed ai testimoni ad opera del notaio*;
— *la sottoscrizione* del testatore, dei testimoni e del notaio;
— *la data*, comprensiva anche dell'ora;
— *la menzione dell'osservanza delle formalità enunciate*.

7. IL TESTAMENTO SEGRETO (ART. 604)

Il testamento segreto consiste nella consegna solenne di una scheda contenente le disposizioni testamentarie al notaio che la riceve e la conserva tra i suoi atti.
La scheda non deve *essere* necessariamente autografa (può anche essere scritta da un terzo), ma deve essere sempre *sottoscritta* dal testatore.
Il testatore deve consegnarla alla presenza di due testimoni, sigillata, al notaio e questi deve redigere, o sullo stesso involto che contiene la scheda, o su un altro, appositamente preparato, l'atto *di ricevimento*. L'atto di ricevimento deve essere sottoscritto dal testatore, dai testimoni e dal notaio.

Il testamento segreto può essere in ogni momento *ritirato* dalle mani del notaio presso il quale si trova: il tal caso il notaio redige il *verbale di restituzione* (art. 608).

8. LA PUBBLICAZIONE DEL TESTAMENTO

I testamenti sono pienamente *validi* ed *efficaci* sin dalla morte del testatore: la legge (artt. 620-621) richiede pero per l'eseguibilità di essi, la loro pubblicazione a cura del notaio.

La funzione della pubblicazione è quella di rendere possibile la conoscenza del contenuto di esso da parte del chiamato a succedere e dei familiari del defunto, ed anche da parte dei creditori ereditari e dei creditori dell'erede a tutela dei rispettivi diritti, nonché di rendere possibile l'esecuzione.

Il *testamento pubblico* non ha bisogno di pubblicazione, ed è quindi immediatamente eseguibile.

Il *testamento olografo* ed il *testamento segreto* devono invece essere pubblicati attraverso un verbale redatto dal notaio nel quale viene riportato il contenuto integrale della scheda testamentaria.

9. L'ESECUZIONE DEL TESTAMENTO

Il testatore talora nomina uno o più esecutori testamentari, scegliendoli fra gli estranei alla successione, o anche fra gli eredi o i legatari, con il compito di assicurarsi che le sue disposizioni abbiano fedele esecuzione.

L'accettazione dell'esecutore o l'eventuale sua rinuncia devono risultare da dichiarazioni fatte alla cancelleria della pretura competente. L'esecutore è chiamato a far rispettare la volontà che risulta dal testamento.

Per esercitare le sue funzioni l'esecutore deve amministrare la massa ereditaria, prendendo anche possesso dei beni che ne fanno parte. Di regola tale possesso non può durare più di un anno.

L'ufficio è gratuito, tuttavia il testatore può fissare una retribuzione a carico dell'eredità. In ogni caso le spese sono rimborsate.

Se sono nominati più esecutori la loro gestione deve essere congiuntiva.

10. LA VOLONTÀ TESTAMENTARIA

Nell'ambito degli atti di ultima volontà si riconosce una tutela della **volontà** maggiore rispetto a quella che generalmente viene garantita in materia di atti tra vivi, soprattutto perché al momento della esecuzione dell'*atto mortis causa* il testatore è ormai scomparso, e non potrebbe quindi né integrare né ripetere la volontà espressa nell'atto (*iam aliud velle non potest*).

In primo luogo la volontà deve essere:

— **definitiva**: il testamento deve contenere «non un progetto o un abbozzo, ma un'effettiva determinazione attuale» (TRABUCCHI); la definitività è relativa, perché il testamento è sempre revocabile;

— **spontanea**: se tale non fosse non vi sarebbe motivo di applicare la delazione testamentaria invece di quella legittima;

— **completa**: il contenuto della volontà può essere ricavato solo dal testamento;

— **certa**: la volontà dev'essere espressa in modo da non creare dubbi sul destinatario e sul contenuto della dichiarazione, che devono essere *determinati* o *determinabili*.

Devono essere chiaramente indicati i destinatari di ogni disposizione, la volontà e il suo oggetto devono essere certe. Le disposizioni in esso contenute non hanno effetto se non sono fatte in favore di un soggetto che sia determinabile con precisione e che sia capace di ricevere. Altrettanto essenziale è la determinazione del contenuto delle singole disposizioni. È nulla la disposizione testamentaria con la quale si fa dipendere dall'arbitrio di un terzo l'indicazione dell'erede o del legatario, o la determinazione della quota d'eredità o l'oggetto di un legato.

Autore : dott. Silvio Li Donni - www.lulu.com

240   Capitolo Quarantaduesimo

Sempre in virtù del principio per il quale negli atti di ultima volontà, cura fondamentale del legislatore è quella di accertare quale sia stata la reale volontà del testatore, si è data rilevanza nel testamento anche ai **motivi** (mentre generalmente, tranne casi particolari, negli atti tra vivi questi sono irrilevanti).

Cosi:

— il **motivo erroneo** (sia che si tratti di errore di fatto che di diritto) è causa di *annullamento* della disposizione quando risulta dal testamento ed è il solo che abbia determinato il testatore a disporre in quel modo (art. 624);
— il **motivo illecito**, invece, rende *nulla* la disposizione (art. 626) quando, anche qui, risulti dal testamento e sia stato il solo a determinare il testatore a disporre;
— non ha invece rilievo il cd. **motivo finale** che potrebbe essere invocato dal beneficiario di una disposizione fiduciaria.
Si ha **disposizione fiduciaria** quando il testatore trasmette i suoi beni ad una persona nella quale ripone fiducia, con l'intesa (stabilita fuori dal testamento) che la stessa trasmetterà quei beni ad altro soggetto. In questi casi la legge non accorda nessuna tutela giuridica al beneficiario indiretto della disposizione fiduciaria, per cui l'effettivo istituito non ha alcun obbligo (se non quello morale nei confronti del testatore) di trasferire i beni ereditari ad altro soggetto; egli è cioè erede o legatario così come sarebbe stato se la disposizione non fosse stata fiduciaria.

La disposizione testamentaria (art. 624) può poi essere annullata da chiunque vi abbia interesse (*attribuibilità assoluta*) quando è viziata da *errore, violenza* o *dolo*: di regola, interessato all'annullamento sarà l'erede legittimo.

Per quanto riguarda l'**interpretazione del testamento**, deve farsi riferimento esclusivamente alla volontà espressa nel testamento, e non in generale alla volontà del testatore. Il ricorso ad elementi estranei alla scheda testamentaria può servire solo ad accertare la volontà espressa in modo poco chiaro o tale da ingenerare equivoci.
Nell'interpretare la volontà testamentaria (art. 588), le espressioni usate dal *de cuius* vanno intese non nel loro significato letterale o tecnico-giuridico, ma secondo il senso che le *parole usate avevano presumibilmente per il testatore*, tenendosi conto dell'educazione, del grado di istruzione del testatore nonché del suo modo di esprimersi. Nel caso di divergenza tra la dichiarazione e la reale volontà del testatore, prevale quest'ultima.

11. GLI ELEMENTI ACCIDENTALI NEL TESTAMENTO

Alle disposizioni testamentarie sia a titolo universale che particolare, possono apporsi condizioni sospensive e risolutive. Anche in questo caso, gli effetti della **condizione** operano retroattivamente al momento dell'apertura della successione.

La condizione apposta in un testamento è però soggetta a regole particolari:

— la disposizione testamentaria cui si apposta una condizione impossibile o illecita è considerata come pura e semplice, ossia la condizione si considera come non apposta: è la c.d. regola sabiniana (art. 634) espressione del *favor testamenti*;
— è nulla la disposizione subordinata alla condizione di reciprocità (cd. *condizione captatoria*); es.: nomino erede Tizio a condizione che abbia nominato me come erede nel suo testamento;

— si considera come non apposta la condizione che impedisca le prime o le ulteriori nozze dell'istituito (art. 636).

Si considera invece come non apposto il **termine** all'istituzione di erede (*semel heres, semper heres*). È invece valido il termine nelle disposizione a titolo particolare.

Tanto all'istituzione di erede quanto al legato può essere apposto un **onere** o **modus** (art. 647).

Il modus è una disposizione accessoria con la quale il testatore impone all'erede o al legatario un determinato comportamento, per raggiungere gli scopi più vari (es.: istituzione di una borsa di studio, suffragi per l'anima etc.).

La prestazione imposta può consistere in un *facere*, in un *non facere* o in un *dare* (es.: ti nomino erede con l'onere di fare ogni anno un regalo alla domestica che mi ha accudito).

L'onere consistente in una prestazione di dare non deve essere confuso con il legato: infatti mentre il legatario è un avente causa dal testatore, il beneficiario dell'onere è un avente causa dall'onerato (ossia dall'erede o dal legatario). Il legatario è un creditore dell'eredità, il beneficiario dell'onere è un creditore dell'onerato.

L'erede o il legatario gravato dall'onere, sono tenuti ad eseguire l'obbligazione modale, una volta che abbiano accettato l'eredità o acquistato il legato.

Se però l'onerato è inadempiente, non si ha la risoluzione del lascito testamentario, a meno che questa non sia stata espressamente disposta dal testatore ovvero l'adempimento dell'onere abbia costituito il solo motivo determinante della disposizione.

Pertanto in linea di principio la violazione dell'obbligo modale non risolve il lascito: ciò conferma che l'onere ha carattere accessorio e non costituisce il corrispettivo dell'attribuzione patrimoniale.

12. IL LEGATO

Legato è la disposizione *mortis causa* a titolo particolare in base al quale un soggetto, legatario, succede in uno o più diritti reali determinati o in uno o più rapporti determinati.

La distinzione fra eredità e legato rileva sotto i profili della:

— **continuazione nel possesso**: l'*erede* in quanto successore a titolo universale nei rapporti attivi e passivi del «*de cuius*» («*in toto*», o per quota), *subentra al defunto anche nel possesso*, che continua nell'erede, fin dall'apertura della successione, con gli stessi caratteri che aveva rispetto al defunto (buona o malafede, vizi etc., art. 1146, 1° comma). Il *legatario*, invece, non subentra nel possesso; inizia un nuovo possesso al quale può «unire quello del suo autore per goderne gli effetti» (art. 1146, 2° comma) (*accessione del possesso*);

— **responsabilità per i debiti ereditari**: l'*erede*, poiché subentra nell'insieme di rapporti giuridici del «*de cuius*», *risponde dei debiti del defunto* anche coi propri beni, salvo che abbia accettato con formula del «*beneficio d'inventario*».

Il *legatario*, succedendo in uno o più rapporti attivi determinati, non è *tenuto a pagare i debiti ereditari*, a meno che il defunto non gli abbia posto a carico espressamente il pagamento di qualche debito (in tal caso, però, il legatario non è vincolato al di là dei limiti del valore del legato ricevuto);

Autore : dott. Silvio Li Donni - www.lulu.com

242   Capitolo Quarantaduesimo

— **necessità dell'accettazione**: la *successione a titolo universale* richiede un atto di volontà del successore: occorre, infatti, l'accettazione per l'acquisto dell'eredità (art. 459). La successione a titolo particolare, invece, si realizza senza un apposito atto di volontà del destinatario della attribuzione, ed opera «*ipso iure*» cioè di diritto (salvo la possibilità di rinuncia).

Si distinguono:

— **legato di specie**: ha per oggetto o il diritto di proprietà su un bene determinato (o quota di bene determinato) o altro diritto reale su un bene facente parte del patrimonio del testatore;

— **legato di genere**: ha per oggetto una cosa che fa parte di un genere (es.: danaro). Con esso il legatario non acquista immediatamente un diritto reale su un bene, ma solo un diritto di credito a che gli venga trasferito quanto disposto dal testatore. Solo a seguito della specificazione, il legatario diventa proprietario della cosa specificata;

— **legato di credito**: ha per effetto la cessione di un credito dal testatore al legatario;

— **legato di liberazione dal debito**: con esso il testatore affranca un suo debitore dal dovere di adempiere all'obbligazione;

— **legato di cosa altrui**: è nullo a norma dell'art. 651, salvo che il testatore abbia acquistato la proprietà della cosa successivamente alla redazione del testamento e prima dell'apertura della successione, nel qual caso esso è valido ed efficace;

— **legato di alimenti**: fa sorgere in capo all'onerato l'obbligazione di prestare periodicamente gli alimenti a favore di altra persona che versi in condizioni di bisogno;

— **legato in sostituzione di legittima**: tale legato non è vincolante per il legittimario, che può rinunziarvi e chiedere la quota di legittima (se al contrario accetta, non può più diventare erede);

— **sublegato**: si ha quando il soggetto che è tenuto alla prestazione oggetto del legato non è l'erede, ma un altro legatario;

— **prelegato**: è il legato fatto a favore dell'erede ed a carico dell'eredità (art. 661). Ciò significa che l'erede beneficiario ha diritto di ottenere il legato prima della divisione: in conseguenza del prelievo l'asse ereditario si riduce e quindi ognuno dei coeredi, compreso il prelegatario, avrà meno di quanto sarebbe a lui spettato se il prelegato non fosse stato disposto.

13. L'INVALIDITÀ DEL TESTAMENTO

La legge prevede varie cause di *invalidità del testamento* (in caso di *incapacità*, di *difetto di forma*, di *vizi del volere*); per alcune di esse è prevista la nullità o dell'intero testamento o delle singole disposizioni, in altri casi è invece disposta l'*annullabilità*.

La caratteristica principale delle ipotesi di nullità del testamento consiste nella previsione (art. 590) di una **sanatoria della disposizione testamentaria nulla**.

In particolare, la nullità della disposizione testamentaria, da qualunque causa dipenda, non può essere fatta valere da chi, conoscendo la causa di nullità ha, dopo la morte del testatore, confermato la disposizione o dato ad essa volontaria esecuzione.

Non sempre però la sanatoria è ammissibile: così è da escludersi in caso di testamento falso, dove non vi è alcuna dichiarazione di volontà del *de cuius* da tutelare, in caso di disposizioni testamentarie contrarie all'ordine pubblico o illecite, nonché in caso di testamento orale (*nuncupativo*).

14. CADUCITÀ E REVOCA DEL TESTAMENTO

Il testamento è atto essenzialmente **revocabile** (a garanzia della libertà testamentaria) in quanto la volontà in esso espressa deve poter mutare fino all'ultimo istante di vita del testatore.

La **revoca** è:

— **espressa** quando è contenuta in un atto formale con cui il soggetto manifesta la volontà di revocare, in tutto o in parte, il proprio testamento.
   Può essere contenuta in altro testamento o in un atto ricevuto dal notaio in presenza di due testimoni (art. 680);
— **tacita** (art. 682) quando le disposizioni contenute in un testamento posteriore sono incompatibili con quello precedente;
— **presunta**, nel caso di distruzione, lacerazione o cancellazione del testamento olografo (art. 684) e di alienazione o trasformazione della cosa legata (art. 686).

Effetto della revoca è l'*inefficacia* dell'originaria disposizione.
La revoca del testamento può avere ad oggetto sia le disposizioni di carattere patrimoniale che quelle di carattere non patrimoniale: non possono però essere oggetto di revoca il *riconoscimento del figlio naturale,* la *confessione stragiudiziale* e la *ricognizione del debito.*

La **caducità** del testamento può toccare l'intero atto o singole disposizioni.
Si parla di caducità del testamento quando indipendentemente dalla volontà del testatore le sue disposizioni non possono raggiungere l'effetto voluto. L'intero testamento fatto da chi non aveva o ignorava di avere discendenti cade *ipso iure.*
La caducità di singole disposizioni avviene o per ragioni che si riferiscono alla persona del destinatario (e cioè assenza, rinuncia, incapacità, indegnità) o per ragioni che toccano la sostanza delle disposizioni (e cioè perimento della cosa legata).

CAPITOLO QUARANTATREESIMO

LA SUCCESSIONE DEI LEGITTIMARI

1. LA SUCCESSIONE DEI LEGITTIMARI

In nome del superiore interesse della famiglia, la legge riconosce a determinate categorie di successibili, facenti parte del più stretto nucleo familiare, (*coniuge, figli legittimi e naturali, ascendenti legittimi*) il diritto intangibile ad una quota del patrimonio, indipendentemente dalle disposizioni del testatore.
La quota indisponibile da parte del testore è detta **legittima** o *riserva*.

La successione dei legittimari non va confusa con la *successione legittima* che è quella che si apre in favore degli eredi legittimi (che non sempre coincidono con i legittimari) quando manchi il testamento, in tutto o in parte. La successione dei legittimari si ha invece anche in presenza di un testamento valido ed efficace.
Inoltre, le quote spettanti agli eredi legittimi si calcolano solo sull'asse ereditario, mentre come vedremo, la quota di legittima si calcola sul *relictum* cui è stato aggiunto il *donatum*.
Le norme relative ai diritti dei legittimari, peraltro, trovano applicazione anche quando si è in presenza di *successione ab intestato*: si pensi al caso del defunto che abbia donato in vita gran parte dei beni del suo patrimonio ledendo in tal modo i diritti dei legittimari.
La quota di riserva spettante ai singoli eredi legittimari viene calcolata aggiungendo al **relictum** (ossia il valore dei beni rientranti nel patrimonio del *de cuius* al momento della sua morte) il **donatum** (ossia il valore dei beni donati in vita dal *de cuius*) e detraendone i debiti (ovviamente si tratta di una riunione fittizia, cioè puramente contabile).
Sul patrimonio ereditario risultante dopo questa operazione, si calcola il valore della quota **disponibile**, cioè della quota di cui il testore poteva liberamente disporre, nonché delle quote di legittima. Nel caso in cui il testatore abbia leso le quote di legittima dei legittimari, abbia cioè attribuito loro beni per un valore inferiore alla legittima, questi potranno agire per la reintegrazione dei loro diritti.
Il diritto alla legittima è *intangibile*: il testatore nel rispetto di questo, può però disporre liberamente dei propri beni (può così attribuire ai legittimari i beni che riterrà opportuno).
In particolare il testatore può attribuire al legittimario:

— un **legato in sostituzione di legittima**, che si ha quando il testatore lascia al legittimario, a titolo di legittima, beni e somme determinate invece che una quota di eredità. In questo caso il legittimario ha la possibilità:
  — di rinunziare al legato e chiedere la legittima;
  — conseguire il legato, perdendo però il diritto di chiedere un supplemento, nel caso in cui il valore del legato sia inferiore alla legittima;

Autore : dott. Silvio Li Donni - www.lulu.com

La successione dei legittimari   245

— **legato in conto di legittima**, che si ha quando il testatore attribuisce al legittimario determinati beni in conto di legittima: il legittimario, cioè, può chiedere il
supplemento se i beni oggetto del legato non raggiungono il valore della legittima.

Eredi legittimari sono (art. 536):

— il *coniuge superstite*, cui oltre alla legittima spetta il diritto di abitazione sulla casa familiare e di uso sui beni mobili che la corredano (art. 540 — si tratta di legati *ex lege*);
— i *figli legittimi* (nonché legittimati ed adottivi);
— i *figli naturali*;
— gli *ascendenti legittimi*.

La quota che rimane a libera disposizione del *de cuius* è varia, essa muta in
funzione delle categorie dei suoi legittimari, dell'eventuale loro concorso e talora
del numero degli aventi diritto.

Con l'aumentare della porzione riservata ai legittimari diminuisce la quota disponibile, questa però non può mai essere inferiore ad 1/4 del patrimonio del *de
cuius*, che si computa aggiungendo al *relictum* il *donatum*.

L'ammontare della disponibile può aumentare in seguito alla rinuncia di alcuni
dei legittimari.

La prima categoria è quella dei discendenti legittimi, ai quali sono equiparati
anche i figli adottivi.

I discendenti del figlio succedono per rappresentazione, anche nel diritto alla
legittima. Ai discendenti è riservata la metà del patrimonio del *de cuius* se il figlio è
uno solo; sono invece riservati i 2/3 se il figlio è più di uno; la divisione in questo
caso avverrà in parti uguali fra tutti.

I figli concorrono nella successione con il coniuge superstite, la loro presenza
esclude gli ascendenti dalla categoria dei legittimari.

Ai figli legittimari non riconosciuti spetta un assegno vitalizio.

Il coniuge superstite, se unico legittimario, ha diritto alla metà del patrimonio
ereditario. La separazione dei coniugi non fa di regola ostacolo al godimento del
diritto alla sua quota di legittima, proprio come accade nell'ambito della successione legittima.

Al coniuge, anche quando concorra con altri chiamati, sono riservati i diritti di
abitazione sulla casa adibita a residenza familiare e di uso sui mobili che la corredano, se di proprietà del defunto o comuni.

Se chi muore non lascia figli legittimi o naturali è riservato a favore degli ascendenti legittimi 1/3 del patrimonio.

2. LA LESIONE DI LEGITTIMA E L'AZIONE DI RIDUZIONE

Si ha *lesione di legittima* quando la quota ad essa relativa resta intaccata da parte
del titolare del patrimonio, per effetto di *atti di disposizione inter vivos* (donazioni)
oppure disposizioni «mortis causa».

Quando la legittima è lesa, occorre reintegrarla mediante l'azione di riduzione
degli atti che hanno prodotto la lesione stessa (artt. 553-564).

Autore : dott. Silvio Li Donni - www.lulu.com

246   Capitolo Quarantatreesimo

Medesima azione è attribuita al legittimario pretermesso, cioè completamente escluso dalla successione.

Se la domanda di riduzione è accolta:

— innanzitutto si riducono le disposizioni testamentarie proporzionalmente (tranne diversa volontà del testatore);
— se la riduzione delle disposizioni testamentarie non è sufficiente per reintegrare la legittima, si riducono le donazioni, cominciando dall'ultima che ha provocato la lesione e risalendo a quelle precedenti.

Il legittimario, che domandi la riduzione di donazione o di disposizioni testamentarie, deve imputare alla propria porzione di legittima le donazioni ed i legati a lui fatti, salvo che sia stato espressamente dispensato dal testatore (cd. *imputazione ex se*).

Inoltre, se il legittimario agisce contro estranei (cioè non coeredi), è necessario che abbia accettato con beneficio d'inventario.

L'azione è riconosciuta alla persona del legittimario contro chi ha ricevuto beneficio al di là del disponibile. L'azione è personale, nel senso che è proponibile solo dai legittimari, ma se il legittimario non ha esercitato l'impugnativa, né vi ha rinunciato, l'azione è esperibile da parte dei suoi eredi o degli aventi causa.

L'azione è personale anche nel senso che è diretta contro la persona che ha ricevuto benefici oltre la disponibile, quindi il beneficiario risponde in proprio.

La riduzione non ha in sé un effetto recuperatorio. L'effetto reale è invece collegato all'azione di restituzione che il legittimario può esercitare per ottenere soddisfazione concreta dei suoi diritti.

Una volta ottenuta la riduzione, per ottenere la soddisfazione concreta dei diritti del legittimario, questi dovrà agire con l'**azione di restituzione**, in seguito alla quale riceverà in concreto il bene donato.

L'azione è personale e come tale può essere proposta solo:

— dal legittimario o dai suoi eredi o aventi causa;
— dal legittimario pretermesso.

L'azione di riduzione si prescrive nel termine ordinario di 10 anni.

CAPITOLO QUARANTAQUATTRESIMO

ACQUISTO DELL'EREDITÀ

L'eredità si acquista con l'**accettazione**, cioè con una manifestazione di volontà (art. 459) diretta ad accettare il lascito. Al contrario, il legato si acquista *ipso iure* al momento dell'apertura della successione senza bisogno di accettazione, fatta salva per il legatario, la facoltà di rinunciarvi.

Ha diritto di accettare l'eredità colui che è stato chiamato all'eredità (*vocazione*).

Può succedere che colui che è stato chiamato all'eredità (per testamento o per legge) non possa o non voglia accettare. In questi casi, la chiamata può essere «trasferita» in capo ad altri soggetti. Sono i casi esaminati nei successivi tre paragrafi.

1. IL DIRITTO DI RAPPRESENTAZIONE

Si ha **rappresentazione** (sia nella successione legittima che testamentaria) quando, nel caso in cui il chiamato non possa (es.: perché morto o indegno) o non voglia (es.: vi abbia rinunziato) accettare, succedono ad esso i suoi discendenti.

Es.: se Tizio aveva due figli A e B, e B muore prima del padre lasciando due figli, l'eredità di Tizio si dividerà attribuendo metà del patrimonio al figlio A e l'altra metà (che sarebbe spettata a B) verrà divisa tra i suoi 2 figli (ciascuno avrà 1/4 del patrimonio ereditario).

La rappresentazione si ha però solo a favore dei discendenti legittimi o naturali dei:

— figli legittimi, legittimati, adottivi e naturali del defunto;
— fratelli o sorelle del defunto.

I discendenti subentrano nel luogo e nel grado del loro ascendente.

La rappresentazione, come vedremo, prevale sull'accrescimento ma non sulla sostituzione.

2. LE SOSTITUZIONI

Si ha sostituzione testamentaria quando il testatore, dopo aver istituito l'erede o il legatario, dispone che a questo debba subentrare un'altra persona al verificarsi di un determinato evento.

Autore : dott. Silvio Li Donni - www.lulu.com

248   Capitolo Quarantaquattresimo

La legge prevede due ipotesi di sostituzione:

— **sostituzione ordinaria**: si ha quando il testatore, prevedendo il caso che il chiamato non possa o non voglia accettare l'eredità o il legato, designi al suo posto un'altra persona (art. 688). Es.: nomino erede Caio: nel caso in cui non possa o non voglia accettare l'eredità, gli sostituisco Tizio.
Il sostituto subentra nella posizione che avrebbe avuto l'istituito, se questi avesse accettato.

La sostituzione, essendo espressione della volontà del testatore, prevale sulla rappresentazione e sull'accrescimento;

— **sostituzione fedecommissaria**: si ha quando, nel testamento il testatore impone all'erede o al legatario (cd. istituito) l'*obbligo di conservare* i beni, affinché alla sua morte tali beni possano automaticamente passare ad altra persona (cd. sostituto) indicata dal testatore.

Questo tipo di sostituzione è caratterizzato da una duplice chiamata in ordine successivo, per cui il primo chiamato è obbligato a conservare i beni ricevuti per trasmetterli, alla sua morte, al chiamato successivo.

L'art. 692 consente la sostituzione fedecommissaria al solo scopo di remunerare coloro che si sono presi cura dell'interdetto, con i seguenti limiti:

— *istituito* può essere solo un interdetto (o un minore infermo di mente che si prevede venga interdetto) che sia discendente o coniuge del testatore;
— *sostituito* può essere solo la persona o l'ente che, sotto la vigilanza del tutore, ha avuto cura dell'interdetto medesimo.

In ogni altro caso la sostituzione è nulla.

3. IL DIRITTO DI ACCRESCIMENTO

Si ha **accrescimento** quando, essendo chiamate alla successione (eredità o legato) più persone congiuntamente, una di esse non voglia o non possa accettare. In tal caso, se ricorrono determinati presupposti, la quota di ciascun chiamato «si accresce», abbracciando anche quella del chiamato che non ha accettato.

Es.: Tizio muore lasciando eredi in parti uguali i suoi 3 figli A, B e C. Ad ognuno di loro spetterebbe 1/3 del patrimonio ereditario. Se però A muore e non si ha rappresentazione, la quota di A verrà divisa tra B e C cui spetterà, quindi, 1/2 dell'asse ereditario ciascuno.

Presupposti per l'accrescimento sono:

— l'esistenza di una *chiamata congiuntiva.*

In particolare, nell'istituzione di erede, per aversi accrescimento occorre una chiamata in favore di più coeredi che sia contenuta nello stesso testamento (*coniunctio verbis*) nel quale il de cuius ha determinato la successione congiunta a più coeredi in parti uguali o non ha affatto determinato le parti (*coniunctio re*).

Nel legato, invece, i presupposti per l'accrescimento sono meno rigorosi in quanto è sufficiente che sia stato legato lo stesso oggetto a più persone, anche se in base a separate
disposizioni;

— inesistenza dei presupposti della rappresentazione (che prevale sull'accrescimento);
— dal testamento non risulti una diversa volontà del testatore;
— l'evento che rende inefficace la chiamata del coerede o del collegatario deve
  manifestarsi prima dell'acquisto.

Riprendendo l'esempio fatto in precedenza, per aversi accrescimento la morte di A deve
avvenire prima di una eventuale sua accettazione. Se infatti, intervenisse dopo, come è ovvio,
non si avrebbe accrescimento ma la quota di A sul patrimonio ereditario dal padre verrebbe
attribuita ai suoi eredi.

I coeredi o legatari a favore dei quali si verifica l'accrescimento, subentrano negli obblighi
a cui era soggetto l'erede o il legatario mancante, salvo che si tratti di obblighi di carattere
personale.

L'accrescimento *opera di diritto* (art. 676): non occorre perciò da parte di chi se ne avvantaggia, un apposito atto di accettazione ed è irrinunziabile.

4. ACCETTAZIONE DELL'EREDITÀ

L'accettazione è la *dichiarazione di volontà unilaterale del chiamato diretta
all'acquisto dell'eredità.*

L'art. 459 dispone che l'effetto dell'accettazione risale al momento in cui si è
aperta la successione. In questo modo, il nostro sistema impedisce qualsiasi soluzione di continuità nella titolarità dei rapporti giuridici che facevano capo al *de cuius*,
in quanto l'erede diviene titolare del patrimonio ereditario fin dal momento della
morte del *de cuius*, anche se l'accettazione interviene in un momento successivo.

L'accettazione non può essere soggetta a *termine* o a *condizione*; non può essere
parziale ed è irrevocabile.

Il diritto di accettare l'eredità si prescrive in 10 anni (*prescrizione ordinaria*) ed il termine
decorre dal giorno dell'apertura della successione (art. 480). Il termine è stabilito affinché non
resti incerta l'appartenenza dei patrimoni.

L'accettazione può essere:

— **espressa**: quando, in un atto pubblico o in una scrittura privata, il chiamato dichiara di accettare l'eredità ovvero assume il titolo di erede (art. 475);
— **tacita**: quando il chiamato all'eredità compie uno o più atti che presuppongono
  necessariamente la sua volontà di accettare e che egli non avrebbe il diritto di
  fare se non nella qualità di erede (art. 476) (es.: l'*esercizio dell'azione di riduzione*, la *domanda giudiziale di divisione dell'eredità* etc.);
— **presunta** o **legale**: si ha quando il chiamato pone in essere atti di disposizione
  che sono considerati, con presunzione assoluta, atti di implicita accettazione.

Sono tali, per esempio la donazione, vendita o cessione dei diritti di successione (art. 477),
la rinunzia fatta dietro corrispettivo a vantaggio di uno o più coeredi (art. 478), il possesso

Autore : dott. Silvio Li Donni - www.lulu.com

250   Capitolo Quarantaquattresimo

dei beni ereditari senza redazione dell'inventario (art. 485), la sottrazione di beni ereditari (art. 527).

Ancora, l'accettazione può essere:

— **pura e semplice**: in tal caso produce i seguenti effetti:

— confusione tra il patrimonio del defunto e quello dell'erede;

— responsabilità *ultra vires* dell'erede per i debiti ed i legati ereditari (l'erede cioè risponde dei debiti e dei legati ereditari anche se essi superano il valore del patrimonio ereditario);

— con **beneficio d'inventario**.

5. ACCETTAZIONE CON BENEFICIO D'INVENTARIO

L'erede, per evitare la confusione tra il suo patrimonio e quello del *de cuius*, può accettare l'eredità con **beneficio d'inventario**. Impedendosi la confusione dei patrimoni, si circoscrivono le conseguenze economiche negative di una *damnosa hereditas* (ossia di un'eredità ove le passività superino le attività) al solo patrimonio del *de cuius*: l'erede risponderà delle obbligazioni dell'eredità solo nei limiti del valore del patrimonio ereditario.

Gli incapaci e le persone giuridiche devono accettare l'eredità con beneficio d'inventario (artt. 471-473).

La legge (art. 484) richiede per tale tipo di accettazione, una particolare forma solenne (dichiarazione ricevuta da un notaio e dal cancelliere del Tribunale del luogo in cui si è aperta la successione).

L'effetto dell'accettazione beneficiata consiste nella *separazione tra il patrimonio del defunto da quello dell'erede*. Ne deriva che:

a) l'erede conserva verso l'eredità tutti i diritti e tutti gli obblighi che aveva verso il defunto (tranne ovviamente, quelli che si sono estinti per effetto della morte); con l'accettazione pura e semplice, invece, i rapporti obbligatori tra erede e defunto si estinguono (per confusione) in proporzione della quota spettante all'erede;

b) l'erede non è tenuto al pagamento dei debiti ereditari e dei legati oltre il valore dei beni a lui pervenuti (limitazione di responsabilità);

c) i creditori del defunto e i legatari hanno il diritto di essere soddisfatti sui beni ereditari con preferenza rispetto ai creditori personali dell'erede.

6. LA SEPARAZIONE DEI BENI DEL DEFUNTO DA QUELLI DELL'EREDE

La confusione dei patrimoni conseguente all'accettazione dell'eredità pura e semplice, può arrecare danno non solo all'erede ma anche ai creditori del *de cuius*.

Qualora l'erede sia oberato di debiti, la *confusione* tra i due patrimoni rappresenta un evento pregiudizievole per i creditori del defunto, i quali sono costretti a subire, sui beni ereditari, la concorrenza dei creditori personali dell'erede. Per tutelare le loro ragioni, nonché quelle dei legatari, la legge (artt. 512 e ss.) prevede il rimedio della **separazione** del patrimonio del *de cuius* da quello dell'*erede*.

L'utilità pratica si rileva, in particolare, quando l'erede indebitato accetti l'eredità puramente o semplicemente, o decada dal beneficio d'inventario o vi rinunci (art. 490, 3° comma).

I soggetti legittimati a chiedere la separazione (c.d. «*separatisti*») sono creditori del defunto ed i legatari.

La separazione ha per effetto l'attribuzione di una *ragione di preferenza* nel soddisfacimento sui beni ereditari, a favore dei creditori e legatari, separatisti, nei confronti dei creditori dell'erede e dei creditori e legatari non separatisti.

Il diritto alla separazione va esercitato entro il termine di decadenza di *tre mesi dall'apertura della successione.*

7. LA RINUNCIA ALL'EREDITÀ

Nessuna rinuncia si presume, e anche la rinuncia all'eredità deve risultare espressamente. Questa rinuncia è negozio solenne che si fa con dichiarazione espressa da un notaio o dal cancelliere della pretura del mandamento in cui si è aperta la successione.

Il rifiuto alla chiamata può essere fatto fino a che il diritto di accettare non sia prescritto, così decorso il termine fissato dal giudice senza che il chiamato si pronunci o passato il decennio per la prescrizione del diritto di accettare, l'eredità si considera rifiutata. Il chiamato all'eredità perde la facoltà di rifiuto se:

a) sottrae beni ereditari;
b) trovandosi nel possesso effettivo dei beni ereditari lascia passare tre mesi dall'apertura della successione.

La rinuncia, come l'accettazione, è un negozio puro ed è dunque nulla se fatta sotto condizione, a termine o solo per parte. Non può essere fatta prima dell'apertura della successione, né tanto meno dopo l'accettazione.

La rinuncia ha sempre efficacia retroattiva, il rinunciante è come non fosse stato chiamato all'eredità.

Contrariamente all'accettazione la rinuncia è revocabile, inoltre è impugnabile per violenza o per dolo e non per errore, poiché per evitare le conseguenze di eventuali errori il chiamato può tutelarsi con l'accettazione beneficiaria.

8. L'EREDITÀ GIACENTE (ART. 528)

Apertasi la successione con la morte del «*de cuius*», può avvenire che il chiamato o i chiamati (*per testamento o per legge*) non accettino subito l'eredità e che, pertanto, intercorra un certo lasso di tempo fra la delazione e l'accettazione. Per evitare che il patrimonio del defunto rimanga abbandonato a se stesso e resti privo di tutela giuridica, è predisposto l'istituto della **eredità giacente**, che prevede la nomina di un *curatore* da parte dell'*autorità giudiziaria* con il compito di curare gli interessi dell'eredità fino al momento in cui quest'ultima non venga accettata, o in mancanza dell'accettazione, non sia devoluta allo Stato.

Per aversi la fattispecie dell'*eredità giacente* occorre che:

— *manchi l'accettazione* da parte del chiamato;
— il *chiamato non* si trovi nel *possesso dei beni ereditari*;
— *si sia avuta la nomina di un curatore* (tale nomina rappresenta l'inizio della «*giacenza*»).

Autore : dott. Silvio Li Donni - www.lulu.com

252   Capitolo Quarantaquattresimo

Il fondamento dell'istituto è da ricercare nell'interesse generale alla *conservazione e amministrazione* del patrimonio ereditario.

9. L'AZIONE DI PETIZIONE

— **Nozione** (art. 533): è l'*azione* con cui l'erede chiede il **riconoscimento** della *sua qualità ereditaria* contro chiunque possieda tutti o parte dei beni ereditari, a titolo di erede o senza titolo alcuno, allo scopo di ottenere la **restituzione** dei beni stessi. Essa è *imprescrittibile*, perché è posta a tutela della qualità di erede che è imprescrittibile.

— **Presupposti e legittimazione**: i *presupposti dell'azione* sono:

— l'*accettazione dell'eredità da parte dell'erede*: senza accettazione, infatti, la qualità di erede, non si acquista e non può, quindi, essere difesa in giudizio;
— il *possesso da parte di un terzo di beni ereditari*.

L'azione può essere esercitata dall'erede (o dal *coerede*) nei confronti di chi *possiede i beni ereditari*:

— a *titolo di erede* (c.d. «*possessor pro herede*»): perché, ad esempio, chi possiede si assume erede in base alla legge (*ab intestato*), mentre chi agisce fa valere un testamento che lo nomina erede (o viceversa, perché l'erede legittimo contesta la validità del testamento fatto a favore di chi è nel possesso dei beni);
— *senza alcun titolo*, ereditario o meno (c.d. «*possessor pro possessore*»).

— **Effetti del giudizio di petizione**: se l'azione viene accolta:

— colui che l'ha proposta (cioè l'*attore*) è riconosciuto *erede*;
— il *convenuto* deve *restituire* all'erede i beni ereditari posseduti (art. 535).

10. L'EREDE APPARENTE

«**Erede apparente** è *colui* che, in base a qualche indizio oggettivo attendibile (possesso di beni ereditari, comportamento come erede etc.) è *apparso in veste di erede ad un terzo*, il quale sia entrato in rapporti giuridici con lui».

L'azione di *petizione*, intentata dall'erede *effettivo* può essere esercitata anche *contro gli aventi causa dall'erede apparente* (es.: contro colui che abbia acquistato un bene ereditario dall'erede apparente).

L'avente causa dall'erede apparente, convenuto e soccombente in giudizio, ha l'obbligo di restituire all'erede effettivo il bene (che si considera, come mai uscito dal patrimonio ereditario), in quanto è sprovvisto di titolo per continuare a possedere (art. 534, comma 1).

Tuttavia restano salvi (ossia si sottraggono all'azione di *petizione* ed all'obbligo di restituire) alcuni diritti acquistati dal terzo quando si tratti di *convenzioni a titoli oneroso e il terzo sia in buona fede* ossia abbia creduto di contrarre con l'erede effettivo (art. 534).

TERMINI

Inventario: è l'atto con il quale si accerta l'entità e la consistenza di un *patrimonio* a vari fini. In particolare, l'inventario è necessario quando gli eredi sono immessi nei beni dell'*assente* o del *presunto morto*; nelle *successioni*; nel *fallimento*; nell'*usufrutto*.

CAPITOLO QUARANTACINQUESIMO

COMUNIONE, DIVISIONE, COLLAZIONE

1. LA COMUNIONE EREDITARIA

Si ha **comunione ereditaria** quando al *de cuius* succedono più eredi, i quali diventano comproprietari dei beni che fanno parte dell'eredità. Alla comunione ereditaria sono applicabili i principi sanciti in tema di comunione ordinaria. Ogni *coerede* può cedere la propria quota, ma, comunque, deve notificare la proposta di alienazione ed il prezzo agli altri *coeredi*, i quali hanno il diritto, se a loro conviene, di essere preferiti a parità di prezzo (art. 732 c.c.) (c.d. *diritto di prelazione*).

Se il *coerede* cede la propria quota a terzi e non compie la preventiva notificazione ai *coeredi*, questi hanno il diritto (*diritto potestativo*) di riscattare dall'acquirente la quota alienata (c.d. *retratto successorio*).

La quota ideale che spetta a ciascun coerede è *composita*, cioè di essa fa parte una quota di tutti i diritti reali e diritti di credito del patrimonio ereditario.

Si distribuiscono per quote anche i pesi ereditari (ovvero sia i debiti del defunto, che i debiti sorti in seguito alla successione, come imposte di successione, spese funerarie, spese giudiziali di divisione, nonché i legati); ciascun coerede infatti è tenuto al pagamento dei debiti ereditari in proporzione della sua quota e senza vincolo di solidarietà.

Es.: se Caio, che era debitore di Tizio della somma di 30.000 euro, muore lasciando eredi in parti uguali i suoi tre figli, il creditore Tizio dovrà chiedere a ciascun erede il pagamento di 10.000 euro, ma non potrà chiedere ad uno solo di essi il pagamento di tutti i 30.000 euro, come avrebbe potuto fare se la responsabilità dei coeredi fosse stata solidale.

2. LA DIVISIONE

La comunione ereditaria cessa con la **divisione**, in conseguenza della quale il diritto alla quota ideale di ciascun coerede si concretizza su beni determinati (es.: Tizio non sarà più erede per 1/2, ma sarà titolare del diritto di proprietà della Villa Tusculana che vale metà di tutto il patrimonio ereditario).

In teoria, ciascun coerede ha diritto a veder attribuito nella propria quota, un complesso di beni immobili, mobili e crediti determinati (art. 718) ma in realtà spesso la divisione dei cespiti ereditari non rispetta del tutto questo principio (per es.: ad un coerede vengono dati tutti i beni immobili, e ad un altro tutti i beni mobili e tutti i diritti di credito).

Autore : dott. Silvio Li Donni - www.lulu.com

254   Capitolo Quarantacinquesimo

Abbiamo diversi tipi di divisione:

— **divisione amichevole o contrattuale**: ha luogo con un contratto stipulato tra *tutti* i coeredi, con il quale si assegnano tutti i beni ereditari ai diversi eredi in proporzione delle loro quote;
— **divisione giudiziale**: si ha quando, essendo impossibile trovare un accordo tra i coeredi per una divisione amichevole, anche uno solo di questi promuova l'azione di divisione ereditaria, affinché questa venga deliberata ed attuata dall'autorità giudiziaria;
— **divisione del testatore**: si ha quando sia stato lo stesso testatore a dividere i suoi beni tra gli eredi; in questo caso si evita il formarsi della comunione ereditaria, in quanto i beni vengono attribuiti direttamente ai singoli chiamati all'apertura della successione. Il testatore ovviamente deve sempre rispettare gli intangibili diritti dei legittimari.

Il testatore che non preferisca compiere direttamente la divisione ha, comunque, la possibilità di dettare disposizioni per la formazione delle porzioni in sede divisionale: egli indica quali beni andranno a costituire la quota, già fissata, dei singoli chiamati (c.d. *assegni divisionali*).

La divisione testamentaria è nulla quando il testatore, nell'effettuarla, abbia omesso qualcuno dei legittimari o degli eredi istituiti.

Il contratto di divisione è annullabile, su istanza di ciascun coerede, se viziato da violenza o dolo; non è invece ammesso l'annullamento per errore (art. 761). Se per errore sono stati omessi dei beni, si farà un *supplemento di divisione* (art. 762).

Se, invece, qualcuno dei coeredi sia stato leso nella propria quota (abbia cioè ricevuto meno di quanto gli spettava) è prevista una particolare impugnazione: la *rescissione per lesione* (art. 763).

3. LA COLLAZIONE

Il testatore può disporre liberamente fin quando è in vita, di tutti i suoi beni. Spesso avviene che, per ovviare alle conseguenze della successione (imposte fiscali, comunione ereditaria, divisione etc.) il testatore trasferisca a titolo gratuito i propri beni ai suoi più stretti parenti, quando è ancora in vita.

Ciò può però ledere le aspettative degli altri coeredi: si pensi al caso in cui, pur senza ledere i diritti di legittima, il padre doni gran parte dei suoi beni al primogenito; alla sua morte, il primogenito riceverà una quota di eredità, più tutti i suoi beni a lui precedentemente donati, il secondogenito invece solo una quota di eredità. Per ovviare a ciò la legge ha previsto l'istituto della collazione che opera in sede di divisione.

La **collazione** è l'atto con il quale i figli legittimi e naturali, i loro discendenti legittimi e naturali, ed il coniuge, che concorrono alla successione, devono **conferire alla massa attiva** *del patrimonio* ereditario tutti i beni che sono stati loro *donati* in vita dal defunto, in modo da dividerli con gli altri coeredi, in proporzione delle rispettive quote.

La collazione, dunque, svolge la *funzione* di mantenere tra i coeredi del «*de cuius*» quella *proporzionalità di quote* che è stabilita nel testamento o nella legge.

Autore : dott. Silvio Li Donni - www.lulu.com

Comunione, divisione, collazione   255

Il fondamento dell'istituto va cercato nella presunta volontà del defunto il quale, donando, intenderebbe dare al futuro erede un *anticipo sulla successione*. Si fa salva, naturalmente, ogni diversa volontà espressa dal testatore, che può «*dispendere dalla collazione*» un suo erede: la dispensa della collazione, però, produce effetto solo nei limiti della quota disponibile, nel senso che nessuna forma di dispensa dalla collazione può intaccare le quote c.d. *di legittima*.

Oggetto della collazione sono le *donazioni dirette ed indirette*. Non sono soggette a collazione, tuttavia:

— le *spese di mantenimento, educazione, malattia*;

— le *spese ordinarie per abbigliamento, nozze, istruzione artistica o professionale*;

— le *liberalità* fatte in *occasione di servizi resi o in conformità agli usi*;

— le *cose donate, perite* per causa non imputabile al donatario;

— le *donazioni di modico valore fatte al coniuge* (art. 738).

Le modalità per operare la collazione si distinguono in:

— **collazione in senso stretto o in natura**: è la collazione che si realizza *materialmente*, cioè rendendo alla massa ereditaria il bene avuto in donazione. In tale caso, la collazione *implica* effetto *risolutivo della donazione*, in quanto il coerede cessa di essere donatario;

— la **collazione per imputazione**: consiste nel fatto che il conferente addebita, alla propria quota ereditaria, il *valore* (al tempo dell'apertura della successione) del bene donatogli.

Si compie, in questo caso, un mero calcolo aritmetico: il conferente conserva la proprietà del bene donato, ma come parte della propria quota ereditaria, «*cioè a nuovo e diverso titolo*».

La collazione per imputazione costituisce *regola costante* per i beni *mobili* ed il danaro, mentre, per gli *immobili*, il conferente può scegliere tra collazione in natura o per imputazione.

CAPITOLO QUARANTASEIESIMO

GLI ATTI DI LIBERALITÀ: LE DONAZIONI

1. PRINCIPI GENERALI

La donazione è il tipico, ma non solo, atto di liberalità; è un contratto speciale, tipico, mediante il quale si trasmettono diritti a titolo liberale. Atto di liberalità non corrisponde ad atto a titolo gratuito, la categoria comprende i soli atti nei quali l'impoverimento di un soggetto è accompagnato dall'arricchimento in favore di un altro soggetto. Lo spirito di liberalità consiste nell'intento di fare un'attribuzione patrimoniale cui non corrisponde un interesse economico, quindi non sono atti di liberalità il deposito o il mandato, perché l'utilità del beneficiario non trova un corrispondente sacrificio economico della controparte.

L'art. 769 qualifica la donazione come contratto, però essa è regolata nel libro delle successioni, per la ragione pratica che molte sue norme sono assai vicine a quelle del testamento. Donazioni e testamento sono tuttavia istituti da tenere ben distinti e non solo perché il primo è atto tra vivi e il secondo atto *mortis causa*. Il testamento non è per chi lo compie atto di effettiva liberalità, perché la successione avviene per un fatto estraneo alla volontà del testatore, il quale dispone soltanto che si svolga a favore di uno piuttosto che di altri successibili; la liberalità fra vivi costituisce invece un effettivo e immediato impoverimento che avviene per volontà del disponente.

2. CAUSE E MOTIVI DELL'ATTO DI LIBERALITÀ

Ciò che caratterizza l'atto di liberalità è l'esistenza in capo a colui che compie la liberalità dell'*animus donandi*, ossia della coscienza di compiere un atto che arricchisca gratuitamente il donatario, senza esservi tenuto, nemmeno in adempimento di un dovere morale o sociale. L'*animus donandi* costituisce la causa della donazione, c.d. *causa donandi*, e non va confusa con i motivi individuali che spingono il singolo alla liberalità, come ad esempio la volontà di fare beneficenza o di accattivarsi l'altrui favore.

I motivi possono essere vari e diversi, ma l'*animus donandi* è sempre uguale.

Anche il nostro codice tiene conto dei particolari motivi di riconoscenza e di remunerazione. Pur sancendo che la donazione remuneratoria è una donazione, la

Autore : dott. Silvio Li Donni - www.lulu.com

Gli atti di liberalità: le donazioni   257

legge la sottrae ad alcune vicende e conseguenze proprie delle donazioni, ad esempio in tema di revoca.

Un'altra categoria di donativi viene invece esclusa testualmente dall'ambito delle donazioni, sono le liberalità d'uso, che si fanno, generalmente, in occasioni di servizi resi o comunque in conformità agli usi o al costume sociale. Si tratta sempre di atti a titolo gratuito, non obbligatori; si pensi alla mancia data a chi non avrebbe titolo per un compenso. A questi atti di liberalità non si applicano le conseguenze proprie delle donazioni, perché non sono considerate donazioni, non richiedono la forma pubblica e non sono revocabili per ingratitudine.

3. IL NEGOZIO MISTO CON DONAZIONE

Talora in un solo negozio, che può apparire di liberalità o atto a titolo oneroso, sono insieme elementi dell'una o dell'altra categoria. Si fa l'ipotesi di chi vende ad un prezzo inferiore rispetto a quello reale. Ad esempio: Tizio vende a Caio la sua casa, che vale normalmente 50 mila euro, per soli 15 mila euro. Tizio non ha compiuto un atto di liberalità, perché comunque riceve da Caio 15 mila euro, ma sicuramente non ha compiuto un atto a titolo oneroso in quanto riceve un compenso molto basso.

In questi casi abbiamo un negozio misto, nel quale, quando non sia individuabile un criterio di prevalenza cui si debba sottoporre l'intero atto, vanno parzialmente applicate le norme sia dell'una sia dell'altra categoria di atti.

4. LE DONAZIONI INDIRETTE

Il concetto di donazione indiretta si ricava per esclusione. Si ha donazione indiretta quando il donante raggiunge lo scopo di arricchire una persona servendosi di atti che hanno una causa diversa dalla donazione. Esempi tipici di donazione indiretta sono la remissione di un debito, il pagamento di un debito altrui.

La donazione indiretta tecnicamente non può ritenersi donazione, anche se attua una liberalità. Essa comunque non richiede la forma dell'atto pubblico ed è soggetta ad alcune delle regole tipiche delle donazioni, come ad esempio la revoca per ingratitudine.

5. LE LIBERALITÀ FRA VIVI E LA FUTURA SUCCESSIONE

Nonostante fondamentali differenze, esiste parentela concettuale tra donazione e disposizioni *mortis causa*. I principali accostamenti sono:

a) in alcune situazioni le liberalità fra vivi vengono considerate come anticipo di successione; su questo fondamento si spiega infatti l'istituto della collazione;

b) le incapacità a ricevere sono stabilite dalle legge in modo analogo rispetto alle donazioni e rispetto alle disposizioni *mortis causa*.

Autore : dott. Silvio Li Donni - www.lulu.com

258   Capitolo Quarantaseiesimo

6. LA REVOCA DELLA LIBERALITÀ

Al contrario del testamento che è sempre revocabile, la donazione essendo un contratto fra vivi non lo è mai, ma la legge ammette, su domanda, che la donazione possa revocarsi in due casi di particolare gravità:

1) per ingratitudine del donatario;
2) per sopravvivenze dei figli del donante.

La domanda di revoca per ingratitudine è accolta per i soli fatti previsti dall'art. 801 cod. civ., che sono in parte analoghi alle cause di indegnità a succedere. È però sufficiente a colpire il donatario anche un atto generico di ingiuria grave verso il donante.

La domanda va proposta entro un anno dal fatto o dalla notizia di esso, da parte del donante, o dei suoi eredi, contro il donatario o i suoi eredi.

La revoca per sopravvivenza di figli al donante, che al tempo della donazione non aveva o ignorava di avere, può essere richiesta entro cinque anni dalla nascita dell'ultimo figlio. Resta incerto se sia causa di revocabilità il compiersi dell'adozione di un minore.

La revoca delle donazioni non si attua di diritto, essa costituisce l'esercizio di un diritto potestativo che si esplica con domanda giudiziale.

7. IL CONTRATTO DI DONAZIONE

La forma tipica della donazione è definita dall'art. 769 come un contratto. Riguardo al contenuto dell'atto si distinguono:

a) le *donazioni reali*, con le quali si trasferisce o si costituisce il diritto su di un bene;
b) le *donazioni liberatorie*, con le quali si rinuncia ad un diritto, quali un credito;
c) le *donazioni promissorie*, con le quali si assume una donazione verso il donatario;
d) nella formazione del contratto vediamo che l'accettazione del donatario non si riferisce solo all'efficacia, ma è elemento costitutivo del negozio.

L'atto di offerta del donante non è donazione, fino a che la donazione non è perfetta con l'accettazione notificata al donante.

Può costituire oggetto di donazione ogni bene che si trovi nel patrimonio del donante. Per la validità delle donazioni di cose mobili, l'art. 782 prescrive che queste siano specificate con l'indicazione del valore, nell'atto stesso della donazione o con una nota a parte.

È nulla la donazione di beni futuri. Oggetto della donazione possono essere una o più cose. La donazione che ha per oggetto prestazioni periodiche si estingue alla morte del donante. Il donante può riservare a vantaggio proprio o di altri l'usufrutto delle cose donate.

La donazione è negozio solenne. deve essere fatta per atto pubblico sotto pena di nullità, non si può rinunciare alla presenza dei testimoni. L'atto pubblico è richiesto qualunque sia l'oggetto della liberalità, cosa mobile o immobile. Quando non sono

Autore : dott. Silvio Li Donni - www.lulu.com

Gli atti di liberalità: le donazioni   259

contenute nello stesso atto, la forma pubblica è richiesta tanto per l'offerta quanto per l'accettazione. Eccezione al requisito della solennità è fatta per le c.d. *donazioni manuali*, nelle quali al requisito di forma è sostituita la trasmissione del possesso.

Per donare è richiesta la piena capacità di disporre; i minori, gli interdetti e gli inabilitati sono sempre incapaci di donare. È impugnabile la donazione fatta da chi nel momento della stesura dell'atto era incapace di intendere e di volere.

La donazione è atto personale che non consente la rappresentanza; è ammessa soltanto la procura speciale con espressa indicazione della persona del donatario e dell'oggetto della donazione; si ammette pure che il donante possa deferire ad un terzo la scelta del donatario fra più persone designate, o la scelta della cosa entro limiti fissati. Neppure i rappresentanti legali possono fare donazioni per le persone incapaci. La capacità di ricevere si distingue dalla capacità di accettare, tuttavia il codice non dispone espressamente in tema della capacità di accettare le donazioni, poiché la donazione è un contratto si applicheranno le norme generali sulla capacità di contrarre. Per quanto concerne gli effetti delle donazioni l'art. 789 dispone che il donante, in caso di inadempimento o di ritardo nell'eseguire la donazione, sia responsabile soltanto per dolo o colpa grave. Qualche conseguenza nei rapporti tra donante e donatario rimane anche dopo che la donazione sia stata eseguita. Il donatario ha l'obbligo di fornire gli alimenti al donante che in seguito ne venga ad avere bisogno, purché non si tratti di donazione obnuziale o di donazione remuneratoria.

TERMINI

Atto di liberalità: è l'atto che ha per scopo l'arricchimento del beneficiario, conseguente ad un impoverimento dell'autore.
Costituisce una *species* degli *atti a titolo gratuito*, i quali sono compiuti senza corrispettivo, ma non necessariamente determinano un impoverimento (es. deposito gratuito).
Tipico atto di tale specie è la *donazione*; accanto ad essa vi sono le *liberalità non rientranti nello schema della donazione*, quali le *donazioni indirette*.

Donazione rimuneratoria: è un tipo di donazione che si qualifica particolarmente per i motivi che inducono il donante ad effettuarla: è fatta in segno di riconoscenza o in considerazione dei meriti del donatario.

Donazioni indirette: si ha «*donazione indiretta*» quando il donante raggiunge lo scopo di arricchire un'altra persona servendosi di *atti che hanno una causa* (in senso tecnico-giuridico) *diversa dalla donazione* (es.: *pagamento di un debito altrui*, la cui causa consiste nell'estinzione del debito, ma che avvantaggia il debitore come se gli si donasse la somma dovuta per il pagamento).

INDICE ANALITICO

Autore : dott. Silvio Li Donni - www.lulu.com

262   Indice analitico

Autore : dott. Silvio Li Donni - www.lulu.com

Indice analitico   263

Autore : dott. Silvio Li Donni - www.lulu.com

264   Indice analitico

www.ingramcontent.com/pod-product-compliance
Lightning Source LLC
Chambersburg PA
CBHW060336200326
41519CB00011BA/1955